知性豊かで創造力がある人になれる

LISTEN

Kate Murphy
ケイト・マーフィ

篠田 真貴子（監訳）
松丸 さとみ（訳）

You're Not Listening

WHAT YOU'RE MISSING AND WHY IT MATTERS

日経BP

これまで
誤解したことがある人と
誤解されたことがあると感じているすべての人へ

［監訳者はじめに］

本書『LISTEN』は、「聞く」ことについて、人の認知や心、職場や家族の人間関係、そしてスマートフォンが生活に深く入り込んでいる現代の社会といった観点から描いた著作です。


私たちは日常的にコミュニケーションの課題に直面します。

「言いたいことが言えなかった」

「何と伝えたらいいかわからない」

「話したが、伝わってない気がする」

そして、次は言い方を工夫しよう、タイミングを見計らおう、あの人に伝えてもらおうか……などと思うのではないでしょうか。


でも考えてみれば、コミュニケーションには伝える方と受けとる方、両方必要です。

それなのに私たちは、伝え方や話し方ばかりに意識を向けてしまう。

この忘れられがちな「聞く」に焦点を当てたのが本書です。

聞くことが大切な職業には、たとえばカウンセラー、医療職、介護職があります。企業でも「1on1」と呼ばれる、上司が部下の話にじっくり耳を傾ける面談スタイルを取りいれることが増えてきました。

本書ではそうした職業に加えて、人質交渉人、即興劇のコメディアン、諜報機関の尋問担当、大型家具店の営業担当者などが登場し、彼らにとって聞くことがどれほど重要かを語っています。

また、じっくり話を聞いてもらうことや、聞く姿勢とスキルを身につけることが、子どもの発達や夫婦関係から、職場での成果、貿易交渉まで、実に多種多様な課題の解決に寄与する様子が、最新の科学、実践例、哲学や文学まで様々な専門家の見解とともに描かれています。

聞くことで私たちは、人を愛し、物事を理解し、成長し、周囲と絆を深めています。聞くとは、人間の営みそのものなのですね。

ですから本書は「聞く」ことに関心のある人に加え、人と社会を理解するための教養の書として、幅広い読者の興味に応えるものです。

著者のケイト・マーフィーは、『ニューヨーク・タイムズ』を中心に米英の有力紙で活躍するジャーナリストです。彼女は2年にわたって大量の文献を読み込み、研究者から市井の人々まで数多くのインタビューを行い、本書をまとめあげました。

私が原著を手にしたのは、私自身が「聞く」ことに関心を深め、社外人材によるオンライン1on1を提供するエールというベンチャー企業に参画を決めた頃でした。本書の前書きを一読し、「いま私が考えていることがたくさん書いてある！」と興奮したことを覚えています。

私は元々、まったく聞くことができない人間でした。(今もかなり怪しいです。)特に外資系企業にいる頃は、自分の主張を通すために人が話しているのをさえぎって自論を展開するのもまったくいとわなかったものです。

そんな私が前職を退任後、「ジョブレス」と称して1年間の充電期間を取りました。多くの知人にじっくり私の話を聞いてもらい、私も相手に耳を傾ける機会に恵まれました。

聞くことと聞いてもらうことを通じて、自分の考えや感情が言葉になり、自己理解が深まりました。

こうして私は聞くことの力を知り、探究するようになったのです。

本書タイトルの「LISTEN」には、能動的に「耳を傾ける」という意味があります。私はエールでの仕事を通じ、能動的に相手に注意を向けて「LISTEN」する中にも、大きく異なるふたつの姿勢があると知るようになりました。

それは、話し手の語る内容を「私の考えと合っている・違う」などと自分の頭の中で判断しながら聞く姿勢と、聞き手がいったん自分の判断を留保して話し手の見ている景色や感じている感覚に意識を集中させる姿勢のふたつです。

本書では、後者の耳の傾け方を特に意識して記述している箇所では「聴く」の字を当てることにしました。

本書がきっかけとなり「聞く」ことがあなたの人生を豊かにするなら、これほど嬉しいことはありません。

篠田真貴子

監訳者はじめに 003
はじめに 025

chapter 1 「聞くこと」は忘れられている

033
「誰とでも話ができる」は「誰の話でも聞ける」ということ
「要点を早く言わない人」は、悪い人か
「話を聞かれない」と孤独になる
誰かと一緒にいても、人は孤独を感じる
「聞きなさい」と言われる話は「会話」ではない
「聞く」職業の人でも、本当は聞いていない
「暮らす人」の声に耳をふさいだ政治家が分断を生んだ
SNSは、社会全体を反映してはいない
「SNSにコメントを書く人」は、実はわずか
「自分の話なんて他人には迷惑」だと思う人は多い
携帯電話を見るのは、退屈で面倒な他人の話を聞かなくてすむから
「話を聞く」とは相手のおしゃべりを待つことだと思っている人が多い

chapter

2

私たちは、きちんと話を聞いてもらえた経験が少ない

誰かの話を本気で聴くとはどういうことか
まわりの人に無関心な方が、よほどリスクが高い
「聴く」ことは、自分自身への理解も深めてくれる
聞くことで他人の才能も共有できる
相手の話を聞けば聞くほど、お互いが似てくる
ふたりで議論を重ねると、ひとりではできない発見ができる
親に聞かれたかどうかがその後の生きやすさに影響を与える
ほとんどの人が、安定型と不安定型のはざまにいる
生い立ちに人生を左右される必要はない
観察ができれば、空気が変わる
孤独を感じるのは、「よいことが起こった」のに誰にも注意を払ってもらえないとき
「赤ちゃんの泣き声がうるさいの」という母親には、何と聞くのが正解？
出発点は、「他の人の声に耳を傾けること」

065

chapter

3

聞くことが人生をおもしろくし、自分自身もおもしろい人物にする

093

どんなに情報がない人物でも、話を聞けばだいたいわかる
道を誤る瀬戸際にいる人のことが理解できるようになる
CIAが採用するのは、聞く力が優れている人
うなずいたり、おうむ返しは「聴くこと」ではない
自分の話に耳を傾ける人がいると、外の世界に安心して出ていける
他人に関心を持って過ごす人は、多くの友人ができる
好奇心があるということは、思い込みがないこと
見知らぬ人よりも、「知っている嫌な人」に話しかけてしまう理由
人の話を聞かないのは、何も起こらないつまらない人生
正しい情報を得たいなら、尋問よりも「きちんと聞く」方が効く
ただの質問と、好奇心を持っての質問は全然違う

chapter

4

親しい人との仲もレッテルからも「聞くこと」が守ってくれる 115

夫婦仲が悪くなったのは「相手が何を言うかわかっているから」という思い込み
親密であればあるほど、相手への誤解が多い
「出会った日とずっと同じ人間」なんていない
友情を維持する第一の方法は、「日常的な会話」
深く話を聴いたことがある人とは、久しぶりに会っても昨日のように戻れる
第三者がいるだけで会話の質が変わる
半分以上の人は、「心配事を仲のいい人には話さない」
自分自身にさえ打ち明けるのも恐ろしい思い出もある
相手を嫌いになるのは、理解してもらえるという期待が裏切られたとき
親しくない相手の話を聞くときには先に分類してしまっている
みんな「自分には先入観がない」と思いがち
私たちは、話すよりも前に「シグナリング」で判断している
「シグナリング」だけでは、人の本質はわからない
親しい人との仲も、知らない人への誤解も、「聴くこと」が守ってくれる

chapter

5

「空気が読めない」とはそもそも何が起こっているのか

143

友人が「クビになった」と言ってきたら、何と声をかけますか?
「よい聞き手」とは、話し手と同じ感情になって聞ける人
相手が自分でもわかっていないことを引き出すのが聞き上手
「相手がなぜそれをあなたに言ったのか」をくむこと=共感
「事実」の奥には、必ず感情がある
人質交渉のポイントは「犯人に共感すること」
大量殺人犯の共通点は、「誰も話を聞いてくれなかった」こと
初対面の相手でも、身の上話は聞きだせる
自分の話だけする人は、チャンスを逃してしまう
相手の視点を受け入れることは、人間の器を大きくする

chapter

6

「会話」には我慢という技術がいる

161

うわのそらになるのは、「思考」が話よりも速いから

内向的な人が、聞き上手だというのは間違い
優れた聞き手は、余っている処理能力を頭の中での寄り道に使わない
いちばん会話を邪魔するのは「自分は次に何を話そうか」という心配
「次に何を言おう」と考えている方がかえって不適切な返答をする
「うまい言葉」が、信頼関係に必要なわけではない
自分の考えを忘れて相手の話を聴いた方が結局おもしろい会話になる
話が正しく聞けないのは、「不安やうわべの判断」にとらわれているから
「頭の中の寄り道」を我慢すれば会話はものすごくおもしろくなる
嫌なやつに対しても「きちんと聴こう」とすれば、不快感は減る

chapter

7

反対意見を聞くことは「相手の言うことを聞かなければならない」ことではない

質問は、「好奇心」からでなくてはいけない
反対意見を聞くことは、人間にとっては生理的に「脅威」を感じること

解決をしたいなら、相手の意見を聞くしかない
ソーシャルメディアは、誰にも邪魔されずに自分だけの現実をつくり出せる
自分が支持しないグループには「恐怖」すら抱いている
効果的な反対意見は、相手を理解してのみ可能
「自分が間違っているかもしれない」という可能性を考えながら聞く
「偏桃体」の活動量が多い人は、不安症やうつになりやすい
「原始的な偏桃体の反応」があることを知っておく
人として成長する唯一の方法は、反対意見に耳を傾けること
優れた聞き手は、「相容れない考え」に耐えられる
グレーゾーンに耐えられる人は、アイデアを思いついたり、判断をするのが得意

chapter 8

ビッグヒットは消費者の声を「聴く」ことから生まれる 201

アンケートの精度を上げるのも聞く力
消費者の無意識の意見を探り当てる「フォーカス・グループ・インタビュー」
フォーカス・グループよりも、データを集める方が早くて安い

フォーカス・グループにはお金がかかるが、効果は高い
名モデレーターは何を聞いているのか
聞き上手は「なぜ?」という質問を使わない
消費者の気持ちがわかったことで、ヒット商品が生まれた
人の感情や習慣は、データを超えてくる
ヒトが創造できるのは「聴く」から
そのデータがどういう意味を持つのかをわかっていないと結局意味がない
うまく聞ければ、自分ひとりでは絶対に見られなかったものが見られる

chapter 9

チームワークは、話をコントロールしたいという思いを手放したところにやってくる 229

もっとも生産性の高いチームは、全員の発言量が同じくらい
「心理的安全性」は、相手の話を聴くことから始まる
会社員は、一日のうち約8割の時間をほかの社員とのコミュニケーションに費やしている

即興劇が上手な人は、聞くことが上手
チームとしての能力を高めるための「即興劇」研修
「注目を浴びたがる人」が聞くようになるまで
目立ちたい人は、自分が「十分ではない」ことをカバーするために自己顕示する
自分の空間の雰囲気は、自分でつくれる
自分を見せたいという欲求のせいで、ほかの可能性をなくしている
話をコントロールしようとすると、逆に進まない
つまらないギャグを言う人は、たいてい人の話を聞いていない
相手とつながっているという感覚をいちばん実感できるのが「笑い」

chapter 10

話にだまされる人、だまされない人 253

全員が同じように話を聞いているわけではない
会話の感受性が高い人は、隠された意味に気づける
それぞれの視点から聞いた話をまとめたら最高の作品ができる
その人の「プライベートな部分」に人はいちばん共感する
「通りいっぺんの話題」が、聞いていていちばんつまらない
「事前にその人について調べる」「たくさん質問をする」と人は積極的に話したくなる

優れた聞き手になるには「自分の弱さを理解する」
「自分」が何を気にしているか知っていることはよく聞ける耳を持つようなもの
先に相手に話させて、会話を操ったジョンソン元大統領
「自分の聞きたいようにしか聞かない」人はだまされやすい
優れた聞き手は、だますのもだまされているのを察知するのも上手
つじつまが合わない会話をそのままにしておくことがだまされる原因
会話でわからなかったところをきちんと確認すればチャンスを見逃さない

chapter
11
他人とする会話は、自分の内なる声に影響する

279

自分を批判する「内なる声」
「ひとりごと」は自分の中にいる他者の声
ネグレクトされた子どもはひとりごとが少ない
あなたのひとりごとは、自分を責めがち？　他人を責めがち？
内なる声は、リアルの自分に大きな影響を与える
読書も、内なる声をつくる

内なる声は、あなたがどう現実に対応するかに大きな影響を与える
多くの人が、自分に批判的な内なる声を持っている
他人とする会話は、すべて自分の内なる声に影響している

chapter 12 「アドバイスをしよう」と思って聞くと失敗する

297
聞き上手は、人を惹きつける
ヘタな聞き手は「ずらす対応」を優れた聞き手は「受けとめる対応」をしている
「ずらす対応」は、人とつながるチャンスを逃す
「自分はすごい」と見られたいだけの質問に気をつけよう
話に素直に耳を傾けるには、冒険心がいる
女性の方が、親身になって話を聞ける人が多い
ネガティブな反応は、ポジティブな反応の5倍の強さで感じられる
「アドバイス」をしだす人は、きちんと相手の話を聞いていない
相手の状況を「感じとる」のが、深く聞くこと
シンプルな質問は、本人も気づいていない答えを浮かびあがらせる

いい質問のウラには、「救ってあげよう」「助言してあげよう」がない
自分の感情をひとまず置いて、先に相手の話を聞いてみよう
耳を傾けると、相手の問題解決の能力も上がる
日常で、家族に耳を傾けることは難しい
「広い質問」をすると、恋に落ちる?
その人が変わっていく過程に耳を傾ける以上の愛があるでしょうか?
聴くことは、名作も生む

chapter

13

騒音は孤独のはじまり

333
雑音の中から、聞きたい音が聞けるのはどうして?
話のニュアンスも、脳は聞きとれる
脳は、音のニュアンスも含めて話を判断している
同じことだけ聞いていると、現実のとらえ方が偏ってくる
右耳は言葉を聞きとり、左耳は感情を聞きとる
あなたはどちらの耳をよく使っていますか?
音は、空気の圧縮を受けとって聞こえる
耳の神経は、体のどこの部位よりも多い

騒音は、音を聞きとる神経に傷をつける
難聴にならないために、騒音に気をつける
聞こえないときに、脳が勝手に補うから聞き間違いが起こる
難聴は孤独を生む
しゃべっている様子も含めないときちんと話を聞いたことにならない
本音はだいたい伝わる
経験さえあれば、細かな表情はどんな人でも読みとれる
話すときの情報はとても多い
しっかりと聞くために、この話は対面にするかそうではないか選ぶのもいい
電話は、技術的に「ぎりぎり話ができる程度」でつくられている

chapter

14

スマートフォンに依存させればさせるほど、企業は儲かる

367
携帯電話を見ている間に「何かを生みだす時間」を失っている
スマートフォンの待ち時間が3秒以上かかるとイライラする
人々が注意力散漫であればあるほど、企業はお金になる

「速く聞く」と声のニュアンスも失われる
携帯電話があるだけでそのテーブルには親近感が生まれない
音が流れていると衝動買いをしやすくなる
マルチタスクは幻想
家族の食事の時間があっても好奇心がある会話がないと意味がない
「聴くこと」は、最高の友情でもある
子どものころに話を聞いてもらった経験は人生に大きな影響を与える

chapter 15

「間」をいとわない人は、より多くの情報を引き出す

389
売上ナンバーワンの営業マンは、何をやっているのか?
お客さんに話してもらった方が、早いし楽な上、間違いも減る
ほとんどの話には間がない
0・5秒以上の沈黙があると、人はそれを不満や罰だと解釈する
すぐ返事がもらえないと、人は動揺する
自分が話さなかったからこそ、価値のあることが聞ける

chapter

16

ほとんどの宗教が「沈黙」を大事にしている
交渉は、よく聞いていないと間違いなく失敗する
24時間だけでも話さないことに耐えられればより優れた聞き手になれる

人間関係を破綻させるもっとも多い原因は相手の話を聞かないこと 409

うわさ話は、私たちを社会のよい一員にする
「悪いうわさ」を聞くと、自己肯定感があがる
うわさは、その集団にとってよくない人を罰したいときに生まれる
複雑すぎる人間関係を把握するのにはうわさが最適
うわさは、集団が学習するための効率的なしくみ
SNSは、早く大量にうわさを見られる
うわさを聞けるあなたには、すでに信頼がある
「他者」に耳を傾けることは私たちが同じ人間であると実感すること
個人主義は、安心感を失わせる
お互いの話を聞かないと、達成できることが減る

人生の大切なときに「耳を傾けなかった」ことを後悔するかもしれない
聞き逃したと気づいたときには、たいてい手遅れ
もっとも多いネグレクトは、相手の話を聞かないこと

chapter

17

だれの話を「聴く」かは自分で決められる

429

心からの笑いとつくり笑いの違い
話は、お互いの協力で成り立つもの
話すときは、相手に「期待して」いる
いちばんイライラするのは、期待どおりの会話をしない人
誰もが、同じ関心や理解力を持っているわけではない
「最高の会話」では、どちらが話していても、ふたりが互いに熱心に耳を傾けている
なぜあの人は、婚活でも自分の話だけしてしまうのか
相手に「自分についてこう感じてほしい」と説得するのは意味がない
聞く時間が長いと疲れる
優れた聞き手は、自分の限界を知り、無理をしない

その人の話を聴くと苦しくなる人は有害な人
「聴く」過程が、人を親密にさせる
聞いたことの記録をつけると、自分がどういう人間かもわかってくる
相手の言葉をじっくり考えることは自分の心にその人を招き入れること
現代人は、聞かれることに罪悪感を覚える
打ち明け話をしてしまうと、人は動揺する
話を聞ける間柄でいたいなら勝手に人の話を暴露しない
しかし、「聴く」ことは自分の狭い視野を広くする
「聞かない」なら、相手を傷つけると知った上で選択する
あなたが話を聴けない人は、どんな人だろうか

chapter 18
「聴くこと」は学ぶこと 463

満員の教会の告解室
一度弱みを見せることを経験した人は、相手を尊重できる
努力すれば、「聴くこと」は上手になる
話を聴かないことは、変わりゆく世界に踏み出さず、自分に閉じこもること
だれかの話を聴くのは尊敬の証

優れた聴き手は、愚かな人を見わける

謝辞 477
原注 503

凡例
・〔 〕と＊は訳注。原注は数字を振り、巻末に記載。

introduction——はじめに

あなたが最後に、誰かの話に耳を傾けたのはいつだったか、覚えていますか？次に何を言おうかと考えたり、ちらりと携帯電話を見やったり、相手の話をさえぎって自分の考えを話し始めたりせずに、本気で聴いたのは？

また、誰かがあなたの話を本気で聴いてくれたのは、いつだったでしょうか？誰かが自分の言葉に注意を向けてくれ、的を射た反応をしてくれて、本当にわかってもらえた、と最後に感じたのはいつ？

現代の私たちは、自分の心を聞こう、内なる声に直感に耳を傾けよう、それはいいことだから、と言われています。しかし他の人の話に注意深くしっかりと耳を傾けるようにと言われることはほとんどありません。

逆に私たちは、相手の意見などお構いなしに、自分が言いたいことだけを話すという会話を繰り広げています。立食パーティや会議、さらには家族との食事のときでさえも、お互いの言葉をさえぎって話をしています。

私たちは、会話についていくより、話題を提供して場を仕切るようしつけられてきました。ネット上でも直接会ったときでも、自分を印象づけ、ストーリーをつくりあげ、伝えたいことをぶれさせないことが肝要だ、と。自分が何を吸収するかではなく、何を伝えるかが大切だとされているのです。

しかし、耳を傾けることは話すことよりもずっと大切です。これまで、話をきちんと聴かなかったがために、戦争が起こり、富が失われ、友情が壊れてきました。第30代アメリカ大統領カルビン・クーリッジの有名な言葉があります。

「耳を傾けたがために職を失った人はいない」[1]

私たちは聴くことでしか、人として関わり、理解し、つながりあい、共感し、成長できません。聴くことは、プライベートであれ、仕事であれ、政治的なものであれ、どのような状況においても、人間関係がうまくいくための土台をなすものです。

古代ギリシャの哲学者エピクテトスは、実際、こう言いました。「自然は人間に、舌ひとつと耳ふたつを与えた。自分が話すその倍は、人の話を聞くようにと」[2]。

それなのに、高校や大学に、傾聴を教える授業や活動がまったくと言っていいほどないのはどういうことでしょうか。言葉巧みな話術と説得力を教える授業やディベートのクラブはあるのに。スピーチ・コミュニケーションで博士号を取得したり、人前で話すスキルを高めるためのクラブに参加したりできるのに、聴くことが中心になる学位や研修は存在しません。

昨今、成功や権力をイメージさせるのは、マイクを着けてステージを歩きながらプレゼンしたり、演台で演説したりしている姿です。夢の実現とは、TEDトークに出演することや、大学の卒業式に呼ばれてスピーチをすることになっています。

ソーシャルメディアは、「あらゆる考えを世の中に向けて発信する、仮想のメガホン」と、「自分に反する考えを取り除く手段」をすべての人に与えました。

人々は、電話をわずらわしいと感じ、留守番電話のメッセージを無視し、テキストや絵文字でのやり取りを好むようになりました。何か聞くとしたら、自分だけの安全な音の世界に入り込めるヘッドホンやイヤホン。遮断された世界の中での、自分の人生という映画のサウンドトラックです。

その結果、孤立や空虚が忍び寄ります。そして人はより一層、デジタル・デバイスをスワイプ、タップ、クリックするようになっていきます。デバイスは気を紛らわせてくれますが、心の栄養になることはほとんどありません。

ましてや、感情に深みを与えるなどさらにないでしょう。感情の深みを育むには、相手の声が自分の体と心の中で共鳴する必要があります。

本気で耳を傾けるとは、相手の話によって、身体的にも、体内物質のレベルでも、感情的にも、知的にも、動かされるということなのです。

本書は、聴くことを賛美する本であり、また文化として「聴く」力が失われつつあるような現状を憂う本でもあります。

ジャーナリストとして、私はノーベル賞の受賞者からホームレスの小さな子どもまで、これまで数えきれないほどの人にインタビューしてきました。私はプロの聴き手だと自認していますが、そんな私にも至らないときがあります。ですので本書は、聴くスキルを伸ばすための指南書としても書きました。

本書を執筆するにあたり、ほぼ2年を費やして、聴くことに関する学術的な研究を詳しく調べました。生体力学的（バイオメカニクス）・神経生物学的なプロセスと、心理的・情緒的な面への影響に関する研究です。また、アイダホ州のボイシから中国の北京まで、さまざまな場所にいる人たちに、数百時間に上るインタビューも行いました。私の机上でランプを点滅させている外づけハードディスクに、そのすべてが詰まっています。

インタビュー相手は、聴くことに関する研究をしている人に加え、私のように集中して聴くことを仕事にしているさまざまな人々でした。スパイや牧師、心理療法士、バーテンダー、人質の解放交渉人、美容師、航空管制官、ラジオ・プロデューサー、フォーカス・グループのモデレーターなど。

また、これまでの年月で私がインタビューしてきた人や、人物像を記事で描いてきた人のもとを、再び訪れました。芸能人、CEO、政治家、科学者、経済学者、ファッション・デザイナー、プロのスポーツ選手、起業家、シェフ、芸術家、作家、宗教指導者などもっとも成功し、もっとも洞察力のある人たちです。

そして、次のような質問をしました。

「聴くこと」とは、その人たちにとってどんな意味を持つのか。聴こうという気にいちばんなるのはいつか。人が自分の話を聴いてくれるときにどう感じるか。聴いてくれないときにどう感じるか。

それから他にも、飛行機やバス、電車などでたまたま私の隣の席になった人や、レストランや食事会、野球の試合、スーパーで出会った人、犬の散歩中に会った人たちの話も聴きました。私にとってもっとも価値があると感じた気づきは、こうした人たちに耳を傾けていたときにひらめいたものでした。

私がそうであったように、あなたも本書を読めば、「聴く」とは、人が言っている言葉を耳に入れる以上のことだとわかるでしょう。

相手がどう言うか、言っている間に何をしているか、どの文脈で言っているか、その言葉があなたの中でどう響くか。「聴く」とは、こうしたことに注意を払うことでもあります。誰かが長々と意見を述べているときに、単に黙っているということではありません。まったくその反対です。

「聴くこと」の多くは、あなたがどう反応するかにかかっています。

その度合いによって、相手の考えをはっきりと表現として引き出すことができるし、そのプロセスの中で、あなた自身の考えも明確になります。ていねいに適切に聴けば、まわりにいる人や世界に対するあなたの理解は、がらりと変わります。

あなたの経験や存在を豊かにしてくれ、高めてくれることは、間違いありません。こうして知恵は深まり、意義深い人間関係が構築されていくのです。

聴くということをするかしないか、私たちは毎日、自分で決めることができます。「聴く」などたいしたことではないと思うかもしれませんが、どれだけしっかり聴くか、誰の話を聴くか、どのような状況で聴くかは、あなたの人生の進路を良くも悪くも決めてしまいます。もっと広い意味では、集合体としての私たちの聴く力、もしくはその欠如は、政治的、社会的、文化的に大きな影響を及ぼします。

私たちはみんな、人生の中で注意を向けて聴いてきたものの集大成なのです。母親の心地よい声、恋人のささやき、メンターの指導、上司の忠告、リーダーの激励、ライバルの挑発——こうしたものが、私たちを形づくります。

適当に聞き流したり、部分的にしか耳を傾けなかったり、もしくはまったく聞かなかったりすれば、世の中への理解は限定されてしまい、いちばんよい自分になれる可能性を狭めてしまうでしょう。

chapter

1

「聞くこと」は忘れられている

「誰とでも話ができる」は「誰の話でも聞ける」ということ

私は、寝室のクローゼットの床に座り、オリバー・サックスをインタビューしていました。オリバー・サックスは、医師でベストセラー作家、かつ脳神経内科の教授であり、ロビン・ウィリアムズとロバート・デ・ニーロの出演で映画化された回顧録『レナードの朝』(早川書房)の作者として知られた人物です。

その日、私のマンションの向かいでは工事があり、うちの中でいちばん静かな場所はクローゼットの中でした。そのため、私は、暗闇の中であぐらをかき、ハンガーにかかったワンピースやボトムスが電話のマイクに触れないよう押しのけながら、著名な脳神経学者兼作家の「サックス先生」と話していました。

インタビューの目的は、『ニューヨーク・タイムズ』の「サンデー・レビュー」面に掲載する短いコラムのために、愛読書と映画について話してもらうこと。しかし話は詩人ボードレールから逸れ、幻覚や白昼夢、そしてサックスが詩的に「心の天気」と呼ぶものに影響するさまざまな事象へと広がっていきました。私の飼い犬がクローゼットの扉を引っかくなか、電話の向こうではサックスが自分の心の天気を説明していました。

顔が認識できない「相貌失認」だったサックスは、鏡に映った自分の顔も含めて人の顔を認識できません。[2] そのため心はときおり曇り空になるのだと話してくれました。彼はまた方向感覚もないため、ちょっと散歩に出ただけで帰り道を探すのに苦労するんだ、とも。

その日は、ふたりとも時間があまりありませんでした。私はこのコラムに加え、『ニューヨーク・タイムズ』掲載用に原稿をもう1本抱えていました。サックスは、診察や授業、講演の合間にこのインタビューを無理やりねじ込んでいました。

しかし私たちは話に夢中になって、心の状態を天気で表現する言い回しを出しあっていました。晴れやかな表情、霞みがかったような理解、雷に打たれたような衝撃、干天に慈雨、つまりひでりに恵みの雨のような喜びなどです。

座っていたのは暗いクローゼットの中ではありましたが、サックスの話を聞きながら、私はその束の間、理解、創造性、ユーモア、共感、そして洞察が次々とひらめくのを感じていました。それから数年後の2015年、サックスはこの世を去りました。

でもこのときの会話は今も、私の記憶の中に生き続けています。

私は、『ニューヨーク・タイムズ』によく記事を書いており、他の媒体にも記者としてときおり寄稿しています。仕事柄、オリバー・サックスだけでなく、ファッションデザイナーから建設作業員まで多くの人たちの話を聞く機会に恵まれてきました。サックスほど明晰な思想家としての知名度はないものの、ひとり一人が彼に負けず劣らず洞察力にあふれた知的な人々です。

彼らのおかげで、私の世界観は広がり、物事への理解も深まりました。深い感動に包まれたことも、少なからずありました。

私はよく人から、「誰とでも話ができる」タイプだと言われます。**でもそれは実際は、「誰の話でも聞ける」ということなのです。**

ジャーナリストとして、この資質には助けられてきました。

ヒット記事の着想は、たとえば、光ファイバーの埋設工事をしている男性や、かかりつけの歯科医院にいる歯科衛生士、寿司店で出会った元投資家の牧場主などとの、何気ない会話から生まれてきました。

私が『ニューヨーク・タイムズ』に書いた記事の多くが、これまで「もっともメールで共有された記事」や「もっとも読まれた記事」のランキングに入りました。しかしそれは、強力な権力者をこき下ろしたからでもなければ、スキャンダルをすっぱ抜いたからでもありません。

何に幸せを感じ、悲しみ、夢中になり、イライラし、心配し、混乱するかについて、胸の内を明かしてくれる人たちの声に耳を傾け、彼らの言葉をできる限り拾い上げ、詳しく書いたからです。

「要点を早く言わない人」は、悪い人か

人びとの声に耳を傾けることは、私のような記者だけに必要なことではありません。たとえばヒット商品を開発したり、一流のカスタマー・サービスを提供したり、優秀な人材を採用・慰留したり、何かを販売したりするとき、まず最初にすべきは、相手に耳を傾けること。良き友、良き恋人、良き親であるために必要なのも、耳を傾けること。すべて、「聴く」という行為にかかっています。

これまで私は何百という記事を書いてきました。一本の記事につき、たいてい、人の発言を4つか5つ引用していますが、その一本を書くために、裏づけや背景にある情報、事実確認として、10～20人ほどと話したと思います。

数々のインタビューの中で、私の記憶に鮮明に残るものは、無理やり誰かに話をさせたり、秘密を暴いたりしたものではありません。クローゼットの中でオリバー・サックスと交わした会話のように、本題から脱線して「聴けた」ことこそが、私にとって意義あるインタビューだったと思います。

それはたとえば人間関係だったり、その人の信念、恐れ、もしくは自分を形づくった出来事など、プライベートな面に話題が及んだものでした。話している相手が「これ、誰にも話したことなかった」とか「今言葉にして初めて、自分がこんなふうに感じているのに気づいた」などと言ってくれたこともあります。

こうした打ち明け話はときとしてあまりにもプライベートで、聞いたことがあるのは私だけ、ということもありました。今でも知っているのは私だけかもしれません。

その打ち明け話に私が驚いたのと同じくらい、「なぜこの人に話したんだろう」「自分がこんな風に思っていたとは」などと本人も驚いたようでした。

お互いに、なぜそのような話になったのかはよくわからなかったものの、それは何か大切で、神聖で、純粋なものに感じました。ふたりが本質的な発見を一緒にし、その瞬間、共に変化したことを確かに感じたのです。「聴くこと」がこの機会をつくり出し、触媒の役目を果たしたのでした。

今の世の中、こうした瞬間はますます珍しいものになっています。

人はかつて、軒先の玄関ポーチに座ったり、キャンプファイヤーの火を囲んだりして、互いの話に耳を傾けたものでした。しかし今の私たちは、相手の考えや感情を深く探ることもできないほど忙しく、うわの空です。

ミシシッピ大学で歴史やアメリカ南部研究を教えるチャールズ・レーガン・ウィルソン名誉教授は、南部からなぜこれほど多くの作家が輩出されたのかについて、短編小説家であるユードラ・ウェルティに尋ねたところ、こんな言葉が返ってきたと言います。

「あのね。私たちは軒先のポーチに座って話をする以外、やることがなかったの。そこでしていた話を書き留めた人がいただけ」

現代のほとんどの家では、軒先には玄関ポーチはなく、多忙を極めた1日の終わりに住人の車を置く車庫しかありません。または、建物の中で仕切られたアパートやマンションに住み、エレベーターでは互いに見て見ぬふりをしています。住宅街を歩けば誰かしらが庭の柵から身を乗り出して声をかけてくる、といった光景は、もうほとんど見なくなりました。上階の窓に見えるパソコンやテレビのぼんやりとした青白い光しか、人が暮らしていることを感じさせるものはないのです。

私たちはかつて、友達や家族に直接会って近況報告をしていたものでした。

でも今は、テキスト・メッセージを送ったり、ツイートしたり、ソーシャルメディアに投稿したりする方が多いのではないでしょうか。

今の時代は、数十、数百、数千、もっと言えば数百万もの人に、同時にメッセージを送れます。**でもあなたは一体どのくらいの頻度で、その誰か一人と直接会って、話をじっくりと掘り下げる時間を持ったり、持つ努力をしたりしているでしょうか？**

人と直接会っても、私たちは、自分が見たものや経験したことを言葉で表現して伝えるのではなく、スマートフォンの写真を回覧します。

会話をしながら同じ笑いのツボを見つける代わりに、インターネット・ミームやユーチューブの動画を見せ合います。

意見が食い違うことがあれば、グーグル検索が仲裁役になります。

誰かの話が30秒以上かかろうものなら、みんなうつむいてしまいます。話を聞いて深く考えているのではなく、テキスト・メッセージを読んだり、スポーツの結果を見たり、オンラインで何がトレンド入りしているかを確認しているのです。

誰かの話に耳を傾ける能力は、あらゆる人（とりわけ自分と反対意見の人や、要点を早く言ってくれない人）を締め出す能力に取って代わってしまいました。

「話を聞かれない」と孤独になる

街で会った人であれ、CEOや有名人であれ、誰かをインタビューするとき、この人は話を聞いてもらうのに慣れていないんだな、と感じることがよくあります。まるで、聞いてもらうのが初めての経験であるかのようです。

相手の言葉に真摯（しんし）に関心を示し、もっと聞かせてほしいと言うと、彼らは驚いた顔をします。

そして私が話を急かしたり、言葉をさえぎったり、スマホに目をやったりしないと確信すると、目に見えてリラックスし、じっくり思いを巡らせ、考えたことを省略せずに話すようになるのです。だからこそ、こちらが水を向けていない、取材テーマとはまったく関係のない話――でもその人たちにとっては大切な話――を、私に共有する人が多いのでしょう。彼らは、自分の話に耳を傾けてくれる人に、やっと、ついに出会えた、と感じるのです。

話を聞いてもらえないと、人は孤独になります。

心理学や社会学の研究者は、アメリカで孤独がまん延していると警告するようになりました。孤立している、あるいはつながりがないことを原因とする早死のリスクは、肥満とアルコール依存症による早死のリスクの合計とほぼ同じくらい高いのです。[3]

孤独は、1日14本の喫煙よりも健康に悪い影響を及ぼします。そのため専門家たちは、孤独は公衆衛生の危機だと言うようになりました。実際、疫学研究により、心臓病、脳卒中、認知症、免疫機能不全などには、孤独が関係していることがわかっています。

現在の孤独のまん延について最初に警鐘を鳴らしたのはおそらく、インターネット革命が定着してきた2004年、あまり知られていないチャットルームにこんな投稿をした匿名の人物でした。

「さみしい。誰か話しかけてくれないか?」[4]

彼の心の叫びは拡散され、ものすごい数の返信がつき、メディアにも取り上げられました。このスレッドは複数のオンライン・フォーラムに類似のスレッドを生み出し、それらは今も動きを見せています。

こうした投稿を読んでいると、多くの人が孤独を感じているのは、独りぼっちだからではないことに気づきます。

「毎日たくさんの人に囲まれているけど、なぜかまったくつながりを感じられない」と書いていた人もいました。

孤独な人たちは、自分の考えや感情を話す相手がいません。そして、それと同じくらい切実なのは、考えや感情を聞かせてくれる人もいない、ということです。最初に投稿した人が「話しかけて」と書いていたのを思い出してください。彼は、誰かに話したかったのではなく、誰かの話を聞きたいと切望していたのです。

つながるという行為は必ず双方向です。会話のパートナーがお互いに相手の言葉に耳を傾け、それをしっかりと受けとめることです。

２００４年のあの投稿以来、孤立や孤独を感じている人の数は増える一方です。

２０１８年にアメリカ人２万人を対象に行った調査[5]では、顔を合わせての深いやりとり（たとえば友達とじっくり話すなど）を日頃していないと答えた人は、半数近くに上りました。まわりに人がいるときでさえ孤独感や孤立感をよく抱くと回答した人の割合も、ほぼ同じでした。１９８０年代に行われた類似の調査[6]では、同様に答えた人の割合は、わずか20パーセントしかいなかったのに。

アメリカの自殺率は現在、１９９９年から30パーセント増加して、過去30年で最悪[7]になっています。自殺、オピオイド中毒、アルコール依存症、その他、よく孤独と関連づけられるいわゆる心痛による疾患が原因で[8]、アメリカ人の平均余命[9]は短くなっています。

孤独はアメリカだけの問題ではありません。世界的な現象です。世界保健機関は[10]、ここ45年間で世界の自殺率が60パーセント増加したと報告しています。

２０１７年にイギリス政府が委託した調査[11]では、孤独を常に感じる、または頻繁に感じるという人は900万人に達しました。

こうした人たちに手を差し伸べるため、イギリスは2018年、「孤独問題担当大臣」[12]を任命することになりました。

誰かと一緒にいても、人は孤独を感じる

孤独は誰のことも差別しません。[13]最新の調査では、孤独感には、男女間や人種間に大きな違いはないことが示されています。
一方、世代による違いはあるようです。デジタル画面を見て育った最初の世代であるZ世代の人たちは、孤独感を抱く可能性がもっとも高く、健康状態についての自己報告では、体調が良くないと回答した人の数は高齢者を含む他のどの世代よりも多くいました。
自殺願望や自殺未遂が理由で入院した学齢期や思春期の子の数は、2008年と比較して倍以上になっています。[14]
今の10代の若者たちが、デートしたり、友達と一緒に過ごしたり、運転免許を取っ

たり、親元から離れて実家を出たりをあまりしなくなったという話は、いろいろなところで取り上げられています。[15] 彼らは、他の世代よりもひとりぼっちで過ごす時間が長いのです。

加えて、スマートフォンのスクリーンタイムが長ければ長いほど、幸福度が低くなると示す研究も複数あります。

フェイスブックやユーチューブ、インスタグラムなどソーシャルメディアの使用頻度が高い8年生（日本の中学2年生）は、これらプラットフォームの使用時間が短い8年生と比べ、うつ病のリスクが27パーセント高く、自分は幸せではないと答える確率は56パーセント高くなりました。同様に、習慣的にテレビゲームをする若者に関する調査のメタ分析では、不安やうつに苦しむ可能性が高くなることがわかりました。[16]

孤独を解消するには「外に出かけなさい！」とよく言います。クラブ活動に参加しよう、スポーツを始めよう、ボランティア活動をしよう、誰かを食事に誘ってみよう、教会の活動に参加しよう、などです。言いかえれば、フェイスブックを閉じて、直接「顔と顔」をつきあわせよう、ということです。

でもここまで書いたように、誰かと一緒にいても、人は孤独を感じることが多いのです。

「外に出かけて」「顔と顔」をつきあわせたら、そこから先、私たちはどうやって人とつながったらいいのでしょうか？

それは、相手の話に耳を傾けたらいいのです。でも、口で言うほど簡単ではありません。**「誰かの話を本気で聞く」とは、多くの人に忘れ去られた、もしかしたらそもそも身につけたことすらなかったかもしれない、そんな資質です。**

「聞きなさい」と言われる話は「会話」ではない

人の話を聞くのがへただからといって、悪い人だとは限りません。

おそらくあなたのまわりにもいるでしょう。人の話を聞くのがへたな親友、家族、恋人が。もしかしたらあなた自身が、人の話に耳を傾けるのが苦手かもしれません。

でも、それは仕方のないことです。というのも、いろいろな意味で、あなたは人の話を聞かないようしつけられてきたからです。

小さかったころの自分を思い出してみてください。もし親に（おそらく両肩を両手でしっかりとつかまれ）「ちゃんと聞きなさい！」と言われたら、そのあとに続く言葉はほぼ間違いなく、聞きたくない話だったはずです。

もし先生やリトルリーグの監督、サマーキャンプのリーダーが手を上げて「はい、聞いて！」と言えば、その後に続くのはたいてい、ルール、指示、そして楽しみを制限するような話だったでしょう。


では、メディアやカルチャーが、人の話に耳を傾けるという美徳を後押ししているかと言えば、残念ながらそうではありません。

ニュースや日曜日の討論番組は、異なる意見を詳しく探っていく礼儀正しい討論会ではなく、大声で口論したり、揚げ足をとったりする場となっています。深夜のトーク番組は、ゲストの話を聞きながらキャッチフレーズや表面的な言葉を深く掘り下げる場というより、司会者のひとり語りやギャグに比重が置かれています。

朝と昼の番組も、インタビューはたいてい、宣伝担当者や広報コンサルタントが細かく指示して演出をつくり込んだもので、司会者もゲストも、本物の会話をするというより、あらかじめ用意されたせりふを話しているに過ぎません。

ドラマや映画で描かれる会話はどうでしょうか。

私たちの日常には、相手の話を聞くことで、話題が広がり、まるで言葉のキャッチボールを交わすような気軽な会話があります。しかし、ドラマや映画で描かれる会話は、実はミニ演説や一人語りの積み重ねでしかないことが多いのです。

たとえば脚本家のアーロン・ソーキンは、せりふづくりの達人と称賛されています。ドラマ『ザ・ホワイトハウス』や映画『ア・フュー・グッドメン』、『ソーシャル・ネットワーク』で、登場人物が息もつかせぬ勢いで冗談を言いあったり議論を戦わせたりしているのを思い出してみてください。

ソーキンが描く、せりふを言いながら歩くシーンや壮大な論争シーンは、ユーチューブに数えきれないほどアップされています。[17]『ア・フュー・グッドメン』の「真実は、お前の手には負えない！」など、粋なせりふもたくさんありますし、こうしたものを見るのはとても楽しいものです。**しかし、どのように話を聞いて、互いが呼応し合う充実した会話をするかは学べません。**

「聞く」職業の人でも、本当は聞いていない

これらはすべて、「会話に派手な見せ場をつくる」というはなばなしい伝統を受け

ついだものです。その発端は、文芸サロン「アルゴンキン・ラウンド・テーブル」にまでさかのぼります。1920年代、作家や評論家、俳優たちが、ニューヨークのマンハッタンにあるホテル「ジ・アルゴンキン」に毎日集まり、昼食をともにしながら、気の利いた言い回しや言葉遊び、しゃれを競っていました。競争心に満ちていて非常に鋭く、機知に富んだ彼らのやりとりは、当時大手の新聞に掲載され、全米が夢中になりました。今でも、巧みな会話といえばこのイメージが一般的です。

しかし、このラウンド・テーブルは、ほぼ毎日集まる活発なグループであったにもかかわらず、定期的に顔を出していたメンバーの多くは孤独で、心の闇を抱えていました。[18]

たとえば、作家のドロシー・パーカーは自殺未遂を3度も繰り返しました。[19] 演劇評論家のアレクサンダー・ウールコットは自己嫌悪に過度に悩まされ、[20] 心臓発作で亡くなる少し前、「言いたいことなどあったためしがない」と口にしました。

思えば、このグループは、互いの話に耳を傾けるための集まりではありませんでした。他の人たちと心からつながろうという気持ちはなかったのです。

彼らはただ、言葉を挟みこんでうまいことを言おうと、誰かが一息ついて間ができるのを待っていただけでした。

ドロシー・パーカーは内省的に過ごした後年、当時をこう振り返っていました。[21]

「ラウンド・テーブルは単に、たくさんの人が冗談を言い、褒め合う場でした。ただのおしゃべりたちが、何日も取っておいたジョークを解き放つ機会を待って、それを見せつけるだけ。彼らが口にするものに真実などなかった。皮肉を言い合うひどい時代だったから、真実を語る必要なんてなかったんです」


政界のリーダーも、聞き手として模範的とは言えません。

アメリカ連邦議会の公聴会の様子を考えてみてください。公聴会とは名ばかりで、実際には、運悪くそこで証言することになった人に対し、上院議員や下院議員が尊大に話し、迎合し、厳しく非難し、叱責し、発言者が言葉を言い終わる前に割って入るような場となっています。

連邦議会公聴会の議事録には、大文字で「クロス・トーク」と書かれた部分がよくあります。これは、誰もがお互いの言葉にかぶせるように話しているため、議論を書き起こし記録する担当者が、誰が何を言っているのかわからない状態だということを意味します。

イギリスの国会も同様です。

毎週、国会議員が質問する「首相のクエスチョン・タイム」がありますが、派手なパフォーマンスばかりで聞くことが実践されていないととらえられています。この場を使って目立とうとする立ちふるまいがあまりにも目につくため、欠席する議員が多くなってしまいました。

下院議長だったジョン・バーコウは当時、イギリスの公共放送BBCに対してこう話していました。[22]「深刻な問題だと思います。内気や繊細とはほど遠いようなベテラン議員の多くが、〝あまりにもひどすぎるから参加しない。出席しないよ。恥ずかしい〟と言っているんですから」

「暮らす人」の声に耳をふさいだ政治家が分断を生んだ

アメリカを含む各国で今現在起きている政治的な大混乱や分断は、政治家のこうした多弁な自己主張が一因になっています。

人々は最近、「権力に就いている人と距離がある」とか、「声を聞いてもらえない」と感じているのです。

そんな感情が国民の不満として選挙結果に赤裸々に表れ、政治的指導者や主要メディア、社会の上層部にいる人たちは、大きなショックを受けました。その最たるものが、2016年のアメリカ大統領選でのドナルド・J・トランプの勝利であり、同年のイギリス国民投票での欧州連合からの離脱決定でした。この結果を予期した人はほとんどいませんでした。有権者は、国の指導者の注意を引くために、選挙結果という名の手りゅう弾を投げつけ、やっと不満に気づいてもらえたのです。

もし政治の行方を占う人たちが、もっと注意深く危機感をもって、地域に暮らす人たちの声に実際に耳を傾けたり、その人たちの日常のリアルであったり、物事を決めるときの価値観を理解しようとしたりしていたら、選挙結果はここまでの驚きにはならなかったでしょう。

代表的とは言いがたいサンプル（すなわち、見知らぬ発信者番号の電話に応じ、世論調査員の質問に正直に答える人たち）[23]から抽出したデータは、役に立たないどころか、誤解を生むものでしかなかったのです。

そんな意識調査を行ったところで、広く人々に耳を傾ける代わりにはなりません。世論を測ろうとしてソーシャルメディアに頼りすぎたマスコミ報道もまた同様です。

にもかかわらず、ソーシャルメディアや意識調査は、「現実の人々」の考えを代弁するものとして、今も使われ続けています。

新聞やテレビのジャーナリストやコメンテーターは今や、取材に出かけて生の声を拾うより、ツイッターやフェイスブックから意見を引用することが多くなりました。手軽さに惹かれ、一見、幅広い人にアクセスできるように思えるからでしょう。

メディア、政治家、ロビー活動家、社会運動家、企業にとっても、「人々の声を聞く」とは、主にソーシャルメディアで何がトレンドになっているかを調べたり、オンライン調査を実施したりすることです。それは、21世紀のいま、効率的かつデータに基づくことがよしとされるからです。

SNSは、社会全体を反映してはいない

しかし、ソーシャルメディアで起きていることは、社会全体を反映しているのでしょうか。実のところ、それはかなり疑わしいです。

まず、ソーシャルメディア上の発信のほとんどが、フェイク・アカウントやボット・アカウントによるものだと、これまで何度も調査で示されてきました。[24] **ソーシャルメ**

ディアのアカウントの15～60パーセントは、生身の人間のものではないと推測されています。[25]

ある調査によると、2016年のアメリカ大統領選に関連したツイートの20パーセントは、ボットから発信されたものという結果でした。[26]テイラー・スウィフトやリアーナ、ジャスティン・ビーバー、ケイティ・ペリーを含む有名ミュージシャンのツイッター・アカウントを精査したところ、数千万というフォロワーの大部分がボットだったことがわかった、[27]ということもありました。

フェイク・アカウントやボット以上に幅広く見られる現象に、オンライン・プラットフォームの「ラーカー（ROM専）*」があります。これは、他の人の投稿を見るためにアカウントを開設するものの、自分ではほぼ何も投稿しない人たちを指します。

ネット文化には、「1パーセントの法則」[28]または「90対9対1の法則」と呼ばれるものがあります。

ソーシャルメディア、ブログ、ウィキペディア、ニュースサイトなどのオンライン・プラットフォームでは、ユーザーの90パーセントはただ見ているだけで参加せず、9パーセントはコメントを書くなど控えめな貢献をし、わずか1パーセントがほとんどの発信コンテンツを生んでいるというものです。

貢献しているユーザー数はプラットフォームによって異なるかもしれませんし、もしかしたら何かニュースが起きて盛り上がるときもあるかもしれませんが、圧倒的多数は、沈黙していることに変わりありません。[29]

「SNSにコメントを書く人」は、実はわずか

このように、ソーシャルメディアのユーザーやウェブサイトにコメントを書く人の中でも活発な人たちは、ごく少数派なわけです。

この人たちは、誰もが自分の意見を言う権利があると考えており、さらにそれなりの頻度でそれを表現する時間がある、というかなり特徴的な傾向をもっています。

こうした人々が、社会の典型的な層とは言えません。

加えて、オンラインでは、激しい怒りや皮肉、大げさな話がいちばんの関心や注目を集めます。中立的で真面目で控えめな投稿は、あまり拡散されたりメディアで引用されたりしません。

このため対話はゆがめられ、会話の方向性は変わってしまいます。

オンラインで表現された意見は、もし実際に耳を傾ける生身の人間が目の前にいた

ら発せられたであろう言葉を、どれだけ反映しているでしょうか。疑わしいものです。

「自分の話なんて他人には迷惑」だと思う人は多い

本書を執筆するにあたり、私はあらゆる年齢、人種、社会階層の人たちに、「聴くこと」についてインタビューしました。

取材先は、専門家もそうでない人も含まれます。

インタビューの中で、私はよく「あなたの話を聞いてくれるのは誰ですか?」という質問をしました。

すると相手は、ほぼ例外なく、一瞬、沈黙してしまうのです。ためらいですね。聞いてくれる人がいると答えた人は少数派でした。

そして、聞いてくれる相手は配偶者、親、親友、きょうだいなど、1~2人でした。その上多くは、正直に言うとちゃんと話を聞いてくれる人は誰もいないように思う、と答えてくれました。結婚している人や、友人や仕事仲間が大勢いると言った人でさえもです。

他には、聞いてくれる相手としてセラピスト、ライフコーチ、美容師、さらには占星術師などをあげた人もいました。

つまり、お金を払って話を聞いてもらっているというわけです。牧師やユダヤ教の指導者に話を聞いてもらいに行くと言った人もわずかながらいましたが、聞いてもらうとしても重大局面のときだけ、とのことでした。

「家族や友人に話を聞いてほしいとお願いするのは、相手に負担をかけると思う」

驚くほど多くの人が、そう言っていました。悩みを聞いてほしいというだけではありません。通常の社交辞令や軽い冗談よりも深い話になると、どんな内容であれ相手への負担を心配すると言うのです。

ダラス在住でエネルギー関連株を扱うトレーダーは、会話は軽くしておかないと「失礼だ」と言いました。さもないと、聞き手に多くを求めすぎることになると。シカゴの外科医は、こんなふうに話してくれました。「ロールモデルと見られるようになるほど、部下が増えれば増えるほど、胸の内を吐き出したり、自分の悩みを話したりできなくなります」

携帯電話を見るのは、退屈で面倒な他人の話を聞かなくてすむから

インタビューでは、自分は良い聞き手だと思うか、という質問もしました。するとと多くの人は率直に、そうではないと認めました。

ロサンゼルスにある舞台芸術の組織で役員を務める女性は、「もし私が日々関わりのある人たち全員の話を真剣に聞いたら、自分が本当はほとんどの人を嫌いだという現実に向き合わなければならなくなる」と話してくれました。

そしてこんなふうに感じたのは間違いなく、この女性だけではなかったのです。人の話に耳を傾けられないほど忙しいと言った人や、そんなのは面倒だと言った人もいました。この人たちは、テキスト・メッセージやメールの方が効率的だとも言いました。

メッセージごとに、どれだけ時間をかけるか自分で決められるし、おもしろくないとか嫌だと感じたメッセージは、無視したり削除したりできるからです。

直接会っての会話は、面倒なことが多すぎます。中には、こちらが知りたい以上の

話をしてくる人や、どう反応していいかわからない話をしてくる人もいるかもしれません。

デジタルでのやり取りの方が扱いやすい、というわけです。

カフェやレストラン、喫茶店、さらには家庭の食卓で、会話を楽しむよりも自分の携帯電話に見入るという極めて21世紀的なシーンは、こうして生まれます。

もし会話をしていたとしても、私たちは、まるでテーブル・セッティングの一部のように携帯電話をテーブルの上に置き、ナイフやフォークのようにときおり何気なく手に取ります。一緒にいる人たちにはそこまで興味が湧かない——と暗に示しながら。

その結果、私たちは痛烈に孤独を感じます。でも、なぜ孤独を感じるのか、よくわからないのです。

一方で、自分は聞き上手だと言った人もいました。ただし、運転しながら携帯電話越しに——。

たとえば、あるヒューストン在住の法廷弁護士は、ラッシュで渋滞中の車を運転しながら、折り返しの電話をくれました。

「自分はかなり聞き上手だと思うよ」と言うと、こう続けました。「ちょっと待って。別の電話が入った」。正直、あまり説得力を感じませんでした。

それから、話を聞くのは得意だと言ったすぐそばから、まったく関係ない話題に話を変えた人たちもいました。これも、本当に聞くのが得意なのか、首を傾げてしまいます。

思わずニューヨーカー誌にあった挿絵[30]を思い出してしまいました。カクテル・パーティでワインを片手に、とても限られた領域の自分の関心事しか話さない男性を風刺したものでした。

他にも、私が言った言葉を、まるで自分が思いついたことのようにその場でそっくりそのまま繰り返した、自称「聞き上手」もいました。

「話を聞く」とは相手のおしゃべりを待つことだと思っている人が多い

繰り返しになりますが、聞くのがへたな人が、必ずしも、悪い人や無作法な人だと言っているわけではありません。あなたが話し終わらないうちに言葉を補う人は、それが助けになっていると本気で思っているのです。

あるいは、言葉をさえぎって話してくる人は、自分が思いついた何かをあなたもきっと聞きたいだろうと思ったか、もしくは待てないくらいにおもしろいジョークだったのかもしれません。

聞きべたの人たちは、本気で考えているのです。人の意見を聞くとは、相手の唇が動くのをやめて自分が話せるようになるまで、礼儀正しく待つことだ、と。話を早く進めてもらうためにせわしなくうなずいたり、時計や携帯電話をちらりと盗み見たり、テーブルをトントンと叩いたり、他に誰か話し相手がいないかとあなたの背後に目線を走らせたりするかもしれません。

積極的に自己アピールしないと存在価値がないのではという不安に駆り立てられる今の風潮では、黙っていることはつまり、遅れをとることを意味します。**人の話を聞くとは、自分のブランドを押し出して名をあげるためのチャンスを逃すことになるのです。**

でも考えてみてください。オリバー・サックスとのインタビューで、もし私が自分の聞きたい話で頭がいっぱいになっていたら、一体どうなっていたでしょう。

そうであるならば、短いコラムだったので、話題にそった数問に簡単に答えてもらえれば十分でした。サックスが心の天気について詩的に語る言葉や、方向感覚がない中での暮らしがいかに大変かといった描写を聞く必要などありませんでした。

彼の言葉をさえぎり、要点を言うよう促すこともできました。もしくは、自己主張して印象づけたいあまりに、思いきって私の人生や経験を話すこともできたでしょう。でもそんなことをしていたら、会話の自然な流れを邪魔し、ふたりの間に生まれていた親近感は深まらず、やりとりから生まれた喜びもほとんど失っていたのではないでしょうか。

彼が与えてくれた英知を、今このときまで抱き続けることもなかったでしょう。

とはいえ、常に聞き上手でいられる人などいません。自分の中で考えたり感じていることに気をとられてしまうのが、人間の性です。

「聴くこと」には努力が必要です。

読書と同様に、状況に応じてじっくり聞くときもあれば、軽く聞くだけというときもあるでしょう。

しかし注意深く読む能力と同じように、注意深く聞く能力もまた、それなりの頻度でやらないと低下していきます。

あなたがもし、まるで芸能ゴシップ・サイトの見出しをざっと眺めるような態度であらゆる人の話を聞くようになってしまったら、相手の中に潜む美や英知を見つけ出すことはできなくなるでしょう。

そしてあなたを愛してくれる人、もしくは愛してくれるかもしれない人がいちばん欲しがっているプレゼントを差し出すことなく、あなた自身の中にしまったままにしてしまうことになるのです。

＊「ラーカー」は軽蔑的な表現で、収益を生み出さないユーザーを表すためにインターネット企業がつくった言葉です。オンライン・プラットフォームは一般的に、ユーザーが自発的に提供する個人データ（好きなもの、嫌いなもの、コメント、クリックなど）を集め、それを広告主に売ることで収入を得ています。

chapter

2

私たちは、きちんと話を聞いてもらえた経験が少ない

誰かの話を本気で聴くとはどういうことか

フェイスブックのCEO（最高経営責任者）マーク・ザッカーバーグは2017年、「もっと多くの人と話し、彼らがどう暮らし、働き、将来について考えているかを聞く」という「難しい個人目標」[1]に挑みました。

とはいえ、誰かれなく話しかけるというわけではありません。準備チームを編成し、全米の中から自分が話すのにちょうどよい場所にいるちょうどよい人たちを探させたのです。

ザッカーバーグは、最大8人の側近からなる取り巻き[2]を従え、対話の場所にやってきました。自分が「傾聴している」姿を捉えるための写真家も同行させました。撮影された写真が投稿された先は、フェイスブック。当然と言えば当然ですね。

ザッカーバーグは、「聴く」は「難しい」と正しくとらえていました。

しかし、わざとらしい「聴く」が本物の「聴く」と同じだという間違った理解をしており、そのせいでオンラインやメディアでかなり冷笑されてしまいました。

おそらくあなたも、聴いているふりをする人と話した経験があるのではないでしょうか。

眉間にしわを寄せて熱心にうなずき、いかにも聴いているかのようにふるまいますが、その目は妙に虚ろで、相槌のタイミングはあなたの言葉にまったくあっていません。何にでもあてはまりそうな反応（「うん」や「そうだね」）をするかもしれませんが、あなたの意見を本当に理解している様子は伝わってきません。上から目線の態度に感じて、顔にパンチしてやりたいくらいだと思ったかもしれませんね。

多くの人は、相手に話を聞いてもらえないとき、さらには見下した態度を取られたとき、いらだつものです。**でも、誰かの話を本気で聞くとは、一体どういう意味なのでしょうか？**

興味深いことに、私たちは優れた聞き手とは何かより、だめな聞き手[3]とはどのようなものかの方がうまく説明できます。

悲しいことですが、私たちはきちんと話を聞いてもらえた経験よりも、無視されたとか誤解されたと感じた経験の方が多いのです。ここで、だめな聞き手の行動としてよく指摘されるものを、列挙してみましょう。

・話をさえぎる
・いま言われた言葉に対し、あいまいだったり、筋が通らない反応をする
・携帯電話や時計、部屋の他の場所など、話し手以外を見る
・落ち着きがない（テーブルをトントン叩く、姿勢を頻繁に変える、ペンをカチカチさせるなど）

もしあなたもこうした行動に思いあたるところがあるなら、やめましょう。でも、それだけでは、優れた聞き手にはなれません。一見だめな聞き手ではなくなる、というだけの話です。

聞くということは、「すべきこと・してはいけないこと」のチェックリストに従うことではありません。心と考え方の習慣です。

まわりの人に無関心な方が、よほどリスクが高い

決まった話題がなく思いもよらない方向や好ましくない方向へ会話が進んだとき、さらに助けに入ってくれる人もいないとき。聞くとはその場のあらゆる種類の人たち

とやりとりすることを通じて磨かれていくスキルです。

聞き手になることは、話すことより怖いかもしれません。一体どんな話になるかわからないのですから。でもまわりにいる人や、そこから広がる世界に無関心なまま関わりを持たずにいる方が、よほどリスクが高いのではないでしょうか。

そうは言っても、このテクノロジーの時代において、なぜ聞くスキルをわざわざ伸ばす必要があるのか、と疑問に思ったとしても無理はありません。

電子的なコミュニケーションの方がほぼ間違いなく効率がいいでしょう。たくさんの人と、自分の好きなときに、好きなようにやり取りできるのですから。

じっさい、要点をすぐに言ってくれない話し手はたくさんいますね。長々と自慢話をしてくる人や、大腸内視鏡検査を受けたときのことを事細かに説明してくる人もいるでしょうし、ときには、きついことや気に障ることを言ってくる人もいます。

「聴く」ことは、自分自身への理解も深めてくれる

しかし、それでも聞くという行為は、人生を生きるうえでもっとも重要だといえます。

「聴く」ことは、自分自身への理解も、話し相手への理解も深めます。

私たちは赤ちゃんのときから、人の声に極めて敏感[4]で、声の微妙な違い、同調、不和を聞き分けられるようにチューニングされています。実際、私たちが「聞き」始めるのは、なんと生まれる前からなのです。

胎児は、わずか妊娠16週目[5]で音に反応するようになり、妊娠後期には人の言葉とそれ以外の音をはっきりと聞き分けられるようになります。[6]生まれる前の赤ちゃんは、親しげな声には落ち着き、怒号にはビクッとすることもあります。

聴力はまた、人が死ぬ際に最後まで持ち続ける感覚の一つです。

最初に失うのは空腹感とのどの渇きで、次に発話能力、視力と続きます。死にゆく患者は、触覚と聴力[7]を最後の最後まで持ち続けます。

聴覚に障害のある子どもたちを対象にした調査では、こうした障害があると、感情理解や共感力を伸ばすうえでより困難がともなうことが示されました。[8]

後天的に聴力を失った人にも、情緒面、認知面、行動面で影響があることが幅広い研究で示されています。ヘレン・ケラーも、そのように実感していました。

「私は目が見えず耳も聞こえませんが……耳が不自由な方がずっと不運です。生きていくうえでもっとも重要な刺激の損失を意味するのですから。声の響きは、言葉をもたらし、考えを解き放ち、人々との知的な関係を育むのです」[*9]

聞くことで他人の才能も共有できる

ここで強調すべき大切な点は、「ヒアリング（聞こえること）」は「リスニング（聴くこと）」とは同じではなく、むしろその前段階にあるということです。

「聞こえる」は受動的です。「聴く」は能動的です。もっとも優れた聴き手は、聴くことに意識を集中させ、聴くために他の感覚も動員します。脳みそをフル稼働させて入ってくる情報すべてを処理し、そこから意味をひき出します。

ここでつかんだ「意味」が、創造性、共感、洞察、知識へとつながる扉を開きます。聴くことのゴールは理解です。聴くことには努力が必要です。

飛行の父であるウィルバーとオーヴィルのライト兄弟、第二次世界大戦の指導者だったイギリスのウィンストン・チャーチル首相とアメリカのフランクリン・ルーズベルト大統領、ＤＮＡの構造を共同で発見したジェームズ・ワトソンとフランシス・

クリック、ザ・ビートルズのジョン・レノンとポール・マッカートニー。いずれも歴史上の偉業を成し遂げたふたり組です。

彼らは、お互いに相手の発言を完ぺきに理解し、それを自分自身のものにしていました。どのペアも、何時間も続けて対話を重ね、歴史にその名前を刻んだのです。

彼らはそれぞれ単独でも卓越していたことは間違いありません。

しかしこうした偉業を達成するには、ある意味、相手と自分の心と考えが一体化するほどになる必要がありました。

友人同士であれ、恋人、仕事仲間、もしくはスタンダップ・コメディアンと観客の間であれ、意気投合したふたりの間には、こうした同調がさまざまな度合いで起こります。

耳を傾け、相手が言わんとしていることを本当の意味で理解できるとき、あなたの脳波と話し手の脳波は、文字通り同調しているのです。

相手の話を聞けば聞くほど、お互いが似てくる

プリンストン大学の脳神経学者であるウリ・ハッソンは、ｆＭＲＩ（機能的核磁気

共鳴画像法）のスキャンを調べたところ、話し手と聞き手の脳の活動が同じであるほど、両者が意思の疎通をしていることを発見しました。[10]

この実験では、まず被験者たちにＢＢＣテレビの連続ドラマ『シャーロック』のシーンを見てもらいました。

その後、被験者には、ドラマを見ていない人とふたり組になってもらいます。被験者がその相手にドラマの説明をしたところ、シーンを思い出す際の話し手の脳波は、実際にドラマを見ていたときとほぼ同じ形になりました。さらに、その説明を聞く相手の脳波もまた、話し手と同じ形状になり始めました。

この現象は脳波同調と呼ばれ、考え、感情、記憶は伝わっていくことを、目に見える測定可能な形で証明したものです。

この実験の後にカリフォルニア大学ロサンゼルス校とダートマス大学の研究者らが行った別の研究では、[11]**仲の良い友達と短い動画を見た場合、ふたりの脳は似た反応をすることが示されました。**しかも、被験者のふたりが動画（ナマケモノの赤ちゃん、自分が知らないカップルの結婚式、大学でのアメフトを禁止するか否かの議論）を見ているときの脳の活動が近似していればしているほど、親しい友人同士だということがわかったのです。

なぜこのような結果になるのでしょうか。

ひとつには、感覚の似た者同士は互いを引き寄せあうからだと説明できます。しかし、それだけではありません。

先ほどのハッソンの発見とあわせて考えると、私たちが何を考えどう反応するかは、誰に耳を傾けるかによって形づくられる、ということもこの研究は示唆しています。

つまり、私たちの脳は、誰かが何かを言った瞬間に同調するだけではありません。同調することで獲得した理解やつながりが、その後に続く情報（それがたとえナマケモノの赤ちゃんの動画であれ）をどう処理するかにも影響を与えるのです。

親しい友達や家族などの話を聞けば聞くほど、そして相手があなたの話を聞けば聞くほど、お互いの考えは似てきます。

ふたりで議論を重ねると、ひとりではできない発見ができる

ダニエル・カーネマンとエイモス・トベルスキーのふたりの心理学者は、行動心理学を共同で研究していました。その業績は、行動経済学に大きな影響を及ぼしていま

す。研究成果は、カーネマンのベストセラー本『ファスト&スロー～あなたの意思はどのように決まるか？』（早川書房）の土台となりました。このふたりのシンクロニー（同調性）を考えてみましょう。[12]

ふたりの性格は正反対で、トベルスキーは衝動的で図太く、カーネマンは思慮深く控え目でした。しかしふたりは意気投合して何時間も議論し、笑い、ときにはどなりあいながら会話を重ね、**ひとりでは成し遂げられなかった発見を何度も手にしたのです。**

カーネマンとトベルスキーはあまりにも長い時間を一緒に過ごしたため、彼らの妻は嫉妬したほどでした。トベルスキーの妻バーバラは、「あのふたりの関係は夫婦よりも濃密でしたよ。それまで経験したことのないほど知的に燃え上がったんだと思います。それを楽しみにしていたかのようでした」[13]と言っています。

カーネマンは、「私たちは思考も無意識も共有しているんだ」[14]と言っていました。

ふたりは、いつも一台のタイプライターの前に並んで座って論文を書いたそうです。２００２年、カーネマンはノーベル経済学賞を受賞しました。それは、トベルスキーの死から６年後のことでした。

親に聞かれたかどうかがその後の生きやすさに影響を与える

カーネマンとトベルスキーのように、私たちにも他の人と「思考も無意識も共有」したいという気持ちがあります。他の人とつながりたいという欲求は人として基本的なものです。

私たちは誰もが、生まれたときからつながることを「待ち続けて」います。そうやって私たちは友達を見つけ、パートナーシップをつくり、考えを前に進め、恋に落ちます。特に子どもの頃に、つながりを切望する気持ちが満たされないと、心身の健康に深く影響しかねません。

これに注目している心理学の概念に、「愛着理論」があります。[15] 愛着理論とは、人の話を聞く力やつながる力は、子ども時代いかに親にしっかりと聞いてもらい、つながってもらったかによって変わってくるという概念です。

1歳になるころまでには、赤ちゃんの脳には、親や養育者がいかに自分の欲求に応えてくれたかにもとづいて、人間関係とはどういうものかの自分なりのテンプレートが刻まれます。

言いかえれば、愛着を形成する能力であるあなたの「愛着スタイル」は、養育者の脳波があなたの脳波とどのくらい同調したかで決まるという考え方です。

養育者が、赤ちゃんに注意を払いすぐに反応してくれる人であれば、「安定型愛着スタイル」が育まれます。このスタイルを持つ人は、共感をもって人の話を聞き、それにもとづいて、スムーズで、意義深く、相互に支え合う人間関係をつくることができます。

ほとんどの人が、安定型と不安定型のはざまにいる

この反対の、不安定型の愛着スタイルは3つのパターンがあります。

まず、きちんと注意を向けない親を持ってしまうと、人間関係にくよくよと過度に心配しがちな「不安定型愛着スタイル」を持つ大人になる傾向があります。

このタイプは、他人からの注目や好意を失うのが怖すぎて、人の話をきちんと聞くことができません。

あまりに不安に心をとらわれているせいで、大げさな態度をとったり、自慢ばかりになったり、未練がましくなったりします。また、友達や同僚、顧客、恋愛関係になるかもしれない相手とちょうどいい距離感を保てず、何かと口を挟むこともあります。

ふたつめの不安定型である「回避型愛着スタイル」は、注意をほとんど払ってくれない人、もしくは息が詰まりそうなほど過度に干渉する親に育てられたことからきています。

このスタイルの人は、相手との距離が近くなりすぎると壁をつくったり、その人間関係から離れたりする傾向があります。 このような人も、聞くのが苦手になりがちです。

失望したり相手に圧倒されたりするのを避けたいので、人の話に耳を傾けたがりません。

3つめの不安定型である「混乱型愛着スタイル」の人は、不安型と回避型の両方の特徴があり、しかもその現れ方は不合理で気まぐれです。

多くは、威嚇したり、虐待したりする人に育てられた結果です。

混乱型の愛着スタイルを持っていると、人と親密になるのを恐怖に感じてしまうため、人の話に耳を傾けるのが非常に難しくなります。

当然ながら、誰もがこうしたカテゴリーのどれかにきれいに当てはまるわけではありません。**ほとんどの人は、安定型から不安定型のグラデーションのどこかにおり、不安定型に寄っている人であれば、不安型と回避型の間のどこかに位置づけられると考えられます。**

生い立ちに人生を左右される必要はない

しかし、愛着スタイルがどうあれ、自分の生い立ちに人生を左右される必要はありません。**話に耳を傾け、共感する方法を学べば、人間関係のあり方は変えられます。**自分自身も人に話を聞いてもらい、共感してもらうことも、同じくらい重要です。

つまり、自分の力で安定的な愛着を育む必要があるということです。多くの場合、私たちは子ども時代に慣れ親しんだ状況を再現するような環境を求めたり、わざわざ自分でつくり出してしまいます。

人は、生まれて初めて聞いた人物と似たタイプの人を選んで耳を傾けてしまい、古

い神経経路を強化してしまうのです。いい悪いにかかわらず、ちょうど未舗装の道路にできたわだちに沿って進むように、慣れ親しんだ方法に同調しようとします。

たとえば、私が仕事でニューオーリンズにいたときに出会った、海運業を営む社交好きな男性がいます。何度かの離婚歴があるその男性は、絶え間なく、まるでショーのように話し続け、自分の質問に自分で答え、言葉をはさもうとする人がいればさえぎっていました。まるで舞台俳優のように大声で話し、おかげで、誰ひとりとして意見を言ったり話をしたりなどできない状況でした。

この男性が珍しく内省的になったときがありました。その瞬間、彼がそうした態度をとってしまう背景が浮かび上がったのです。

彼は子どものころ、父親と（とりわけ自分の悩み事について）話そうとするたびに、父親は不愛想に「その話はもうたくさんだ」と言って彼を黙らせたのでした。

男性は、私が投げかけた質問を一笑に付しながら、自分の感情について話すなんて「聞き手の関心を失う」だけだと言いました。聞き手に恵まれない環境で育った彼にとって、相手の関心を失うことだけは何としてでも避けたいようでした。自分以外の誰かの波長に同調するなど、彼には耐えられなかったのです。

親子間で共鳴または同調がなくなると、悪い連鎖がその後の世代へと引き継がれてしまいます。

こうした問題に取り組むためのプログラムが、ここ10年でいくつか出ています。「COSプログラム」（Circle of Security, http://circleofsecurity.jp/cos.html）や「集団愛着にもとづく介入」（Group Attachment-Based Intervention）、「愛着・生体行動的回復療法」（Attachment and Biobehavioral Catch-Up）といったプログラムです。

基本的にどれも、小さな子どもを持つ親に、耳を傾けたり反応したりする方法を教えています。

これは、発達中である子どもの小さな脳に、ネガティブな神経パターンが刻み込まれてしまう前――つまり、人間関係に対して一生不安で回避的なアプローチをする傾向をつくってしまう前――に、手を打とうとするものです。これらのプログラムは、親が子どもに耳を傾けるよう手助けすることに焦点を当てていますが、参加者は、配偶者や同僚、友人との関係改善にも同じ方法を使っていると話しています。

現代の文化においては、ただでさえ人の話に耳を傾けるのは難しいでしょう。

こうしたプログラムの参加者の中には、成長の過程で虐待やネグレクトを経験してきた人も多く、彼らにとって聞くことは、なお困難です。これまでの人生では、批判や侮辱を予想し、相手の話に注意を向けないとか、または言葉をさえぎって話すという方法で無意識に聞くことへ抵抗しつづけてきたのですから。ちょうど、前述したニューオーリンズで海運業を営む男性のようにです。

しかし、こうしたプログラムは、これまで大きな成功を収めてきました。プログラムの有効性は、子どもの問題行動の際立った減少と親の聞くスキルの向上で測定され、複数の研究によって立証されています。[16] 加えて、「COSプログラム」だけでも、ここ10年で22カ国3万人以上のファシリテーターを育成してきました。これらのプログラムが世界中で強く求められているという事実こそが、こうしたプログラムの有効性を物語っています。

観察ができれば、空気が変わる

愛着理論にもとづいたこうしたプログラムの多くでは、ビデオを取り入れています。人はたいてい、日常に忙殺されたり考えすぎたりして、その瞬間に自分が人の話をきちんと聞けなくなっていることに気づけません。しかしビデオを使えば、やりとりを一時停止、スロー再生、コマ送りにして、何が足りないかを探ることができます。

プログラムのファシリテーター（通常は心理学者やソーシャルワーカー）は、親子とやりとりする自分や他のファシリテーターの様子を捉えたビデオを、話の聞き方を学ぶトレーニングのひとつとして見ます。親もまた、自分や他の親が子どもと話しているビデオを見て、聞くチャンスをどこで逃したか、家族関係への影響は何かを学びます。

ニューヨークにあるニュースクール大学の、暗くて窮屈なセミナールームで、私は心理学専攻の大学院生に混ざって席につきました。彼らは、「集団愛着にもとづく介入法」の最良事例を学ぶために集まっていました。「介入」とは、心理学の専門知識を使って、相手の心に働きかけることを言います。

教材として上映されていたのは、ニューヨーク市の親子センター6カ所で行われた、実際のファシリテーターの様子を収めた動画です。大学院生たちは片手に採点シートを持ち、動画の中のファシリテーターが、聞くスキルのみならず、親をいかに効果的に子どもの話を聞くように仕向けたり、子どもに注意を向けさせたりしたかを採点していました。聞くスキルに関しては、感情への気づきや体の姿勢など、複数の面から評価します。

最初の場面では、楽しそうに声をあげるよちよち歩きの幼児が大勢いる部屋で、ファシリテーターが、1組の母子と一緒にローテーブルを前に座っていました。ファシリテーターは、片方の腕をテーブルの上に軽く置き、もう片方の腕を背もたれに置いて、まるで親と子どもの両方を包み込むような、目には見えない大きな空間をつくっているようでした。

子どもは粘土で遊んでいます。母親はため息をつきながらそっぽを向き、ごっこ遊びをする自分の子どもを「変な子」だとさえ言いました。「ほら」ファシリテーターは低い声で言いながら、母親にも同じ動作をしてほしいと言いたげに、子どもの方に身を乗り出しました。「この子、何か思いついた」

すると、母親は突然、自分の娘に関心を持って目を向けました。この小さな子は、何を考えているのでしょう?

教室の明かりがつくと、まるでたった今、オリンピックの体操選手が難易度の高い技を決めた場面でも見たかのように、大学院生たちは互いにうなずき合っています。

ハイタッチでもしそうな勢いで、彼らはビデオの中のファシリテーターにほぼ満点をつけました。

彼女がなぜそこまで格別なのか、このときの私にはよくわかりませんでしたが、他のファシリテーターの動画を見て納得しました。

他の人たちはひとり目と比べるとぎこちなく、意識しすぎで、親子にそこまで集中できていないように見えました。

母親と好意的におしゃべりしたり、子どもと一緒に遊びつつ母親に仲間に入るよう促したりはしたかもしれませんが、オリンピック級の高得点だったファシリテーターとは、決定的に違っていました。

ひとり目の彼女は、その落ち着いた物腰や包み込むような姿勢、親子どちらにもしっかりと意識を集中していたこと、加えて、一見するとシンプルな観察力が、まさにお手本にふさわしいものだったのです。

「この子、何か思いついた」――これはつまり、「あなたの娘の頭の中で何が起きているのか、一緒に探りましょう」と言っているのです。

孤独を感じるのは、「よいことが起こった」のに誰にも注意を払ってもらえないとき

このちょっとした言葉には、深い意味が込められています。なぜなら、これがまさに「聴く」ことだからです。

それがあなたの子どもであれ、恋人、同僚、顧客、他の誰であっても、必ず頭の中で何かが起きています。**よく「聴く」とは、相手の頭と心の中で何が起きているのかをわかろうとすること。そして「あなたを気にかけているよ」と行動で示すことです。**

自分の考え、感情、意図を持ったひとりの人として理解され、価値あるものとして大切にされる――それこそが、私たち誰もが切望することです。

「聴く」とは、何かを教えたり、影響を与えたり、批評したり、評価したり、正しいやり方を示したりするものではありません（「ほら、教えてあげる」「恥ずかしがらないで」「うまいね！」「パパにニコニコして」）。「聴いてもらう」とは、「相手が自分を体験すること」を体験することです。あなたが何者であり何をしているかに、誰かが

関心を持つということです。

このように誰かに知ってもらい、受け入れてもらわないと、自分には価値がないとか、むなしいといった感情になってしまいます。

人生において孤独をいちばん抱かせる原因は[17]、必ずしも、心に傷が残るようなつらい出来事ではありません。孤独を感じるのは、何かよいことが起こったかもしれないのに何も起きなかった——という状況が積もり積もったことが原因になることが多いのです。

誰かの話を聞かなかった、誰かが話を聞いてくれなかった、人とつながる機会を逃した。そういう状況が度重なることです。

「赤ちゃんの泣き声がうるさいの」という母親には、何と聞くのが正解？

「私たちが追求しているのは、親子のやりとりでのちょっとした魔法。たとえ短くても、親子の心に残るような、関心、調和、理解の瞬間です。いつか他の状況のもとでも、気づいて耳を傾けられるようになるかもしれないから」と話すのは、ニューヨークのニュースクール大学にある愛着研究センターの共同ディレクターであり、心理学教授でもあるミリアン・スティールです。彼女はこれまで、集団愛着にもとづいた介入プログラムの研究をいくつも発表してきました。

彼女のいう「ちょっとした魔法」こそ、人生を意義深くするものです。ふたりの脳波が同調したｆＭＲＩスキャンではっきりと見られた、測定可能な「聴くこと」を通じて人とつながることができた瞬間です。

スティールは、愛着の介入プログラムに参加した、別の母親の事例を見せてくれました。

母親は、自分の赤ちゃんの泣き声に耐えられないと言っていました。

やさしい人であれば、「人間は赤ちゃんの世話をせざるを得ないように、泣き声を不快に感じるようにできているのだ」と母親に説明したかもしれません。もしくは、「そうね、赤ちゃんの泣き声は私も気に障る」と言って共感した可能性もあります。

しかしこうした対応では、ニュースクール大学の大学院生たちからは、傾聴で低い点しかもらえなかったでしょう。実際のところ最高点を獲得したのは、母親に何も言わなかったファシリテーターの女性でした。彼女は少し待ってから、こう聞きました。

「この泣き声の何が気に障るの？」

なぜこの発言が良かったのでしょうか？

それは、母親が一瞬考え、そして「自分が小さかったころに、誰も何もしてくれなかったことを思い出す」と言ったからでした。

子どもの泣き声が、母親である彼女に、心的外傷後ストレスを引き起こしていたのです。泣き声を聞くたび、落ち込み、恐れ、そして怒りを感じていたのでした。

出発点は、「他の人の声に耳を傾けること」

ファシリテーターと母親は、このときｆＭＲＩに入っていたわけではありませんがもしふたりの脳波を計測していたら、きっと同調していたと思います。脳神経の活動している個所が重なり合い、「理解」と「関係性の著しい変化」を示していたはずです。

ファシリテーターは、すぐに言葉をはさんだり、ピントがずれた言葉で説得したりせずに、まず耳を傾けて、母親の波長に合わせ、より深いところでつながり合うことができました。

そして母親の方も、「相手が自分を体験すること」を体験したのです。きっと、「まず耳を傾ける」という贈り物を、自分の子どもにもプレゼントできるようになるでしょう。

このやりとりをお手本にすれば、誰でももっと「聴く」ことができるようになるのではないでしょうか。

私たちの人間関係一つひとつの出発点には、各自がそれぞれの人生でつくりあげてきた愛着があり、それが世間での自分のあり方や、互いへのあり方を形づくっています。

そして、愛着は、他の人に耳を傾けることから生まれます。

私たちが初めて耳にした声は、赤ちゃんのときに聞いた、不安を和らげてくれる養育者のやさしいあやし声でしょう。

大人になっても、仕事、結婚、日常生活、いつでも人に耳を傾けることから人間関係が始まることに変わりはありません。

聴かずして語るとは、触れられずして触れるようなものです。[18] 触れるよりもさらに深く、他者の考えや気持ちを伝える「音」に、私たちは包み込まれ、存在全体が振動するのです。

人の声は、私たちの身体にも感情にも入り込み、私たちをつかみます。誰かに共鳴することなしに、その人を理解し、愛することはできません。

私たち人間は、進化の過程で、目を閉じられるようにまぶたが発達しました。しかし耳には、まぶたに相当する構造はありません。耳は閉じません。

それは、聴くという行為が、人間が生き抜くのに欠かせないからではないでしょうか。

＊本書で原文から新たに翻訳

chapter

3

聞くことが人生をおもしろくし、自分自身もおもしろい人物にする

どんなに情報がない人物でも、話を聞けばだいたいわかる

ワシントンD.C.にあるフォーシーズンズ・ホテルのバーで、バリー・マクマナスは、部屋全体をさっと見渡し、そこにいる全員を頭に入れ、人物像を見定めました。

これは、マクマナスがアメリカのCIA（中央情報局）で26年間働くうちに身についた習慣です。身なりのきちんとした、アーモンド形の目のアフリカ系アメリカ人のマクマナスは、どの国籍にもなりすませそうな外見をしています――そして実際、なりすましてきました。

彼との待ち合わせは、まるでスパイ映画のようでした。リンカーン記念堂の約束の場所へ向かって私が歩いていると、マクマナスの乗ったメルセデスSUVのヘッドライトが、深い霧を突き刺すように照らしました。

やっと乗りこめるギリギリのスピードまで減速して私を乗せると、マクマナスはすぐさまジョージタウンへと車を走らせました。車線をいくつもまたいで素早くUターンをすると、ホテルの目の前にはまるで待っていたかのように駐車スペースが空いており、マクマナスは滑るようにそこへ車を停めました。これ、ほんとの話なんですよ。

CIAの主席尋問官やポリグラフ検査主席として、マクマナスは140カ国をまたにかけ、テロリスト、爆弾製造係、麻薬の売人、内通者などの話を聞いてきました。さまざまな人の命が、彼の聞く力にかかっていました。

2003年に退局し、現在はヴァージニア州フェアファックスにあるジョージ・メイソン大学で行動評価を教えながら、セキュリティ・コンサルタントとして世界を飛び回っています。顧客は、主に外国の政府です。ときには富裕層からの依頼もあります。

彼の仕事では、富裕層が雇う可能性のある人たち、なかでも家事スタッフ、お抱えの医師や看護師、プライベートジェットのパイロット、ヨットのクルーなど、とりわけ依頼主の家族と近い存在になる人たちと「暖炉脇でのおしゃべり（ファイヤーサイド・チャット）」をします。

道を誤る瀬戸際にいる人のことが理解できるようになる

「バックグラウンド・チェックでは、その人物が過去に何で捕まったかしかわかりません。私の仕事は、その人物が過去にやったけれども捕まらなかったのは何か、そして将来何をやりそうか見つけ出すことです」。そのために、彼は落ち着ける場所で話を聞きます。

ＣＩＡの局員は、情報を得るために、他者を巧妙にだましたり、食いものにしたりするのもいとわないよう訓練されています。

しかしマクマナスの腕の良さは、そのような恐ろしそうなスキルから来るものではありません。

彼は、自分と違うタイプの人の話に耳を傾けると、まるでハイになったかのようにわくわくするのです。相手がかなりの悪人であっても変わりません（むしろ悪人なら特にわくわくするかもしれません）。

「たとえ何の情報も聞き出せなかったとしても、話を聞けば、相手の考え方、立場、信条を知ることができるでしょう。この男性の外見は？　考えは？　西側諸国をどう思っている？　私のような人間をどう思っている？　かなり刺激的です。おかげで、私は人間としてさらに成長できるのです」とマクマナスは言います。

「人をその人たらしめているのは、人生でのさまざまな経験でしょう。たとえば、一度自爆テロ犯の説得に失敗したとしても、後日、自爆テロを実行する直前だったり、しようか悩んでいる人物を説得するのに役立つかもしれません。道を誤った人物に会ったことがあれば、いま瀬戸際にいる人のことが理解できるようになるものです」

CIAが採用するのは、聞く力が優れている人

マクマナスによると、CIAは局員の聞く能力を伸ばす訓練をするよりも、もともと聞き手として優れた人を採用することに注力しているそうです。

いちばん優秀な聞き手は、取り調べと諜報活動に配置されます。その他の人は、分析官やサイバーセキュリティ担当官など、他の業務に配置されるそうです。CIAが優れた聞き手を育成するよりも、採用する方針をとるのは無理はありません。傾聴は、再現可能な科学というよりアートですから。それにその科学も、今のところ、十分研究しつくされたとは言えません。

コミュニケーション研究において、「聴くこと」は、効果的な演説、修辞法、論法、説得力、宣伝活動などの研究と比べると脇へと押しやられて、忘れられています。全2048ページ、3巻組の『International Encyclopedia of Interpersonal Communication（対人コミュニケーション国際百科事典）』をざっと見てみると、聞くことに特化した項目はたったひとつだけです。さらに、『The SAGE Handbook of Interpersonal

Communication（SAGE対人コミュニケーション・ハンドブック）[2]』に至っては、索引に「聞く」という項目すらありません。

「聞く」という行為をとりあげた研究は、ほぼ、学校教材を生徒がどの程度理解するかを調べたものしかありません。しかし教材の理解は、日常生活での「聞く」という行為とはかなり異なりますね。

そもそも、「聞く」の定義すら[3]学者間で意見が分かれているようで、専門的で難しい定義が数年おきに導入されます。1988年当時の定義は「聴覚刺激を受け取り、注意を払い、意味を付与するプロセス」でした。その後何度かの改変を重ね、2011年には「対人という文脈における、情報の取得、処理、保持」となりました。どれも難しそうな表現ですが、要は、相手が伝えようとしている話を完全に理解する、ということです。

うなずいたり、おうむ返しは「聴くこと」ではない

いかにして良い聞き手になるかの手っとり早いアドバイスは、巷にたくさんあふれています。そのほとんどは、ビジネス・コンサルタントやエグゼクティブ・コーチに

よるものです。

わざわざ、「ソニックワールドの共有」や「コ・コンテキスト化」など、新しい造語で表現しているのですが（ひねりすぎて笑ってしまうようなものも…）、実はどれもコンセプトは同じです。

彼らの方法論は要するに、聞いている姿勢を見せましょう、それには、アイコンタクトをする、うなずく、ところどころで「そうだね」を入れることが有効ですよ、さらには、話をさえぎってはいけない、相手が話し終わったら言葉を繰り返したり、言い換えたり（パラフレーズ）して合っているか確認し、合っていなければ直してもらえというものです。そして、聞き手であるあなたはここまで待って、話していいのはやっとここからですよ、ということです。

なぜこのような聞き方が「いい」とされるのでしょうか。

それは、この方法を実践すれば、自分が欲しいものが手に入る（つまりデートする、売り上げを上げる、最善条件を交渉する、企業の出世階段を上る）という前提があるからです。

確かに、傾聴はこれらの目標達成の一助となるかもしれません。しかし、それがあなたにとって人の話を聞く唯一の動機なのであれば、それは聞いているふりをしているにすぎず、相手はすぐに気づくでしょう。もし本当に相手の話を聞いているのなら、そんなふりをする必要などありません。

聞くという行為には、何よりも好奇心が必要です。

マクマナスは、抑えられないほどに好奇心旺盛です。でも、みんな子どものころはあらゆるものが目新しく、何に対しても誰に対しても好奇心旺盛だったはずです。子どもは、プライベートなものを含め、こちらが恥ずかしくなるような質問をあれこれしてきて、相手が何者かを推し量ろうとします。そして注意深く耳を傾け、こちらがうっかり口走ってしまったことや罵詈(ばり)など、いちばん言って欲しくない言葉をたいてい口まねしてきますよね。

「誰だって、生まれながらにして科学者なんですよ」

物理学者のエリック・ベツィグは言います。

「それなのに、内なる科学者を追い出してしまう人が多くて残念です」

ベツィグは2014年、たとえば細胞間をDNAが移動するような、極めて微細な生物学的プロセスを可視化できる超高解像度の顕微鏡の開発に携わり、ノーベル化学賞を受賞しました。先ほどの発言は、受賞を知った後に言ったことです。「でも私は、実験や学びについて、子どものような好奇心と情熱を維持できていてとてもラッキーです」

自分の話に耳を傾ける人がいると、外の世界に安心して出ていける

研究によると、安定した愛着を持っている子どもも大人も、そうでない人と比べ、新しい情報に対して好奇心旺盛かつオープンな傾向にあると示されています。[4]

これもまた愛着理論の考え方なのですが、自分の話に耳を傾け、自分が親近感を抱く誰かが人生にいると、外の世界へ出て行って他の人と交流するときに安心していられるのです。

もしも何かショックを受けるようなことを聞いたり知ったりしても、**自分が信頼して秘密を打ち明けられ、苦悩を軽くしてくれる人がどこかにいてくれるとわかっているため、大丈夫だと確信できるからです。**これは「安全基地（セキュア・ベース）」と呼ばれ、孤独に対する防御手段になります。

ピュリッツァー賞を受賞した作家であり、歴史家でもあるスタッズ・ターケルは、

その好奇心でキャリアを築き上げました。

ターケルの代表作『仕事（ワーキング）！』（晶文社）[5]は、ごみ収集係から墓掘り人、外科医、工業デザイナーまで、社会のあらゆる仕事について語ってもらったインタビュー集です。

ターケルは彼らの言葉を使い、人は誰からでも学べることを示しました。２００８年に96歳で亡くなりましたが、生前はこんなことを言っていました。

「目に見える私の商売道具はテープレコーダーだが、本当の意味での商売道具は好奇心だと思う」[6]

この好奇心は、子どものころに育まれたものでした。ターケルの両親はシカゴで下宿を営んでおり、彼はそこから漏れ聞こえてくる悪巧みや言い争い、密会の約束などに、好奇心をかきたてられながら育ちました。

下宿人たちの滞在は短期的なものでしたが、ターケルの空想の世界には永遠に住み続け、後の仕事を彩りました。大酒飲みの工具・金型職人のハリー・マイケルソン、緑の中折れ帽を被った地元の選挙区幹事プリンス・アーサー・クイン、ごみあさりをしていたウェールズ人のマルド・スリンジン（Myrd Llyndgyn）――ターケルは彼について、金もなければ「名前に母音もない」と記していました。

他人に関心を持って過ごす人は、多くの友人ができる

ジャーナリストとしての私にもっとも役に立っている学びは、適切な質問さえすれば、誰もがおもしろくなるということです。もし退屈でおもしろくない人がいるなら、それはあなたに原因があります。

ユタ大学の研究者らが行った調査では、「しっかり聞いてくれない人が相手だと、話そうとしている内容を思い出しにくくなり、伝える情報も不明瞭になる」ことが明らかになりました。[7] 反対に熱心な聞き手は、何も質問をしなくても、話し手からより多くの情報や関連した話、詳細を引き出すことができました。つまり、もし誰かのことをつまらないとか、聞く時間がもったいないなどと思って話を聞いてしまうと、本当に話をつまらなくしてしまうのです。

ため息をついたり、視線を泳がせたりして、明らかに興味がなさそうな様子の人に、何かを伝えようとしたときのことを思い出してみてください。そのとき、あなたはどうなりましたか？

口ごもったり、細かいところをはしょったり、もしかしたらむしろ相手の関心を再

びこちらに向けようと思うあまり、関係ない情報までペラペラしゃべってしまったのではないでしょうか。当たりさわりのない笑顔を見せたり、うわの空でうなずいたりする相手を前に、話の続きを言いよどんでしまったかもしれません。そしておそらく、その人にはっきりと嫌悪感を抱きながら、その場を後にしたでしょう。

『人を動かす』の中でデール・カーネギーは、こう書いています。

「自分に関心を持ってもらおうと過ごす2年間よりも、他の人に関心を持って過ごす2か月間の方が、多くの友人をつくることができる」*

「聴く」とは関心を持つことであり、その結果、興味深い会話が生まれます。

あなたは、自分についてはもう知っています。でも話し相手のことや、その人の経験から自分が何を学べるのか、会話が始まる時点ではまだわかりません。その会話から何かしら学ぶことが目標です。

好奇心があるということは、思い込みがないこと

イケアの創業者であるイングヴァル・カンプラードは、このことをよく理解していました。

彼は普段、人から離れて暮らしていたと言われていますが、[8]世界中のイケア店舗にひょっこりやって来て、名も明かさずに店内を歩き回り、あるときは客として従業員に質問し、またあるときは従業員のふりをして買い物客に話しかけました。

「私の役目は、大衆の役に立つことだと考えています」

カンプラードは2018年に亡くなる数年前、あるインタビュー[9]でこう話していました。

「問題は、その人たちが求めているものをどう見つけ出すか、どうすればいちばん役に立てるかです。私が出した答えは、普通の人たちのそばにいることです。私も心は普通の人ですから」

カンプラードのアプローチは、ビジネスセンスとして優れているとも言えますし、他の人の考えや感情への好奇心のあらわれでもあります。これは、他の人の世界観を理解したいという切なる思いであり、また、人の話には驚きがあり、その経験には学びがあるという期待です。言い換えれば、相手が何を言うか自分にはわかっているとか、自分の方がよく知っているという思い込みがないということです。

見知らぬ人よりも、「知っている嫌な人」に話しかけてしまう理由

会話がこの後どうなるかわかっていると考える態度は、好奇心を殺し、聞くことを台なしにします。[10]

実は、コミュニケーションに不安を抱いている場合も、好奇心が抑制されます。だからこそ、電車やバス、エレベーター、待合室のように混雑した公共の場所で、人は毎日、見知らぬ人を完全に無視します。

でももし、人と話さないといけないとしたらどうでしょうか？

シカゴ大学の行動科学の研究者らは、バスや電車を使って通勤する人たち数百人を対象に、実験を行いました。[11] 実験参加者は、

1. ひとりで座る
2. 知らない人と会話をする
3. いつもどおりの通勤をする

という条件3つのうちひとつを、通勤時に行うよう割り当てられました。

参加者のほとんどは、見知らぬ人と話したら、満足度とその日の生産性が、どちらもいちばん低くなると予測していました。

ところが、実際は逆でした。見知らぬ人と話した人は、通勤後にいちばん満ち足りた気分になり、普段の仕事と比べ作業量の減少も感じませんでした。

実験前には、誰も自分と話したがらないだろうし、会話は間違いなく嫌な感じになるだろうと考えていました。ところが実際は、拒絶されたとか侮辱されたと報告した人は、誰ひとりとしていませんでした。

人間はたいてい、とりわけ社会的には、不確実性を嫌います。「これまで通りに続けなさい、それをしてきて、今のところまだ死んでいないんだから」と、原始的な脳に備わったサバイバルのためのしくみがささやきかけてくるのです。

だからこそあなたは、パーティで知らない人に自己紹介するよりも、話すとイライラするとわかっている顔見知りの方へと引き寄せられてしまいます。

マクドナルドやスターバックスの成功の秘訣も同じで、人が不確実なことを嫌うという性質に応えたからです。世界中どの店舗でもまったく同じビッグマックやフラペチーノが買えるようにしたのですから。

私たちは毎日のルーティンが大好きだし、意外性のないスケジュールで埋まった予定表が大好きです。

生活にほんの少しだけ新しいものを取り入れるときもあるかもしれません。でも通常は、同じルートをウォーキングまたはランニングし、教室や会議室で同じ座席に座り、スーパーで同じ順番で商品を取って行き、ヨガ教室で同じ場所を陣取り、同じ場所に休暇に出かけ、同じ人と食事へ行き、ほとんど同じ会話を繰り返しています。

しかし逆説的ではありますが、生きた実感をいちばん味わわせてくれるのは不確実性です。決まりきった日々とはがらっと変わった日のことを思い出してみてください。

家族の結婚式に参列する、大きなプレゼンテーションをする、行ったことのない場所に行く。こんなとき、時間の流れが少しだけゆっくり感じられ、いつもよりもっと夢中になれる感覚を抱きます。

登山やパラセーリングなど、リスクを伴う経験も同じです。感覚が研ぎ澄まされ、より多くに気づきます。ドーパミンと呼ばれる、気分をよくする脳内化学物質[12]が放出されるおかげで、予定どおりの人と会うより偶然の出会いの方に大きな喜びを感じます。

よい知らせや報奨金、プレゼントなどは、あらかじめ知らされていないサプライズの方が喜びもひとしおです。だからこそ、テレビ番組や映画でもっとも人気になるのは、意外などんでん返しや思いがけないエンディングがある作品です。

人の話を聞かないのは、何も起こらないつまらない人生

そして、人の口から出てくる言葉ほど意外なものはありません。たとえそれが、よく知っていると思っていた相手であっても。

実際に、自分の口から飛び出た言葉に驚かされた経験がある人もいるのではないでしょうか。

予測不能だからこそ、人は興味深いのです。**不確実性を避けたいがために人の話に耳を傾けないのだとしたら、そこで確実に起こることは、退屈な時間と、新しい学びがないためにあなた自身もつまらない人間になる、それだけです。**

正しい情報を得たいなら、尋問よりも「きちんと聞く」方が効く

フォーシーズンズでの密会で、元ＣＩＡのマクマナスはこう言いました。

「ここまで来ると、自分が聞いたことのない話なんて、そうないだろうと思うじゃないですか。それでも、人との別れ際には間違いなく、『あの人があんなこと話してくれたなんて信じられない』とびっくりするんですよ」

たとえば、裕福な顧客からの依頼でマクマナスが調査していた医師が、自分には麻薬癖があると白状したことや、ヨットの船長が、習慣的に自傷行為をしていると話してくれたことがあるそうです。

マクマナスがバーを再びざっと見渡すと、私もつられて同じようにしました。

「でもね、そういう瞬間にこそ」

とマクマナスは言いながら、ゆっくりと視線を私に戻しました。

「自分のスキルは誰にも負けないと思えるんです」

マクマナスは、ＣＩＡにいたときの役職名は主席尋問官でしたが、尋問はなるべく

やらなかったし、効果も薄いと言います。

「私は尋問がいいと思ったことはありません。もちろん、尋問の何たるかはわかっています。たとえば、あなたを吐かせようと激しく詰め寄れば、あなたは何かしら言うでしょうね。しかしそれは信頼できる正しい情報でしょうか？」

マクマナスは首を振ってこう続けました。

「使える情報を出してもらうには、辛抱強く時間をかけて、よい聞き手になるしかないんです」

彼のアプローチは痛めつけて自白させるのではなく、あなたのストーリーを聞かせてほしいと被疑者に語りかけることでした。

マクマナスは、こんなことを話しました。パキスタンの核科学者マフムード・スルタン・バシール・ウッディン[13]にオサマ・ビンラディンと会ったと認めさせようとしていたときのことです。

9・11のアメリカ同時多発テロ事件から間もなく、攻撃の首謀者を捕まえようと、各諜報機関が躍起になっていたときでした。

そんな状況のもとで、マクマナスはなんと、アフリカ系アメリカ人が歴史的にどのような経験をしてきたか、示唆に富む会話をじっくりとバシールと交わし、おかげで敵対する代わりに、一風変わった信頼関係(ラポール)を築きました。

「私はただ、アメリカの公民権運動や黒人の苦労について、バシールが話すのを聞いているだけでした。彼は、私よりアメリカ史に詳しかったんですよ。普通では考えられないほどじっくり話をした後、彼にこう聞いたんです。自分の話を〝あいつら〟に話すよりは、私みたいなやつに話したいとは思いませんか、と。〝あいつら〟が誰だか、私にはよくわかりません。〝あいつら〟と言うことで、彼に頭の中で誰かを思い浮かべて欲しかったのです」

バシールは、マクマナスに自分の話を聞いてもらいたい、と言ったそうです。

ただの質問と、好奇心を持っての質問は全然違う

相手が誰であれ、関係をつくるには、何か共通点はないか聞きながら探し、徐々に信頼関係(ラポール)を築くのが王道です。

尋問はテロリストに効果がないくらいですから、社交的な場で会った人に効果があるわけがありません。

「お仕事は何ですか？」
「どこにお住まいですか？」
「出身校は？」
「ご結婚はされているのですか？」

のような、値踏みするようなプライベートな質問を浴びせかけるのは尋問です。

相手を知ろうとしているのではなく、品定めしようとしているのです。これでは、相手は反射的に身構えてしまいます。ここから始まる会話の内容も、表面的な、履歴書を再生したようなものか、手短な自己アピールになってしまってちっともおもしろくありません。

前述のシカゴ大学による通勤者の実験では、見知らぬ人との会話を割り振られた参加者には、相手と心を通じ合わせるつながりをつくる努力をするよう指示がありました。具体的には、相手に興味を持てるところを見つけたら、自分についても何か話すように、という内容です。言わばギブ・アンド・テイクです。

もしここで参加者が、相手の仕事や学歴、家族などプライベートなことを根掘り葉掘り質問していたらうまくはいかなかったでしょう。そうではなく、通勤の話題から入ったり、もし地元の野球チーム「シカゴ・カブス」の帽子を被っている人がいたら、試合を見に行ったことはあるかと聞くなどして、相手の話を聞いて会話が自然と展開していくのに任せます。

心からの好奇心があり、礼儀正しく、熱心に耳を傾けると、話しかけられた通勤者もそれに応じて親切になることがわかりました。しかも初めて話しかけたその相手が、実はそれぞれに興味深い人であることも発見しました。

ちなみに、好奇心旺盛な人は、予測できないことを怖がるのではなく、わくわくします。空港でフライトを待つ間、本を膝に置いたままそれを開くことがなかったり、外出中には携帯電話のことなどすっかり忘れてしまうタイプです。

彼らは、人にしっかり耳を傾けます。理解したい、つながりたい、そして成長したいからです。

CIA局員や聖職者、バーテンダー、犯罪捜査官、心理療法士、救急救命室の受け入れを担当する看護師など、ありとあらゆる話を聞いてきたと思われる人たちが、今なお人が聞かせてくれる話に驚き、笑い、ときには愕然とすると言います。聞くことが、彼らの人生をおもしろくし、彼ら自身をおもしろい人物にしてくれるのです。

＊本書で原文から新たに翻訳

chapter

4

親しい人との仲も
レッテルからも
「聞くこと」が
守ってくれる

夫婦仲が悪くなったのは「相手が何を言うかわかっているから」という思い込み

「ちゃんと話を聞いて！」

「最後まで言わせて！」

「私、そんなこと言っていない！」


親しい間柄で「大好き」の次によく交わされる言葉ですね。

見知らぬ人の話よりも、愛する家族の話の方がちゃんと聞けるものだと思うでしょう？　実は、逆であることが多いのです。


この現象を嫌というほど知っている人といえば、心理学者のジュディス・コシェではないでしょうか。彼女は、カップル向けのグループ・セラピーの権威として広く知られ、一見して復縁は望み薄そうな夫婦を何組も救ってきました。[1] その様子は、ローリー・エイブラハムの著書『The Husbands and Wives Club（夫婦クラブ）』に詳しく記されています。

私はある晩、フィラデルフィアの中心部にある彼女のオフィスを尋ねました。

さっきまでグループ・セッションが行われていたのでしょう。クッションはよじれて散らばっており、参加していたカップルたちの温もりが、ソファと椅子にまだ残っていました。

私がコシェに会いに来たのは、人はなぜパートナーに話を聞いてもらえないとか、理解されていないと感じるのかを探るためでした。

コシェの答えはかなりシンプルで、つきあいが長くなると、互いに相手への好奇心を失いがちだから、というものでした。**必ずしも思いやりがないからではなく、単に相手を知っていると思い込んでいるのです。**耳を傾けないのは、相手が何を言うか自分にはもうわかっていると思うからです。

コシェは、たとえば配偶者への質問に自分が答えてしまう人や、配偶者の代わりに何かを決めてしまう人の例を挙げていました。

また、的外れなプレゼントをあげてしまい、相手をがっかりさせたり傷つけたりするのもありがちです。

同じように、親も、子どもが何を好きで何を嫌いか、何をしたくて何をしたくないか、わかっていると思いこみがちです。

実は私たちの誰もが、愛する人に関しては思いこみをする傾向にあります。これは「近接コミュニケーション・バイアス」と呼ばれています。

親密であることやお互いを深く知っていることはすばらしいのですが、そのため自己満足してしまい、自分にもっとも近い人たちの気持ちを読みとる能力を過信するという間違いを犯してしまうのです。

親密であればあるほど、相手への誤解が多い

これは、ウィリアムズ大学とシカゴ大学の研究者らによる実験で実証されています。[2] 実験室に、椅子をまるく外向きに並べ、2組の夫婦が背中あわせになるよう座らせます。2組は初対面で互いを知りません。

そして、日常的な会話で使われるものの、複数の意味にとれるフレーズを、ひとりずつ言うよう指示されます。言った人の配偶者は、自分のパートナーがどういう意味で言ったと思うかを答えます。発言した夫婦を知らないもう1組の夫婦も、フレーズ

の意図が何であるかを当てます。たとえばこんな感じです。

「今日はいつもと感じが違うね」

というフレーズは、「顔色が悪いよ」という意味にもなれば、

「ほらね、君の外見をちゃんと見ているよ」

「新しい髪型、いいね!」

「うーん、何かが違うとは思うけど、どこが違うのかわからない」

という意味にもなります。

参加者は、自分が言わんとしている意味について、知らない人より自分の配偶者の方が理解してくれるはずだと思っていましたが、両者に違いはまったくなく、配偶者の方が当てられなかったときさえありました。


似たような実験で、親友同士もまた、お互いの言葉を理解しあっていると過大評価していることがわかりました。

この実験では、被験者をまずは親友同士で、次に知らない人とペアになって、同じ作業をしてもらいました。

中がマス目に分かれた棚のような大きな箱が用意され、マスごとに、たとえば「花」

の置物と「鼻」の模型のように同じ音を持つ名前のアイテムが何組か入っていました。マスには、片方の人にしか見えないものと、ペアの相手にも見えるものがあります。被験者はここで、自分のペアの相手に、自分が取ってほしいものの名前を告げるよう指示されました。

すると、親友同士の場合は、「花」と言えば、相手は鼻ではなく花を見ていると思いこむ傾向が見られました。**親密であるがゆえに、相手も自分と同じものが見えている、自分たちの考えは似ているという錯覚が生まれたのです。**

知らない人の場合は、このような間違いを起こす傾向は低くなりました。知らない人から指示されたときの方が、お互いから見える正しいアイテムに手を伸ばしたのでした。

「出会った日とずっと同じ人間」なんていない

「〝私が知っていることは、あなたが知っていることとは違う〟という理解は、効果的なコミュニケーションに欠かせません」

と話すのは、この研究の筆頭著者であり、ウィリアムズ大学で心理学を教える教授ケネス・サヴィツキーです。

「この理解があってこそ、何かを指示したり、授業を教えたり、そして普段の会話をしたりできます。しかし相手が親友や配偶者となると、これがあいまいになってしまいます」

これはまるで、誰かとのつながりを一度感じてしまえば、その後も関係はずっと変わらないと思い込んでしまうようなものです。

日々のやりとりや活動の積み重ねが、私たちを形づくります。世間とはこういうものだという自分の理解も、日々少しずつ変化します。ですから、昨日と同じ人はいないし、今日の自分は明日の自分とまったく同じでもありません。意見や態度、信念は変わるものです。

つまり、ある人をどれだけ長く、もしくはよく知っているかは関係ありません。耳を傾けるのをやめてしまえば、その人が何者であるかの理解を失い、関わり方もわからなくなってしまいます。過去を頼りにいまこの人を理解しようとすると、確実に失敗します。

フランス人作家アンドレ・モーロワは、こう書きました。[3]

「幸せな結婚とは、いつでも短すぎると感じられる長い会話のようなものである」

出会った日と同じ人間であるかのようにあなたを扱い続ける人と、どれだけ一緒にいたいですか?

これは、恋愛関係のみならず、あらゆる人間関係にも言えることです。

よちよち歩きの小さな子でさえ、わずか数カ月前の赤ちゃんだったときのように扱われるのを嫌がります。2歳の子が覚えたことを大人が手助けしようものなら、「自分でやる!」と怒ってしまうでしょう。**人生のページがめくられるなか、相手に耳を傾けることで、私たちは互いのつながりを保ち続けるのです。**

友情を維持する第一の方法は、「日常的な会話」

人間関係の話題になるともっともよく名前が出てくる研究者のひとりに、イギリスの人類学者であり、進化心理学者でもあるロビン・ダンバーがいます。

彼は、人が友情を維持する第一の方法は、「日常的な会話」だと言います。

つまり「元気?」と尋ね、返ってきた答えをきちんと聞くことです。

ダンバーは、「ダンバー数」[4]という概念で有名です。これは、私たちが関係性も含めて把握できる人数の認知的な上限のことで、ダンバーは１５０程度としています。「バーでばったり出くわしたときに、身構えずに一杯飲める程度には相手を知っている」、と言える人数の上限だと考えればいいでしょう。**これ以上だと、精神的にも感情的にも、意味あるつながりの維持は難しくなります。**

しかしこの１５０人の中には、「友情の層」[5]がいくつか存在する、とダンバーは強調します。まるでウェディングケーキのように、その人と一緒に過ごす時間の長さによって階層があります。

いちばん上の段は、わずかひとりかふたりしかいません。

ここに入るのは、たとえば配偶者と親友ひとり、でしょうか。もっとも親密で毎日やりとりする人です。

次の段は、あなたが深い親近感や愛情を持ち、気にかけている人で、最大4人います。このレベルの友情を維持するには、その人たちに毎週、意識を向けている必要があります。

そこから下にある段は、そんなに頻繁には会わない、特別親しいわけではない友達、つまり、きずながもっと希薄な人たちです。定期的に連絡をとらないと、この人たちはあっという間に知人の域に落ちてしまいます。

この人たちはまた、親しく接する相手ではあるものの、本当の友達というわけではありません。

というのも、人は常に進化を続けるので、会わないでいると相手が何者かわからなくなるからです。

彼らと気軽にビールを飲むことはできますが、もし相手がどこかへ引っ越してしまっても、ものすごく会いたいとは思わないでしょうし、引っ越したことさえすぐには気づかないかもしれません。相手も寂しいとは思わないでしょう。

深く話を聴いたことがある人とは、久しぶりに会っても昨日のように戻れる

例外として、何年も話していないのに、久しぶりに会ったら以前のようにすぐ親しく戻れる友達がいます。

ダンバーによると、これはたいてい、人生のどこかの時点において、深いレベルで集中的に相手に耳を傾けたことで築いた関係です。大学時代や青年期のように情緒面

が成長する時期、もしくは病気や離婚など人生の危機に直面したときに育まれた場合が多いようです。

ちょうど、「聴く」という行為をたくさん貯金しておき、だいぶ長い時間離ればなれに過ごした後でも、その人物を理解し共感するために貯金から引き出せるような感じです。

別の言い方をすれば、過去に誰かの話を頻繁に、かつじっくり聞いた経験があれば、その人と物理的に距離ができたり口論などで気持ちが離れたりし「同調」しなくなってしまった後でも、再び同じ波長に戻りやすくなるということです。

第三者がいるだけで会話の質が変わる

ジュディス・コシェのオフィスで私が学んだのは、少なくとも彼女のセッションに参加するカップルにとって、パートナーと再びつながるのは、決して簡単で楽なプロセスではないということでした。

コシェはカップルに対し、1年間にわたり毎月1回4時間のグループ・セッションと、週末の合宿1回にしっかり参加するよう求めています。

さらに、セッションへの参加を許可する前にもカップルをじっくりと審査します。「このセッションを受ける準備ができた人たちか」を見極める必要があるから、とコシェは言います。

準備とはなんでしょうか。

それは、自分の配偶者のみならず、グループ・セッションに参加している他の人たちの声にも耳を傾けられるのか、です。

コシェの助けを求めるカップルたちは、かなり極端な近接コミュニケーション・バイアスに苦しんでいる傾向にあります。かつてはパートナーとかなり同調していたのに、今やどうしようもないほどに断絶しているのです。

カップルはお互いに、相手に耳を傾けてもらえないと感じ、多くの場合は、身も心も触れ合えない状態になっています。

グループ・セッションに来る時点の彼らは、相手の求めていることや必要としていることが耳に入らない状態です。しかし、グループの中でカップルがそれぞれ憤りを口にすると、興味深いことが起こる、とコシェは教えてくれました。

たとえ自分の配偶者が聞いてくれなくても、セッションに参加している他のカップルが聞いており、そのおかげで問題がよりはっきりと言葉になるのだ、と。前述のとおり、きちんと聞いてくれる人がいると、会話の質は変わるのです。

あなたも経験があるのではないでしょうか。

親しい人（配偶者や子ども、親、友達など）とあなたが、他の第三者を交えて話をしていたとき、あなたが知らなかった何かを親しい人が明かしたという経験です。

あなたは「知らなかった！」とさえ口走ってしまったかもしれません。

その第三者が、あなたとは違う話の聞き方をしていたから、あなたには語ったことのない内容が出てきたのでしょう。もしかしたら、その人はもっと関心を示し、的を射た質問をし、決めつけず、話をさえぎることもあまりなかったのかもしれません。

あなた自身も、相手によって話す内容が変わるのではないでしょうか。

相手との関係がどうだとか、どの程度親しいとかは必ずしも関係ありません。また、知らない人に向かって、誰にも話したことがない何かを打ち明けた経験もあるかもしれません。

何を話すか、どの程度話すかは、そのときあなたが聞き手をどう感じるかによって変わります。表面的にしか聞いていないとか、粗探しのために聞いている、もしくは意見を言う機会をうかがいながら聞いているような相手には、大切な自己開示をあなたはおそらくしないでしょう。逆もしかりです。

半分以上の人は、「心配事を仲のいい人には話さない」

ハーバード大学の社会学者、マリオ・ルイス・スモールが行った、大学院生38人を対象にしたある詳細な研究[6]があります。この研究は、その後規模を拡大し、2000人(アメリカ国民の属性も反映)を対象にオンライン調査でこの結果を確認しました。

そこでわかったのは、もっとも差し迫った心配事を、自分の配偶者や家族、親友などいちばん近い人にではなく、偶然会った人も含む、薄い間柄の相手に打ち明けると答えた人が半数以上いたことでした。

中には、いちばん近い人には意図的に話さないと言った人もいました。冷たくされたり、決めつけられたり、反感を買ったり、感情的ないざこざが起きたりするのを恐れるためです。

この研究結果を見ると、私たちは聞き手を一体どんな理由で選ぶのだろうか、と考え込んでしまいます。

コシェがカップル向けに行っているグループ・セラピーは、「聴くこと」の上級クラスと呼ぶにふさわしいと言えそうです。

「他の人と比べて聴くのがずっとうまい人もいます。でも、聴くスキルはもっと磨けるし、強化できるし、芸術の域に持っていくことだってできます」

と彼女は言います。

コシェは通常、目を大きく見開き、思いやりあふれる表情を浮かべているのですが、グループ・セラピーをしているときの彼女は、まるで指揮者のようです。

セラピー参加者がオーケストラの演奏家であるかのように、一人ひとりの意見を引き出したり抑えたりしていきます。最初の数セッションは会話の流れがぎこちなく、調子はずれに思えます。しかし信頼が構築され、お互いが出していた合図や見逃していた合図にチューニングを合わせられるようになると、これが突破口となり、最終的には心地よいハーモニーを奏でるようになります。

「この人たちは、お互いにものすごく意味のある存在になります。互いの感情に耳を傾けているのですから」

とコシェは言います。

「たとえ自分のパートナーが聴いてくれていなくても、他の人たちがきちんと聴いています。そうやって、お互いに学ぶのです」

グループ・セッションの参加者は、他の参加者が配偶者の話を聴いていないと、それを指摘し合うほどまでになります。

「良い夫婦とは何か、新しいやり方を見出していくのです」

と言いながらコシェは、苦しんでいるカップルがまるで今もそこにいるかのように、参加者が座っていたあたりを手振りで示しました。

「人の話をきちんと聴く方法などまったく知らずに育ったための〝聴けない〟という悪習慣ですが、みなさん、そこから抜け出していくんですよ」

たとえば、女性を見下す、典型的な「マンスプレイニング魔」〈マン＝「男性」、エクスプレイン＝「説明する」を組みあわせた造語〉だという男性がいました。

彼の会話スタイルは、上から目線で教えることと、人の間違いを指摘することです。彼はどうすれば人と親しくなれるのか知りませんでした。

「男性がついに耳を傾けられるようになり、妻が言ったことをぎこちないながらもパラフレーズできるようになったときの顔は、まるで〝あぁ、そうだったのか〟という感じでした」

とコシェは言います。

「この男性にとっての転換点でしたね。彼の妻にとってもそうで、涙ぐんでいましたよ。結局、どう聞くのかわからない、というのが原因だったんです。男性は成長の過程で、聞くことについて家庭で教わらなかったし、大切だとも言われなかった。わざとやっていたわけではないのです」

自分自身にさえ打ち明けるのも恐ろしい思い出もある

しかし話を聞こうとどれだけがんばっても、または相手にどれだけ親近感を抱いても、人の心を本当に理解することなどできない、と覚えておくことが大切です。**そして詮索は、人の信頼をもっとも速く失う、ということもです。**

『地下室の手記』（光文社古典新訳文庫）の中でフョードル・ドストエフスキーはこう書いています。

「どんな人の思い出の中にも、誰にでも打ち明けるわけにはいかない、親友だけにしか打ち明けられないようなものがある。親友にも打ち明けられない、ただ自身にのみ、それもこっそりとしか明かすことのできないものもある。しかしさらに、自身にさえ打ち明けるのが怖ろしい思い出もあるわけで、そうした思い出はどんなまともな人間の中にも、かなりの量が積もり積もっているものだ」[7]

相手を嫌いになるのは、理解してもらえるという期待が裏切られたとき

テキサス州最南端のブラウンズビルにある、広さ約1万平方キロにおよぶローマ・カトリック教会ブラウンズビル教区のダニエル・フローレス司教から聞いた話があります。

司教はコシェ同様、苦しんでいる夫婦にたくさん会っています。

彼らを見ると司教はいつも、65年間連れ添った自分の祖父母を思い出すと言います。司教が子どものころ食卓に座っていると、祖母はいつも祖父のことをこう言っていました。

「あの男のことはまったく理解できないね」

このときの様子を、フローレス司教は忘れられません。

「いついかなるときも共に過ごし祖父を愛し続けた祖母ですが、それでもふたりの間には、理解できないという思いがあったのです」

人間関係の問題の原因は多くの場合、完全に理解してもらえるという期待だと、フローレス司教は考えています。

「私たちは誰もが、他の人に自分の考えを表現したいと願っています。でも、すべてを受けとめてくれる完ぺきな人がいるなどと考えてしまうと、がっかりすることになります」

司教は続けます。

「もちろん、相手とコミュニケーションを取るよう努力するのはむだだとか、傾聴という贈り物を与え合ったりするな、と言っているわけではありません。それは愛ですから。たとえ、常に理解できるわけでなくても」

親しくない相手の話を聞くときには先に分類してしまっている

親しくない相手の話を聞くとき、私たちはまた違うタイプの誤った思い込み、言いかえるとバイアスの影響を受けます。

もっとも特筆すべきは、自分の先入観を正当化しようとする「確証バイアス」[8]と「期待バイアス」[9]です。どちらも私たちが秩序と一貫性を切望することによって起きてしまいます。

広くて複雑な世の中を理解するために、私たちは無意識のうちに、頭の中にフォルダをつくり、人を分類していきます。

しかも、たいていはまだ言葉を交わしたことがないうちから、その人たちをフォルダに入れます。だいたい、自分を取り巻く価値観やそれぞれの個人的な経験によって影響された、大雑把な先入観[10]で分類をしていきます。

中には、正確で役に立つ分類もあるかもしれません。しかし注意しないと、性急に分類したせいで、理解を弱め、現実をゆがめてしまう可能性もあります。

これは、相手がどんな人かをきちんと知る前に、その人のことを早々と決めつけてしまう、「はいはい、知ってる」症候群と言えます。

何が起こるかというと、心の中に持っている性別や人種、性的指向、宗教、職業、外見などに関するラベルに当てはまる人に会うと、すぐにその人のことを（少なくともある程度は）知っているつもりになってしまうのです。

たとえば、私はテキサス出身だとあなたに言ったとしましょう。これを聞いて、私のイメージは変わりましたか？　たぶん変わりましたよね。

あなたがテキサス出身の人に抱くイメージによって、あなたの私への評価が上がった、もしくは下がったかもしれません。

もし私が全身にタトゥを入れていると知ったら、どうでしょうか。きっと、同じことが起こるでしょう（ちなみに、全身にタトゥを入れているというのは冗談です）。

私たちは、反射的に自分はわかっているという幻想を持つ傾向があります。**そのために、耳を傾けたいという気持ちや好奇心が弱まってしまうのです。**無意識のうちに、自分の先入観に合ったものだけに耳を傾け、選択的に聞くようになります。自分の先入観に沿った言動を相手がするよう促してしまうことだってあり得ます。

みんな「自分には先入観がない」と思いがち

おもしろいのは、ほとんどの人は、他の人たちはステレオタイプに影響されていると思っているのに、自分自身が反射的に物事を決めつけていることには気づいていない点です。

調査によると、私たちは誰もが先入観を持っていますが[11]、それは分類したいという無意識の衝動と、自分が経験したことがないものは想像しにくいという人間の性質が原因です。自分とは違うタイプの人がどういった現実で生きているのか、完全にわかる人などいません。

同様に、自分と似たタイプだと思っても、誰かが自分とまったく同じ考え方や価値観だなどと主張はできません。「白人男性として言わせてもらうと」とか、「有色人種の女性として言うけど」などと言う人がいますが、それは不可能なことです。人が口にできるのは、自分の意見だけです。

白人男性、有色人種の女性、キリスト教福音派、無神論者、ホームレス、億万長者、ストレート、ゲイ、ベビーブーマー世代、ミレニアル世代――同じラベルを持つ者どうしでも、一人ひとりがそれぞれの経験をしてきています。

年齢や性別、肌の色、経済的な立場、宗教的背景、政党、性的指向をもとに、同じだとか一致団結していると決めつけることは、私たちの存在をないがしろにするのと同じです。

人の話に耳を傾けると、共通の価値観や似たような経験を見つけて安心するかもしれませんが、同時に、違っている点もたくさん見つかるでしょう。違いを認め受け入れることで、人は学び、理解を深めるのです。

先入観を大雑把に当てはめたり、集合的に考えたりするのは、「聴くこと」を邪魔します。こうした先入観は、自分や他の人の個性を発見しにくくしてしまうのです。

私たちは、話すよりも前に「シグナリング」で判断している

この点に関しては、「社会的シグナリング理論[12]」と「社会的アイデンティティ理論[13]」という相互に関係するふたつの理論が参考になります。

どちらも1970年代から提唱されてきたもので、人間が地位や価値観を直接誇示するのではなく、間接的に表す方法に焦点を当てたものです。

原始的な時代の「社会的シグナリング」とは、たとえば胸を叩くとか、家族が暮らす洞穴の外に動物の生皮をたくさんぶら下げておくなどでした。また「社会的アイデンティティ」とは、特定の部族に所属するということでした。

今の時代の私たちは社会的地位を見る際には、どんな車に乗っているか、どんな服

を着ているか[14]、どんな学校に行ったか、といったシグナルで判断します。もしかしたら最近のアメリカでは、オルタナ右翼、リベラル、保守派、民主社会主義、福音主義、環境保護主義、フェミニストなど、どのイデオロギー派閥に属するかで判断するケースが増えているかもしれません。

このような「シグナリング」と「聴くこと」は、反比例の関係にあります。たとえば、「ヴィーガンの恋人は最高」と書かれたTシャツを着ている人や、全米ライフル協会のステッカーを貼ったトラックを運転している人を見かけたとします。どちらの場合も、これだけで十分彼らがどういう人物かわかる、とあなたは思うかもしれません。また、彼ら自身、そうしたアイデンティティにかなり入れこんでいて、そのラベルに自分が何者であるかを語らせているとも言えるでしょう。

しかしあなたが知っているのは、その人の「人となり」ではなく「表向きの人格」にすぎず、両者には大きな違いがあるのを覚えておくことが大切です。表面の下には、あなたが思う以上の何かが存在するのです。

「シグナリング」だけでは、人の本質はわからない

グループに所属し、アイデンティティを確立したくて、挑発的なシグナリングをしたのは、かつては、心が不安定な10代の子たちだったものです。たとえばゴシックロリータやお金持ちのプレッピーといったスタイル、スポーツマン、麻薬漬け、オタク、怠け者、ギャングスタ、パンクなどです。

しかし今、こうした現象はもっと広まっています。

社会の分断がますます進んだアメリカでは、どのグループに属しているか——とりわけ、どの政治やイデオロギーの集団に属するか——について、同じタイプの人と親密な関係をすぐにつくりたいとの思いから、かつてよりもはっきりと声にするようになりました。

このつながりから、グループに属しているという気持ちがめばえ、行動の規範のようなものも、所属グループが提供してくれます。かつては、宗教がこのような帰属意識や行動規範を提供していましたが、信者の数は継続して減っています。[15]

さらに、人には不安になったり孤立したりしたとき、注目してもらおうと、必要以

上に大げさに表現したり、過激な意見を取り入れたりする傾向があります。

そして、ソーシャルメディアはまさにシグナリングのために存在するようなものです。[16]

特定の人や組織をフォローし、[17]テキストや画像をリツイートまたは「いいね」することで、価値観やかっこよさをシグナリングできます。

グーグルで調べられるのに、人の話を聞く必要なんてあるでしょうか?

フェイスブックやインスタグラム、リンクトインが知りたいことをすべて教えてくれます。しかし、それだからこそ、人はリアルの世界でも初対面の相手にフルネームを教えるのを躊躇(ちゅうちょ)します。[18]自然にお互いを知っていくのではなく、まるで人の家のたんすの引き出しをくまなく調べるようなことを、デジタルの世界で相手がするのではないかと警戒するためです。

デート相手に、苗字を含むフルネームを打ち明けることが、恋愛関係の大きな転換点ですよね。

苗字をなかなか教えてくれないということは、投稿、ツイート、その他のシグナルで判断するのではなく、まずはもっとよく自分の人となりを知ってほしいという切なる思いなのです。結局のところ、ソーシャルメディアは人を正確に描くものではないですから。

親しい人との仲も、知らない人への誤解も、「聴くこと」が守ってくれる

1915年にリリースされた『J・アルフレッド・プルーフロックの恋歌』でT・S・エリオットは、「会う顔に会うために顔を準備する」必要があることを悲しみました。

「顔」(もしくはフェイスブックのプロフィール)の奥にどんな人がいるのかを見つけ出すには、人の話に耳を傾けることです。

「聴く」おかげで、うわべだけのシグナリングよりももっと奥にある、相手の本当の姿――その人のちょっとした楽しみや、夜も眠れないほどの心配事など――を知ることができます。

質問し耳を傾けることで、関心を持っていると相手に伝えることもできます。さらに、あなたの大切な人たちに耳を傾けることで、彼らがいかに成長し変化しようとも、

あなたは変わらずに関心を抱き、気にかけていることを示せます。

誰かと「連絡を取り続ける」とは、その人が何を考えているかに耳を傾けるという行為以上の何物でもありません。

加えて、あなたが相手に連絡をする頻度が、その人との関係の強さと長さを決定づけます。

親しい人に対しては、自分はもう十分知っているといとも簡単に自己満足してしまいます。一方で、知らない人を決めつけないようにするのは難しく、とりわけ、その人が社会的シグナリングを公然と発しているとなおさら難しくなります。

しかし「聴くこと」が、こうした罠にはまらないようにあなたを守ります。相手の話に耳を傾けることが、思い込みから来る予想をひっくり返してくれるのです。

chapter

5

「空気が読めない」とはそもそも何が起こっているのか

友人が「クビになった」と言ってきたら、何と声をかけますか？

友達がたった今、会社をクビになったと言ってきたとしましょう。

彼は、こう続けます。「上司はいまいちだったし、通勤もきつかったし、別にいいんだけどね。今日も、会社まで20マイル（32キロ）くらいの距離を車で1時間半もかかったんだよ。いつも遅くまで帰れなくて、夕飯は奥さんと子どもが先に食べているから、自分は台所で立ったまますませてたんだ」

そして、クビになったことを家族にどう伝えればいいかわからないんだ、と言いながら、彼は言葉を詰まらせます。それはそうと、と彼は咳払いをしてから続けます。休みをとってメキシコで思いっきり釣りをする予定だったけど、たぶんキャンセルしなきゃいけないよね、と。


この男性をどれだけよく知っているかや状況にもよりますが、「辞めさせられちゃったの、残念だね」とか「すぐに新しい仕事が見つかるよ」といった反応は、ありきたりですし、そっけない感じがします。

「あんなつまらない仕事、辞めて正解だよ」もまた的外れです。さらに、「たかがそんなこと!? 私がクビになったときなんてね……」は、自分の話にすり替えてしまっています。

しかし優れた聞き手なら、男性が声を詰まらせたのに気づき、何に悩んでいるのかを敏感に感じ取り、たとえばこのような言葉をかけるのではないでしょうか。

「それで、家族に話さないといけないんでしょう? つらいね。家族はどんな反応をするだろうか。あなたはどう思っているの?」

「よい聞き手」とは、話し手と同じ感情になって聞ける人

ミシシッピ大学で統合マーケティング・コミュニケーションを教えるグレアム・ボディ教授が行った研究では、聞き手がうなずいたり、オウム返ししたり、別の言葉に言いかえたりするよりも、意味づけと解釈を伝えた方が話し手は理解してもらえたと感じることがわかりました。[1]

傾聴とは受け身であると考えがちですが、それに反し「聴くこと」には、解釈する力と、話し手・聞き手の相互の働きかけが必要であることをボディの研究は明らかに

しました。

あなたの飼い犬だって、「聞く」ことはできます。Ｓｉｒｉやアレクサだって「聞く」ことができます。でも、飼い犬やＳｉｒｉ、アレクサに話しかけても、思いやりに満ちた、心のこもった反応をしてはくれず、結局は満たされない気持ちになるでしょう。思いやりに満ちた反応こそが、優れた聞き手の条件です。

「自分がなぜその話を相手にしているのか、自分にとってそれがどういう意味を持つのか。人は、それを相手に理解してもらいたいのです。話の細かいところを知ってもらうことはそこまで重要ではありません」

とボディは言います。

問題は、ほとんど誰もそれができていないということです。ボディらの研究で一貫して示されており、研究データでは、聞き手の反応が話し手の感情と合致しているケースは5パーセント以下。飼い犬の方がよっぽどよい聞き役になってくれそうです。

相手が自分でもわかっていないことを引き出すのが聞き上手

冒頭の例でいちばん重要なのは、友達がクビになったということではなく、クビになった事実が友達の感情にどう影響しているかです。

「聴くこと」の核心は、「何が重要か」を探り当てることです。

この例のように、相手が周辺情報（通勤や釣り旅行、奥さんに関する細々とした点）をごちゃまぜに話してくるときは、特に気をつけなければなりません。

あなたはいわば探偵のように、**「この人はなぜこの話を私に聞かせているのだろう？」と常に自問しながら聞いてみてください。**

話し手は、必ずしも自分で答えをわかっていないことがあります。

優れた聞き手は、それを承知の上で質問を投げかけ、もう少し詳しく話すよう働きかけることで、話し手が答えを自分で気づくように手助けします。

聞き手がかけた言葉に対して、話し手が「まさにそのとおり！」「わかってくれるのね！」と返してくれたら、うまく聴けたと言えるでしょう。

20世紀の心理学者の中でもっとも影響力のあるひとり、カール・ロジャーズは、これを「アクティブ・リスニング（積極的傾聴）」と呼びました。「アクティブ・リスニング」という言葉が、あまりにも魅力的で力強い響きだったためか、ビジネス界で広く取り入れられたのですが、その意味はあまりきちんと理解されていません。

全米の上位500社の内に名を連ねる、とある消費財メーカーの従業員ハンドブック（この会社の人事評価で「アクティブ・リスニングをもっと伸ばした方がいい」と言われた研修の参加者が私にくれたものです）に記載されている「アクティブ・リスニング」の定義には、感情を解釈することについて一切触れていませんでした。代わりに、「尊大に見えないようにする方法」や、「口出ししてきそうなどという印象を与えないために、誰かが話している間はしっかり唇を閉じておくこと」などの点に偏っていました。アクティブ・リスニングをどうやるのかではなく、アクティブ・リスニングがどう見えるかが強調されていたのです。

「相手がなぜそれをあなたに言ったのか」をくむこと＝共感

ロジャーズは、自分がアクティブ・リスニングをしている状況を次のように描写しました。

「聞こえてくるのは、相手の言葉、考え、感情、その人にとっての意味、さらに話し手の無意識下にある意味も聞こえてくる」[2*1]

彼にとってアクティブ・リスニングとは、どうふるまうかよりも「受け入れるモードでいる」ということでした。

話し手が伝える内容のうち、ことがらはほんの一部でしかありません。

会話をするときに、本人にとって何かの意味があるから、人は誰かに話すのでしょう。言葉が頭に浮かび、それを口に出すのは、言葉が人の注意をひくからであり人に反応してもらいたいからです。あなたは、その言葉の下に潜む相手の意図と意味を理解することで、その人への共感を抱くのです。

もし同僚が、自分の席が別のフロアへ移動することになったと言ってきたとしましょう。あなたはどう反応しますか？

事実は、「今後の彼女の席は、別フロアになること」です。でも彼女は、それをため息交じりに言いましたか？　それとも息を切らせながら興奮していましたか？　イラついた様子で？　呆れて目をぐるりと回しながら？　眉をひそめながら？　彼女は「あんなフロア」に移動だと言いましたか？　フロアの移動は彼女にとってどんな意味がありますか？　彼女はなぜあなたに教えてくれたのでしょう？

同僚がどんなふうに口にしたかによって、山積みの仕事があるのに荷物をまとめなきゃとイライラしている可能性もあるし、別フロアへの移動は組織内で自分が認められたからだと喜んでいる可能性もあります。もしくは、新しいフロアが上層階にあり、高所恐怖症なので心配していたのかもしれないし、実は彼女はあなたに気があって、あなたの席から遠くなってしまい寂しいと思ったのかもしれません。

ロジャーズが描写したように積極的に聞いていないと、同僚が伝えようとしたメッセージの下に潜む意味を聞き逃してしまい、今後の彼女とのやりとりに行き違いが起きたり、まったく意味がわからなくなったりするでしょう。

誰かがあなたに向かって何かを言うとき、それはボールをこちらにトスしたようなものです。聞かなかったり中途半端な聞き方をしたりしていると、ボールがきているのに腕を体の脇にぴったりとつけたままだったり、よそ見していたりするようなもので、ボールはそのまま通りすぎてしまうか、あなたの体にあたって落ちてしまいます。

同僚が実際に抱いていた感情が、先ほどあげたうちのどれであれ、「あぁ、そうなの」とか「箱あるけど使う?」などの言葉を返せば、ボールを取り損ねたことになります。

優れた聞き手なら、声色や非言語的なヒントに気づき、ひとつふたつ問いかけをして理解を深めたうえで、もっと繊細かつ具体的に反応できます。

たとえば、忙しくて大変そうであれば、彼女と予定している会議の日程を変更しようかと提案したり、彼女が自分に気があることを察したのであれば、これまでのように会えないのは残念だと言ってみたり——あなたに特別な感情がないのであればあえて言わなかったり、できますね。

「事実」の奥には、必ず感情がある

人は感情に支配されており、冷静な論理よりも、嫉妬やプライド、恥、欲、恐れ、虚栄心に突き動かされて行動する方が多いということを覚えておくと、世の中は理解しやすくなるでしょう。

私たちが行動したり反応したりするのは、何かを感じるからです。

これを考慮せずに、うわべだけしか聞かないとか、まったく聞かないのは、生き方として少し損をしているかもしれません。

もし人がシンプルで何も感じていないように見えるのであれば、それは単に、あなたが相手をよく知らないだけの話ではないでしょうか。

ジョン・ピアポント・モルガンはこう言いました。

「人の行動には必ずふたつの理由がある。正しい理由と、本音の理由だ」[3]

「聴くこと」は、人の考え方や動機を理解するのに役立ちます。それは、互いに助け合う有意義な人間関係づくりにも、避けるべき人間関係の判断にも絶対に欠かすことはできません。

人質交渉のポイントは「犯人に共感すること」

ゲイリー・ネスナーは、国際的なリスク・コンサルタントで、海外での誘拐に関する支援をクライアントに提供しています。ネスナーは2003年までの30年間、FBI（アメリカ連邦捜査局）に勤めていました。そのうち10年は人質交渉主任でした。彼が私に教えてくれたのは、人質交渉主任の本当に意味するところは、「傾聴主任」である、ということです。

ネスナーは、人の話を同心円にたとえます。起きたことという事実が内側の円で、それを取り囲んでいるのが、感覚や感情です。**それは、事実よりも重要だそうです。**

「大切なのは、人生で自分の身に起こることよりも、それをどう感じるかです」とネスナーは言います。

「テレビの影響で、人質交渉は心に働きかける不思議な力だというイメージがあります。魔法のように犯人に銃を置かせるとか、犯人が降参するような心をうつ説得をするとか。しかし本当のところは、交渉人は相手の視点を理解しようと耳を傾けているのです」

ネスナーは、ある男性が以前つきあっていた女性を人質にとって、銃を突きつけている状況を例に説明しました。

「私はそこで、〝何が起きたのか話してくれないか〟と言います。そして耳を傾け、それから彼の言葉にこう返します。〝彼女の言葉で本当に傷ついたんだね。聴いていて、そう受けとめたよ〟」

ネスナーは続けます。

「私は相手に共感するんです。相手が言いたいことを聞くのに時間をかけます。おそらく彼は、友人や家族にそんなことをしてもらえなかったでしょう。もし聞いてもらっていたら、彼はこんな事件を起こしてないでしょうから。人の話を聞くのは簡単なことですが、たいていは日常生活の中で十分になされていないのです」

大量殺人犯の共通点は、「誰も話を聞いてくれなかった」こと

銃乱射事件やテロ攻撃があると、犯人を知っていた人が犯人について「殻に閉じこもっていた」と口にするのは珍しくありません。家族はたいてい、連絡が途絶えていたとか、その人物が今どうしているか知らないなどといいます。

コロンバイン高校での銃乱射事件を扱ったドキュメンタリー映画『ボウリング・フォー・コロンバイン』で、ヘビーメタル・ミュージシャンのマリリン・マンソン（この事件は、彼の音楽からの影響だという説もありました）は、銃乱射が発生した学校の生徒たちや、その地域の人たちにどんな言葉をかけるかと問われ、こう答えました。「一言たりとも言葉をかけない。彼らが話したいことに耳を傾ける。それは誰もしていなかったことだから」[4]

犯罪学者らの研究によると、一般的に銃乱射事件の犯人は、精神病を患っているわけではなく、憂鬱で孤独で、復讐したいという思いが事件の動機だというケースが多いことがわかっています。[5]

銃による暴力の追跡を専門にした非営利のニュース媒体「ザ・トレース」によると、大量殺人犯に共通しているのは、社会から著しく疎外されているという点です。[6]

犯人は、不満を募らせた従業員、家族と縁を切られた夫や妻、問題を抱えた10代の若者、事業に失敗したビジネス・オーナー、イスラム聖戦主義者、心理的外傷を負った退役軍人と多岐にわたりますが、どのケースもこれに当てはまっていました。

この犯人たちは、誰も自分の話を聞いてくれない、理解してくれない、という感覚を共通して持っていたのです。そのため、今度は犯人の方が誰の話にも耳を傾けなくなり、たいていはねじ曲がった言葉を自分に言い聞かせ、それだけに突き動かされるようになってしまったのです。

ネスナーにとって「聴くこと」は、単なる危機対応のための交渉術ではありません。彼の人となりそのものです。

ネスナーと話すと、彼が自分だけに集中してくれ、ここにいたくているのだと感じます。そのおかげでどんな人もネスナーを好きにならざるをえないほどの好人物です。

彼に投降した数多くの犯人は、ネスナーが何と言ったかはわからなかったものの、言い方が良かったと言っています。彼は実は、ほとんど何も話していません。しかし、何かを言ったときには、ネスナーは、犯人の感情に照準をぴたりと合わせていたのです。

初対面の相手でも、身の上話は聞きだせる

ネスナーは、出張のときはホテルのバーで夕食を取るのを習慣にしています。

「私はバーにいる人たちを見て、〝この人に話しかけて、身の上話を聞き出そう〟と決めるんです。誰かに意識を完全に集中させると、その人についてどれだけ知ることができるか、びっくりするほどですよ」

たとえば、綱渡りが趣味だという営業マンに出会ったときのこと。

その営業マンの自宅の裏庭には木が2本あり、その間にワイヤーを張ってワイヤーの上を歩く練習をしていると言うのです。

初めのうちは怖いので、保護用のパッドとハーネスをしっかり用意したそうです。

「このときの話はめちゃくちゃおもしろかった」

とネスナーは思い出しながら言いました。

前述のシカゴ大学の実験で、通勤者が知らない人に話しかけても拒絶されなかったように、ネスナーは、バーで自分と話したがらなかった人はいなかったと思うと言います。

しかも、話し相手だった人は、まさか自分が元ＦＢＩの人質交渉主任と話していたなんて、最後まで知りません。自分の話に夢中で、質問してこなかったのです。

自分の話だけする人は、チャンスを逃してしまう

これで思い出すのは、テキサスの石油王の息子、ディック・バスの有名な話です。彼は大掛かりな登山遠征に出ることで知られていました。そして自分の声が聞こえる範囲にいる人なら誰かれかまわず、自分の遠征について長々と話すことでも有名でした。

ある日彼は、飛行機でたまたま隣の席になった男性にも話し始めました。アメリカ横断のフライト中ずっと、マッキンリーやエベレストの危険な山頂の話、ヒマラヤで死にかけた話、エベレストに再び登る計画を立てている話を延々としました。間もなく着陸というとき、バスはきちんと自己紹介していなかったことに気づきました。

「大丈夫ですよ」

と隣の男性は、握手するために手を差し伸べて言いました。

「ニール・アームストロング[*2]です、はじめまして[7]」

話し続けず、一呼吸おいて人の話に耳を傾けないと、チャンスを逃してしまいます（し、まぬけに映ってしまう可能性もあります）。

自分のことを話すばかりでは、自分の知識に新しいものは何も加わりません。**繰り返しになりますが、あなたは自分自身についてなら、すでによく知っています。**

会話を終えるとき、「この人について私は今、何を学んだだろうか？　この人にとって今日いちばん気になるのは何だっただろうか？　今日の話題について、この人はどう感じただろうか？」と自問してみましょう。

　これらの質問に答えられないのであれば、「聴くこと」にもっと意識を向ける必要があるかもしれません。

相手の視点を受け入れることは、人間の器を大きくする

ネスナーは、「日々直面するさまざまな状況に対して、もうすでに全部わかっていると考えながら対応してしまうと、成長し、学び、人とつながり、進化する能力が発揮されません」と言います。「私が考える優れた聞き手とは、他の人の経験や考えに喜んで耳を傾け、相手の視点を認められる人です」

他の人に対してオープンでいることや好奇心を持つことは心の状態であるのに対し、細やかな反応をして相手の視点を認めることは、訓練で伸ばせるスキルです。

このスキルを発揮すれば、相手は信頼感を高め、話してくれるようになります。

ネスナーが優れた聞き手である理由は、彼が実践を重ねてきたからです。相手が伝えることが本当は何であるかを掘り起こして理解するには、注意力、集中、経験が必要です。優れた「聴く力」は、生まれつきではありません。鍛錬によるものです。

＊1　本書で翻訳を一部調整
＊2　人類で初めて月面着陸したアメリカの国民的英雄

chapter

6

「会話」には我慢という技術がいる

うわのそらになるのは、「思考」が話よりも速いから

誰かと話をしているときに、自分の頭に浮かんだ考えに気をとられてしまい、相手の話が「音声オフ」の状態のようになってしまった経験はありませんか？

相手の口は動いているのに、何も聞こえてこない状態です。そこで突然、「セックス」「株価情報」「車を貸して」のような気になるフレーズが耳に入り、「え、何？」と注意を引き戻された、そんな経験があるのではないでしょうか。

このとき、会話が耳に入ってこない原因は、「話すことと思考することの違い[1]」にあります。これは、人の思考は話すよりもずっと速いという事実を指しています。

平均的な人は、１分間で１２０〜１５０ワード程度話します。そして、それを聞くときに、８６０億個ほどある脳細胞[2]の情報処理能力のうち、ほんのわずかな部分しか使いません。

そのため、私たちは話を聞きながら、使われていない認知能力の中をさまよい歩き始め、他のさまざまなことを考え、相手の話に集中できなくなります。

誰かが話しているとき、私たちは頭の中で寄り道をします。

ほんの一瞬だけ話から離れて、歯にほうれん草ついていないかな、と考えたりします。帰り道で忘れずに牛乳を買わなきゃ、と自分に言い聞かせたり、パーキングメーターが切れるまであとどのくらい時間があるかな、と心配したりします。

話し手の髪型、服装、体形、もしくは大きなほくろなんかにも、気をとられてしまいます。

しかし、気が散る最大の原因は、「次にどんな気のきいたことを言おうかな」とか、もし言い争いの場なら「次にどんな破壊力のあることを言ってやろうか」といった、次に何を話そうかと考えることです。

このようにして、私たちはどうしても会話から注意をそらしてしまいます。

そして、注意散漫な時間がちょっと長くなり、話題に遅れをとったことに気づくと、会話に戻ります。話の一部を聞き逃してしまったため、無意識のうちに（多くの場合、誤った形で）聞き逃した隙間を埋めていきます。

『夜はやさし』（作品社）の中で、F・スコット・フィッツジェラルドがこれを絶妙に捉えています。「折々に言葉の要点を捉えて、あとは潜在意識に残ったもので補う。

ちょうど、時計の打つ回数を途中から数え始め、それ以前の数えていなかった部分はそのリズムだけが頭の中に残っている、そんな感じだ」

結果として、相手の話がちょっとわからなくなってしまいます。しかし、話が見えなくなってしまったことを認めることなく、私たちは再び、自分の空想の世界へと戻っていきます。

内向的な人が、聞き上手だというのは間違い

知能が高い人なら、こうした頭の中でのよそ見をうまく避けられるはずだ、と考えるかもしれませんが、それは正しくありません。むしろ頭の良い人は話を聞くのがへたなことの方が多いです。

というのは、他にもっといろいろな考え事を思いついてしまううえ、相手が話そうとしている内容を自分はすでに知っていると決めつけがちだからです。

IQが高い人はまた、神経質かつ自意識過剰になる傾向もあります[3]。つまり、不安や心配事で頭がいっぱいになってしまいやすいのです。

内向的な人も、静かなので聞き上手だと思われがちです。

しかしこれもまた間違いです。

聞くという行為は、実は内向的な人にはとりわけ難しいものです。[4]自分の頭の中であまりにも忙しく思考が行きかっているため、さらなる情報を入れる余地をつくるのが難しいからです。また刺激に敏感な傾向があるため、他の人よりも早く飽和状態になってしまう可能性もあります。

人の話を聞くとまるで攻撃されているように感じ、聞き続けるのが難しくなってしまうこともあります。「話すことと思考することの違い」によって、自分の心が会話から離れてしまいやすい状況では、なおさらです。

優れた聞き手は、余っている処理能力を頭の中での寄り道に使わない

ミネソタ大学の修辞学教授で、多くから「聴き方」研究の父とされているラルフ・ニコルスは、「余分にできたこの思考時間をどう使用または誤用するかが、人がどれほど話に集中できるかの答えを握っている」[5]としています。

ニコルスは、高校のスピーチ教師およびディベート・コーチとしてキャリアをスタートさせました。しかし聴くスキルを磨いた生徒の方が、より説得力のあるディベートができるようになると気づきます。[6] この気づきがニコルスの関心に火をつけ、2005年に亡くなるまで、聴くことに関する数々の論文や書籍を執筆しました。

ニコルスによると、**優れた聞き手は、余っている処理能力を頭の中での寄り道に使わず、相手の話を理論的にも直感的にも理解するために全力をあげているといいます。**また、しっかりと聞くとは、話し手の言わんとしている内容は妥当か、その話を聞かせてくれる動機は何かを、自問し続けることだともニコルスは述べています。

簡単に思えますが、自己認識、意図、さらにはそれなりの練習なしに、たとえ短い会話でもこの聴き方をずっとできる人はそういません。

数千人の学生や実業家を対象にニコルスが行った調査では、短い講演を聞いた直後、ほとんどの人は、内容の半分以上を聞き逃していたことがわかりました。[7] 本人たちがどれくらい真剣に話を聞いていたかという自己評価とは、関係なかったのです。

ほとんどの人は、その2カ月後には話のわずか25パーセントしか覚えていませんでした。

では、より良い聞き方をするには、どうしたら良いでしょうか。

それには、聞くということを瞑想のようにとらえると良いようです。自分の注意が散漫になっていることに気づき、それを認め、再び意識を集中させるのです。

瞑想では自分の呼吸やイメージに意識を集中させますが、聞くことにおいては話し手に意識を集中させます。

いちばん会話を邪魔するのは「自分は次に何を話そうか」という心配

心をしっかりと相手の話に集中させて聞き続けるにあたり、いちばんの障壁はおそらく、自分が話す番になったら何を言おうかという心配が頭から離れないことでしょう。

日常的な（コンビニに寄ってあれを買わなきゃ、など）考えを手放すのは比較的たやすいですが、次に言う言葉を心の中で用意するのはなかなかやめられないものです。

仕事にせよプライベートにせよ、大切な会話であれ気軽な会話であれ、言葉に詰まる、またはもっとひどい場合は変なことを口走ってしまう、という状況には誰も陥りたくありません。

加えて今の社会では、発言のリスクはさらに高く感じられます。誰かの発言が無神経だとか侮辱的だと思ったらすぐに噛みつこうとしたり、インターネット上に投稿しようとするような風潮があるからです。

情け容赦なく寄ってたかって攻撃するソーシャルメディアのせいで、つい言葉が過ぎたり深く考えずに意見を口走ったりしたら、屈辱や失職につながってしまうのではないかと恐れるのは、無理もありません。

ですからどうしても言葉は注意深く選ばなければいけません。そのため、相手がまだ話しているにもかかわらず、次は何を言おうかとあれこれ吟味するようになってしまうのです。

「次に何を言おう」と考えている方がかえって不適切な返答をする

ダンサーであり振付師でもあるモニカ・ビル・バーンズは、パワフルで自信たっぷりのパフォーマンスで知られています。背筋を伸ばし、迷いなく軽々と動く彼女は、ステージ上でパワーを体現するお手本のような存在です。

しかしバーンズは、全身全霊で耳を傾けるとき、自分が無防備に感じると話しました。

「これは、会話の中で完ぺきでなくてもいいと信じられるか否かの問題だと思います。聴くこととは、次に何を言うか気をもまなくてもいいと自分で決意することです」そうすれば「鎧を脱いで、他の人の意見や考えを受け入れる」ことができる、と。

ここで皮肉なのが、鎧を身につけたままでいると、きちんと耳を傾けないため、かえって不適切または無神経な反応をしてしまう可能性が高くなることです。

何を言えばいいか考えれば考えるほど聞き逃しが増えてしまい、自分が話す番で会話から外れたことを口走ってしまいがちになります。

話をよく聞いた方が説得力のあるディベートができたニコルスの生徒のように、**相手の話をすべて受けとめた方が、もっと的確な反応ができます。**

話し相手が結論を述べた後、もし自分の言いたいことを考えるのが必要なら、間(ま)を空けましょう。私たちは、言うべきでない言葉を口走ってしまうのを恐れるのと同じくらい、沈黙を恐れています（これについては後述します）。

しかし誰かが意見を言った後に空ける間は、きちんと相手に注意を向けていた証しであるため、実はあなたにとって有利に働く場合もあります。

「うまい言葉」が、信頼関係に必要なわけではない

ワシントンD.C.のある外交官が、奥さんと結婚した理由について話してくれたことがありました。

「私が何か言った後、妻は少し間を置くんです。私が言ったことについて考えているのが伝わってきます」

男性はさらに続けました。

「結婚は2回目なんです。最初の妻とうまくいかなかったのは、お互い、話をあまり聞いていなかったからですね」

また、これも大切なことですが、何を言えばいいかわからないときは「何と言っていいかわからない」と口にしてしまってもいいのです。

それから、「少し考えたい」と言うのもいいでしょう。時間をかけて考えることで相手の言葉を尊重していることを伝えられます。それと同時に、確信が持てないために考えをまとめる時間が必要だと感じる自分を大切にしていることにもなります。

いずれにせよ、人とつながる最善策は、常にうまい言葉を用意できていること、というわけではなさそうです。

実際、自己心理学では、失礼な発言をしてしまったら、それを修正するチャンスだと捉えます。発言を訂正することで、相手とのきずながさらに強まると考えられているからです。

自己心理学は、オーストリアの精神分析学者ハインツ・コフートが1960年代に創始したもので、ここ10年で広く受け入れられるようになりました。

人間関係に亀裂が入ってそれを修復した場合、その部分は「つぎはぎ」というより、むしろ人間関係の骨ぐみとなるものだと自己心理学では考えています。[8]

あなたが信頼を寄せ、人生の中でもっとも親近感を抱く人のことを考えてみてください。一度あなたと仲たがいし、それを乗り越えて元に戻った人たちのはずです。

自分の考えを忘れて相手の話を聴いた方が結局おもしろい会話になる

結論をいうと、次に何を言おうかという心配は、自分のためにならないということです。自分の考えから心を解放して、相手の話に耳を傾けた方が、もっとよい反応ができるようになり、相手とのつながりは強くなり、気持ちは落ち着きます。

また、よりたくさんの情報が得られるようになるため、会話がもっとおもしろくなります。それは、言葉を聞いているだけでなく、脳の余力を使って、話し手のボディランゲージや声の抑揚に注意を払い、話の文脈や動機も考えるようになるからです。

たとえば、人と初めて会ったときを思い出してみましょう。たいてい、相手の話や名前を聞き逃してしまっているのではないでしょうか。

それは、相手が話している間、その人がどんな人かと評価しつつ、自分はどう映っているだろうかとか、何を話そうかと考え注意力が散漫になっているからです。

初めて会う相手が犬だったら、こんなことはありません。だからこそ、飼い主の名前より犬の名前の方が覚えやすいのです。

しかし誰かと初めて話すとき、相手の最初の言葉や非言語で発せられるものにきちんと耳を傾けられるよう知的資源を集中させれば、会話は非常におもしろく感じられるようになります。

さらに、その人が何に不安を抱くのか、何に価値を感じるのかを知る手がかりもすぐに得られます。相手の名前を記憶にとどめる可能性も高くなるでしょう。

たとえば、あるパーティでふたりの女性と別々に知り合ったとします。

ひとり目の女性は開口いちばん、自分は有名大学出身だと話したとします。もうひとりの女性はすぐに、その夜一緒にパーティへ来られなかった夫の話を始めたとします。

彼女たちは、一体何を伝えようとしているのでしょうか？　最初の女性はおそらく、「私は頭がいいんだから、尊重してほしいわ」でしょうし、ふたり目の女性は、「私はこの世でひとりぼっちってわけじゃないの。愛してくれている人がいるのよ」でしょう。

話が正しく聞けないのは、「不安やうわべの判断」にとらわれているから

これはちょうど、映画『アニー・ホール』[9]で、ウディ・アレンとダイアン・キートト

ンがルーフバルコニーでぎこちない会話をするシーンのような感じです。

画面の下には、せりふとは別の字幕が出て、本当はふたりが何を言っているのかが説明されます。

聞き上手な人は、自分自身の考えや不安感、うわべだけの判断にとらわれることなく、口にする言葉の背後にある意味を見出します。

また、名門大学卒業生である例の女性の口元がぎゅっと一文字に結ばれている様子や、ひとりでパーティに来た奥さんが、指にはめた結婚指輪をくるくる回すしぐさなど、非言語の細かな動きにも気づきます。

聞き上手な人は、話を聞く際に使われていない脳の能力を、こうしたことに使い、言葉以上の情報を集めているのです。

「頭の中の寄り道」を我慢すれば会話はものすごくおもしろくなる

おそらくあなたにも経験があるでしょう。あまりにも会話に夢中になって我を忘れてしまい、時間の感覚を失ってしまったことが。

どの会話だって、そうできるのです。

頭の中の寄り道を認識し、意識してがまんすれば、人の物語の中へと自由に入り込めるようになります。

このような「聴く」体験により、私たちは今という瞬間に没頭できます。

それだけではありません。経験が自分の中に積み重なっていき、私たちの人柄を形づくっていきます。できればもう二度と話を聞きたくないような嫌いな相手に対してであっても、この作戦は役に立ってくれます。私の経験談をご紹介しましょう。

嫌なやつに対しても「きちんと聴こう」とすれば、不快感は減る

数年前、ある有名な詩人をインタビューしました。彼の書く詩は繊細かつわかりやすいのですが、実際会ってみるとトゲのある人でした。

「君は何にも知らないのか？」――彼が尊敬する作家について私が詳しく知らないと言ったら、こう言われてしまいました。

ニコルスや他のコミュニケーション専門家の研究によると、このような状況になる

と、たいていの人は話を聞くのをやめてしまいます。嫌なやつだとか、どう仕返ししてやろうか、どうやって離れようかといった考えで、聞き手の頭はいっぱいになってしまいます。無理もありませんね。

しかし、取材というやるべき仕事があった私は、この辛辣な詩人の話を聞き続けざるをえませんでした。

その結果、この詩人は知りあいの有名人やこれまで受けた賞の話を会話の中に無理やりねじ込んで、自分を良く見せようと必死なんだと、私は気づきました。

彼が私を見下したのは、私が彼をだめなやつだと決めつけないうちに、先手をとったからのようでした。彼が自分の人生や関心について話すのに耳を傾けるうち、彼自身に、称賛を受けるほどの価値が自分にはあるのだろうかという憂鬱と不安感があることを、私は感じとりました。もしこの詩人の無礼さをあれこれと考えて注意力散漫になっていたら、この点に気づけなかったでしょう。

彼との会話は、彼が内面への扉をほんの少しだけ開いたかと思うと、遠回しな嫌味を言いながらその扉を私の目の前でぴしゃりと閉める、という繰り返しでした。

結局、彼を好きになったとは言えませんが、ある程度の理解を深めることができ、同情まで感じるようになりました。

chapter

7

反対意見を聞くことは「相手の言うことを聞かなければならない」ことではない

質問は、「好奇心」からでなくてはいけない

ジリエン・トッドは、ハーバード・ロー・スクールで交渉術を教えています。

トッドは学生たちに、人の話を聞いているときは、常に自分の内なる姿勢、つまり態度に気をつけなさいと話しています。

「もし相手に対して『自分の役に立たない』とか、『話を聞いている時間がもったいない』、『敵だ』、『自分より劣っている』、『つまらない』などと思っていれば、どんなにうなずき、言葉を言い換え、相手の目をしっかり見ていても、ウソだとばれて交渉は失敗するでしょう」

では、どんな姿勢でいるべきでしょうか。

「それは、好奇心を持つことです」とトッドは言います。

話し手への質問は、自分の正しさを証明するためや、罠を仕掛けるため、相手の考えを変えるため、相手を愚かに見せるためではなく、好奇心からでなくてはいけません。

反対意見を聞くことは、人間にとっては生理的に「脅威」を感じること

これは、学生にしてみたらなかなか受け入れがたい話です。これまで基本的には、自分の視点や立ち位置をはっきり力強く主張することで、よい成績をおさめてきたのですから。もし他の人の意見を聞こうと心を開いて、自分の意見が揺らいでしまったら大変です。

「そういう恐れがあると、学生たちははっきり抗弁してきます」とトッドは授業の合間に話してくれました。「もし本気で相手に注意を向けたり、相手側の視点を理解したりしたら、自分にとって大事なものを見失ってしまうのではないかと、心配しているのです」

人が、自分と同じ意見の人やメディアに耳を傾ける理由は、ここにあります。

また、自分は同意できない持論を展開する人の話を、最後まで聞かずについ反論してしまうのも、そして腕ぐみ、ため息、呆れた表情などで自分が反対意見であること

を表現するのを抑えられないのも、理由は同じです。**それは、自分の強い信念や考え方に異論を唱えられたり、自分が間違っているかもしれない気配がわずかにしたりしただけで、まるで自分の存続にかかわる脅威であるかのように感じてしまうからです。**

ロサンゼルスにある南カリフォルニア大学の「脳・創造性研究所」の脳神経科学者らは、政治的スタンスを明確にしている被験者を数人集めました[1]。

調査では、ｆＭＲＩスキャンを使い、被験者の政治的信念に反対意見を唱えられたときに脳の活動がどうなるかを観察しました。すると、まるでクマに追いかけられているときのように、脳が反応することがわかりました。

私たちはこの「戦うか、逃げるか、すくむか反応」を起こしたとき、何かに耳を傾けることはほとんどできなくなります。

解決をしたいなら、相手の意見を聞くしかない

抗議活動に参加している学生たちは、自分と反対の意見を聞くと、「危険だ」と感

じると言います。[2]

ブルッキングス研究所が全米の大学生を対象に行った調査[3]では、自分と意見が違う講演者を怒鳴って黙らせる行為を「許容できる」と答えた人の数は、半数以上（51パーセント）に達しました。また、ほぼ5人に1人（19パーセント）が、演者に講演させないために暴力に訴えることを支持すると答えました。

政治家も同様に、対立政党が出した提案を検討することを拒否し、相手の考えを「危険だ」と主張します。[4]

現在では、政治的ライバルが友好的なのは想像もできません。しかし、かつて民主党のティップ・オニール下院議長と共和党のロナルド・レーガン大統領は、ホワイト・ハウスで一緒にお酒を酌み交わしたものでした。

いつにも増して党派で対立した議論の後、[5]オニール下院議長はレーガン大統領にこう言いました。

「相棒、あれは政治の話。6時以降は仲よくやろう」[6]

このように、真剣に向きあい、警戒を緩め、相手の話を聞きたいという思いがふたりにあったからこそ、歴史的な社会保障改革法を成立させようとお互いが譲歩できたと、歴史家は説明しています。[7]

アリゾナ州選出の上院議員ジョン・マケインは、レーガン大統領の時代に下院議員を務め、キャリアを通じて超党派の精神を貫きました。2018年に脳腫瘍で亡くなる前、「通常の手順」に戻るよう、議員たちに熱心に勧めていたそうです。

通常の手順とは、法律の草案を両党の代表からなる委員会がつくるということです。一党だけで起草すると、否決されることが初めからわかっています。それどころか多くの場合は投票にさえも漕ぎつけることができません。

ですので、議場の向こう側にいるもう一方の政党の意見に耳を貸すよう、マケインは議員たちに求めたのです。

『ワシントンポスト』紙の社説に、マケインはこう書きました。

「通常の手順では譲歩が必要になる。気に入らないかもしれないが、現実的で永続的な解決を求めるためなら譲歩を受け入れられるはずであり、受け入れなくてはならない。鋭く二極化されたこの風潮の中で、連邦議会にいる私たちは、全員譲歩の必要性を守る義務をアメリカ国民に対して負っている」[8]

マケインが亡くなった後に起きた悪名高い「トーキング・スティック事件」[9]で議員たちがどんなことをしたか、もし彼が知ったらがっかりしたに違いありません。

アメリカ政府では、2018年、予算の可決が遅れたため、2度にわたって一部機能が閉鎖されました。そのとき、党を超えて予算交渉をするべく、メイン州選出の上院議員スーザン・コリンズのオフィスに議員が集まりました。コリンズは議論の際、色とりどりのビーズがついた「トーキング・スティック」を使いました。

トーキング・スティックとは、北米やアフリカの先住民族の習わしで、棒（スティック）を持っている人だけが発言でき、その間、他の人たちは耳を傾けるというものです。これを使うことで、マナーのよい交渉になる、とコリンズは期待したのでした。

しかし予算交渉が始まって少したったとき、ある議員が別の議員に向かってスティックを投げつけ、オフィスの棚に置いてあったガラス製の象を壊してしまったのでした。

ソーシャルメディアは、誰にも邪魔されずに自分だけの現実をつくり出せる

ソーシャルメディアでは、自分が話す番がくるまで待つ必要はありませんし、不快な意見を聞く必要もありません。

ソーシャルメディアは、民主的です。

なぜなら、誰かを通すことなく、編集されていない意見を、誰もが世の中に向かって発信できるからです。

一方で、ソーシャルメディアは、非民主的でもあります。

なぜなら、自分の見解が正しいと思わせてくれる意見だけを選択的に聞くからです。これだと、偏狭な考えやいわゆる「もうひとつの事実」(明らかに虚偽のことを事実として話すこと。オルタナティブ・ファクト)[10]を生み出してしまいます。ドナルド・トランプ前大統領の有名な発言で、「自分のいちばんの相談役は自分だ」[11]というものがあります。

ツイートを量産していたトランプ前大統領は、国家のあり方の変容の象徴でした。右派も左派も、オンラインで自分だけの現実をつくり出し、誰にも邪魔させずに自分だけの物語を推し進め、気に入らないコンテンツや意見は片っ端から中傷し、ブロックし、削除していくのです。

その結果、私たちはニュースなどの情報源を共有しなくなりました。誰でも、ボットすらも、瞬時に意見や批判を吐き出すことができます。

ソーシャルメディアでのこうした投稿は、140文字のツイートに詰め込むためにニュアンスが捨てられ（しかも感嘆符つきで！）、情報源、動機、正確性は一切考慮なくリツイートされたり「いいね」されたりします。

実体のないツイッターのハンドル名やフェイスブックのニュースフィードでは、顔を合わせたときよりも、辛辣な言葉が飛びかいます。その結果、政治や文化に関する議論はますます無作法かつ過激になり、不信、毒舌、恐怖を生み出しました。

自分が支持しないグループには「恐怖」すら抱いている

これが、まるでクマに追いかけられているようだという先ほどの話につながります。ピュー研究所が行った調査で、アメリカ人の大部分が今や、自分が支持する政党の対立政党に対して、不満や怒りのみならず恐怖さえも抱いていることがわかりました。[12]民主党員の過半数（55パーセント）は共和党を恐れており、共和党員の49パーセントは民主党を怖いと思っています。長年の経験を誇る政治世論調査専門家のフランク・ランツが、政治に関する対話について1000人に聞き取り調査を行ったところ、2016年の大統領選以降、**政治面での意見が合わないことが原因で、話さなくなっ**

た友人や家族がいると答えた人が3分の1近くに上ることがわかりました。[13]

アリゾナ州ツーソンにあるアリゾナ大学の「礼儀正しい対話のための国立研究所」[*1]（NICD）では2016年以降、政治的な怨恨が原因で、家族、教会の信者同士、同僚などの間でお互いが反目するようになってしまったため、仲裁に入ってほしいという依頼が急増しているといいます。

マサチューセッツ州ケンブリッジにある調査組織、エッセンシャル・パートナーズもまた、「政治的な見解の対立が原因で分裂した人たちのために、丁寧な対話の場をつくりたいので手を貸してほしい」という電話が急増していると報告しています。

NICDの事務局長キャロリン・ルーケンスマイヤーは、これまでの活動は主に、党派に偏り、どうしようもないほど膠着状態になってしまった州議会議員を対象とした限定的なものだったと言います。

「しかし今や私たちは、職場、自宅、学校、教会など、日常的な居場所で支持政党に過剰に傾倒するという、大きな変化を目にしています。そうした場所で人々はお互いをそしり、悪者扱いし、お互いを嫌悪し拒絶しているのです。過激で破壊的なほどに」

効果的な反対意見は、相手を理解してのみ可能

本章冒頭のジリエン・トッドは、内なる警戒感――「バカはそっちだ!」と言いたい衝動――を抑え、凝り固まったイデオロギーに溺れるのを防ぐのは可能だと学生たちに伝えています。

それには、怒りに満ち、いらだち、警戒するのではなく、落ち着き、オープンで、好奇心に満ちた心を持つように、自分に言い聞かせるのです。

人がなぜその結論を持ったのかを知り、そこから自分が何を学べるか(あなた自身の考えが変わるにせよ、逆に強化されるにせよ)を知るために話に耳を傾ける方がよっぽど有益です。**自分と意見が合わない人に、敵のように反応したいと感じたその瞬間に、深呼吸して相手に質問しましょう。**相手の理論の欠陥を暴くためではなく、相手がなぜそう思うのか理解を深めるための質問をするのです。

実は私たちは、自分の信念に確信を持つには、異なる意見をぶつけてもらう必要があります。

自信のある人は、自分と違う意見に怒ったりはしませんし、反論するためにオンラインでかんしゃくを起こしたりもしません。

心に余裕がある人は、相手をひとりの人間として知ることもなしに「救いがたいほどのバカだ」とか「悪意を持っている」などと決めつけることはありません。

人は、単なるレッテルや支持政党だけで表せる存在ではありません。

そして効果的な反論は、相手の視点を理解し、その人がなぜその視点を持つようになったかを完全に理解してのみ、可能となります。

その人は、なぜその考えを持つようになったのでしょうか？

そしてあなたが自分の考えを持った理由は何でしたか？

物事をよく理解した上で意見を持つ方法はただひとつ、耳を傾けることです。さらに、傾聴は傾聴を生みます。自分の話を聞いてもらった経験がある人だと、あなたの話を聞いてくれる可能性がずっと高くなります。

「自分が間違っているかもしれない」という可能性を考えながら聞く

私たちは生きていくうえで、意見の不一致や見解の大きな違いを避けることはできません。

政治的イデオロギーや倫理的な問題から、ビジネス取引、プライベートな問題に至るまで、さまざまな意見の対立があります。

傾聴研究の父ラルフ・ニコルスは、どんなテーマで対立していても、自分が間違っているかもしれないという前提に立ち、その証拠を探すような姿勢で相手の話に耳を傾けるよう助言しました。

相手の論拠のあらを探すためだけに聞いたり、ましてや相手の話に耳をふさいだり相手と縁を切ったりするのとは、大いに異なる考え方です。

こうした姿勢で相手に耳を傾けるには、ある種の寛容の精神が必要です。自分が間違っているかもしれない、もしくは少なくとも完全に正しいわけではないのかもしれない、という可能性に心を開くことができれば、会話からずっと多くを得られるでしょう。

このアプローチの有効性は、科学的にも証明されています。

脳は分析、統合、評価などの高次思考をすると、扁桃体の活動が抑えられます。[14]扁桃体とは、脳の原始的な部分にあるアーモンド形をした神経細胞の集まりで、脅威を感じるとそれに反応できるよう、脈拍を速めたり、筋肉を緊張させたり、瞳孔を拡張したりして作用します。

扁桃体は、蛇を見たときに本能的に飛びあがったり、誰かがあなた目がけて何かを投げつけてきたときにかがんだりといった、反射的な行動を司っています。

しかしまた、運転中に誰かが割りこんできたときに人を見境のない怒りに駆りたてたり、唐突に辛辣なツイートを書かせたりするのも、扁桃体の作用です。**扁桃体は、理性を無視します。**

「扁桃体」の活動量が多い人は、不安症やうつになりやすい

扁桃体の活動と、話を注意深く聞く際に使われる脳の活動は、反比例することが研

究によりわかっています。[15] つまり、どちらかが活発なら、もう一方は抑えられているということです。

扁桃体が活性化すると判断力が落ちるため、思慮に欠け、非理性的になります。法廷弁護士が、クライアントに過酷な模擬反対尋問をさせるのは、主に、クライアントの扁桃体を抑える訓練です。実際の裁判で、相手の挑発にのってしまい、混乱したり、敵対的な答弁を口走って自分たちに不利になってしまうことを防ぐためなのです。

デューク大学で心理学と神経科学を教えるアハマド・ハリリ教授の研究によると、興味深いことに、扁桃体が過活動な人は、不安症と抑うつ症状になる傾向が強いそうです。[16]

ハリリの研究室では扁桃体についてのほか、ストレス下で扁桃体が刺激される度合が人によりどう違うかについても研究しています。

たとえば、いわゆる「ヘリコプターペアレント」(上空にいるヘリコプターのように子どもを監視し干渉する親)を持つ子どもは、逆境に直面すると扁桃体が過剰に反応する傾向があります。[17] おそらく父と母が常に子どもの障害物を避けてあげていたせいで、子どもは過剰に脅威を感じるようになったのでしょう。

もうひとつ特筆すべきは、自閉症の人は幼少期に扁桃体にニューロンが過剰にあり（このため過剰反応してしまいます）、大人になると少なすぎる状態になる（このためたいていの場合、反応不足または無感情になります）とわかったことです。[18]

「原始的な扁桃体の反応」があることを知っておく

ハリリによると、人類史の中でそう遠くない昔まで、ヒトは、ライオン、トラ、クマなどの脅威から命を守るため、戦うか逃げるかしなければならず、扁桃体はそれを助ける役割を果たしていました。

しかし現代において最大の心配事は、社会からの拒絶、孤立、追放です。

ハリリは、こう述べています。

「人類が動物界の頂点に君臨しているのは、その社会性や、互いから学ぶ能力、互いを助け合う能力のおかげです。しかしこの能力のせいで、人は冷遇や侮辱に弱くなりました。自分の心身の健康にとって、今や最大の脅威は〝他者〟です。そしてそれが、社会的な関係に関する不安として現れるのです」

だから、人は意見が合わないとき、互いに耳を傾けるより、額に青筋を立てて目をむき出しどなり合うのでしょう。

その瞬間に原始的な脳は、意見の相違を「自分の部族から見捨てられ、誰からも守られずに独りぼっちになった」と解釈し、激しい怒りと恐怖でいっぱいになります。

政治的な意見の相違が家庭の食卓を壊しかねないのも、スターウォーズとスタートレック、どちらのSFシリーズが優れているかといった些細なことで友達が殴り合いのけんかになるのも(オクラホマシティで起きた実話[19]で、暴行罪で逮捕者が出ました)、扁桃体の反応のせいです。

ですから、「聴く」こそ、人類という種の安全と繁栄をもたらすものだといえます。扁桃体の活性により引き起こされる防衛反応を乗り越えて、「聴くこと」を実践できさえすれば。

人として成長する唯一の方法は、反対意見に耳を傾けること

「アクティブ・リスニング」という言葉をつくった心理学者カール・ロジャーズは、

人として成長する唯一の方法は、反対意見に耳を傾けることだ、と述べています。

ロジャーズの著書を見てみましょう。

「自分の考えを修正したり、古いものの見方や考え方を投げ捨てたりするのはいまだにいやなことです。しかし、このような苦痛を伴う再構築こそ、学習と呼ばれているものであること、またたとえ苦痛を伴うとしてもそれは、人生をより正確に見ることができるというさらなる満足を常にもたらすものであること、このことに私は、より深いレベルでかなりの程度気づくことができるようになりました」[*2]（『ロジャーズが語る自己実現の道』岩崎学術出版社[20]）

自分と違う意見を聞いたり考慮したりするのは、決して楽ではありません。

意見をしっかり貫くと約束して選出された政治家にとっても、自分の信念を肯定してもらいたがる視聴者を持つメディアの人にとっても。また、同じ政治観やイデオロギーを持つ人だけに人づきあいを限定する傾向がますます加速している、ごく普通の私たちにとっても、同じです。

今の世の中では、反対意見を持つ人とつきあうと、裏切り行為かのように思われてしまいます。

左寄りの政治的見解を持つ公共空間設計士の女性は、幼馴染の男性がトランプ大統領（当時）の集会に出席したことをフェイスブックで知り、この友達とは二度と話さないと私に打ち明けました。「彼は自分の行動を取り消せません。これが許される言い訳なんてありません」

同様に、ある民間航空のパイロットは、バーニー・サンダースやアレクサンドリア・オカシオ＝コルテスのような極左政治家を支持する副操縦士とは、一緒にフライトしないと言いました。「判断力の乏しさと基本的な分析スキルの欠如がうかがえるから」だそうです。

優れた聞き手は、「相容れない考え」に耐えられる

イギリスのロマン派の詩人ジョン・キーツは1817年、弟たちに宛てて「物事を達成させるには、〝ネガティブ・ケイパビリティ〟（消極的能力）というものがなくてはならない」と書きました。[21]

キーツは、これを「短気に事実や理由を求めることなく、不確かさ、謎、疑念を抱き続けられる能力」だと説明しています。

聞き上手は、「消極的能力」を備えています。相容れない考えや白黒ハッキリしないグレーゾーンに耐えられるのです。

優れた聞き手は、人の話にはたいてい、一見しただけではわからない何かがあると理解しており、理路整然とした根拠や即座の答えにそこまでこだわりません。

これは、「狭量」の対極にあるものといえるでしょう。

消極的能力はまた、創造性の根源となるものでもあります。この能力のおかげで、物事を新たに捉えられるようになるからです。

グレーゾーンに耐えられる人は、アイデアを思いついたり、判断をするのが得意

心理学の分野では、消極的能力は「認知的複雑性」[22]として知られています。研究によると認知的複雑性は、セルフ・コンパッション（自分を慈しむ気持ち）と正の相関があり、独断性と負の相関があります。

認知的複雑性を持っている人は、不安を感じることなく人の話を聞き、あらゆる意見に耳を傾けることができます。認知的複雑性が高い人ほど、情報を蓄え、思い出し、

整理し、生み出すのが得意で、そのために何かを結びつけたり、新しいアイデアを思いついたりする器用さがあります。また認知的複雑性のおかげで、より的確な判断や妥当な決断を下せます。[23]

アップル社の共同創業者だったスティーブ・ジョブズは、社員のアイデアを残忍なほどに押し返していましたが、**それに負けずにジョブズのアイデアを押し返してくるような人を採用していたそうです**。

ジョブズにもっともよく抵抗したアップル社員には、毎年賞が贈られたほどでした。[24]本人もそんな賞があることを知っていたし、とても気に入っていました。

ジョブズはまるで、彼の痛いところをつき、無理やり話を聞かせてくる、そんな社員を探していたかのようでした。

たとえば、ジョブズと議論したとされるある男性社員の話があります。彼はジョブズの論理には穴があると確信していたものの、言い合いに疲れてしまい、最終的には引き下がりました。ところが、社員の主張が実は正しかったと判明したとき、ジョブズはこう言って彼をとがめました。[25]

「私の間違いを説得するのが君の役目だったのに、君はそれに失敗したんだよ！」

対照的に、iMac、iPhone、iPod、iPadなどアップルにとってもっとも重要な製品の開発指揮を執った元最高デザイン責任者ジョニー・アイブは、マネージャーとしてのもっとも重要な役目は、「無口な人たちの声が聞かれるようにすること」だと述べていました。

ジョブズとアイブは、聞く姿勢は異なりましたが（おそらく聞く忍耐力と才能も異なっていたでしょう）、ふたりともその重要性については理解していたようでした。

「聴くこと」は、創意工夫の原動力です。

聴くことなしに欲求を理解し、問題を察知するのは無理な話ですし、完成度の高い解決法を生み出すなど、なおさらできません。

耳を傾けるとは、誰かに同意するという意味でもなければ、同意を遠回しに要求することですらありません。

単に、相手の考え方にはそれなりの理由があり、そこから学べるものがあるかもしれないという可能性を受け入れることです。

さらに、真実が複数あるかもしれないこと、そしてそのすべてを理解すればもっと大きな真実へと導かれるかもしれないことを受け入れることでもあります。

優れた聞き手は、理解が決して「理解したか、していないか」という単純なものではないとわかっています。理解は常に、もっと深めることができるのです。

＊1 「礼儀正しい対話のための国立研究所」は、アリゾナ選出の元連邦下院議員ガブリエル・ギフォーズの銃撃事件を受けて2011年に設立されました。
＊2 原文から本書で翻訳を一部調整

chapter

8

ビッグヒットは消費者の声を「聴く」ことから生まれる

アンケートの精度を上げるのも聞く力

　アリゾナ州テンピにある、ビュートと呼ばれる赤茶けて切り立った丘の上のユッカとサボテンが一面に広がるリゾートホテルで、定性調査コンサルタント協会（QRCA）の年次総会（カンファレンス）が開かれていました。「定性調査」とは「数字」で表せない、消費者の行動や意識などの情報を得る調査のことです。ターゲットを深く理解するときなどに行います。反対に、明確な数字や量を出すのが「定量調査」です。

　人脈づくりにいそしむ参加者の声で、プロとして人の話を聞く人たちの集まりにしてはびっくりするほど騒々しい、不協和音のような賑やかさが会場にあふれていました。

　ネイティブ・アメリカンのテーマで飾りつけられた会場では、出席者はセッションがひとつ終わるごとに次の会議室へ大急ぎで移動していました。おかげで、壁から壁までびっしり敷きつめられたカーペットは、人が歩いた後がジグザク模様にけば立っています。

　パンフレットによると、会議の目的は「洞察の発見と共有を可能にする、このスキルと理論の習得に焦点をあてる」こと。日の出にはヨガのセッションがあり、午後にはアイスクリーム・サンデーが出されるコーナーが開かれるようでした。

「定性調査コンサルタント」とは、企業や政府機関、選挙に立候補した政治家などが自分たちの代わりに「聞く」ために雇う人たちのことです。自社の製品や政見、ロゴ、広告キャンペーンについて、消費者が何を思うかを知りたいとき、定性調査コンサルタントに依頼するわけです。

フォーカス・グループを複数回にわたり開催するというのがここ数十年の定性調査の鉄則でした。しかし最近は、人を集め、座談会形式にして、意見をヒアリングするフォーカス・グループのような方法ではなく、テクノロジーを使った、より速く安くできる方法がトレンドであることが、QRCAのカンファレンスで明らかになりました。

展示会場は、消費者の声を聞かなくても、その意見、動機、信念、欲求を明らかにできるとうたう商品を売る業者であふれかえっていました。

あるブースでは、瞳孔の開き具合、体温、血圧、心拍数といった、興奮を観測する、グーグルグラスのようなバイオメトリック・デバイスを扱っていました。

また、ユーザーが商品またはサービスをどう感じたかを、画像をドラッグ・アンド・ドロップして表現できるコンピューター・プログラムもありました。子猫なら好き、蛇なら嫌い、という具合です。

カンファレンスのひとつでは、鼻にピアスをしたミレニアル世代の女性が、ティンダーやスナップチャット、カウチサーフィン（海外旅行の際に泊めてもらえる家を探すアプリ）のようなアプリを使って、定性調査を行う方法を発表していました。また、ソーシャルメディアを使い、たとえば生理用品や冷凍食品などに関する質問に答えてもらうために、対象者をどうたぐり寄せるかを具体的に教えてくれました。

この女性のパワーポイントのプレゼンテーションの中に、彼女がティンダーで使っている自分のプロフィールがありました。ティンダーではありがちですが、彼女のプロフィールは現実を盛り、オートバイにまたがっている写真でした。

老眼鏡をかけて、おしゃれよりも実用性を重視した靴を履いた女性が質問をしました。もしプロフィール写真が自分のような年配の女性だった場合、右にスワイプして「いいね」してもらえる可能性はどのくらいか、と。すると私の後ろの方から、呟く声が聞こえました。「何でもかんでも右にスワイプするイグアナみたいな人は山ほどいるよ」

消費者の無意識の意見を探り当てる「フォーカス・グループ・インタビュー」

その瞬間、私はフォーカス・グループの父と呼ばれるロバート・マートンが草葉の陰で嘆いている姿を想像してしまいました。

コロンビア大学の社会学者だったマートンは1940年代、プロパガンダを研究するため[1]、――とりわけ反ナチスをアメリカ国民に伝えるのにもっとも効果的な方法は何かを探るために、戦争情報局に雇われていました。[2]

マートンの手法は、いわゆる「フォーカス・グループ・インタビュー」[3]と呼ばれるものです。

マートンは少人数のグループをつくり、具体的かつ徹底した質問を投げかけ、参加者の反応を記録しました。この方法は、それまでの調査法（もっと大人数のグループに対して一般的な質問をし、参加者は「好き」なら緑のボタン、「嫌い」なら赤のボタンを押す）と比べ、飛躍的に効果があることが証明されました。

たとえば、ナチスを血に飢えた野蛮人として描けば、人は戦争に行きたがるだろうと考えられていましたが、実際はその逆でした。参加者は、赤のボタンを押したのです。

マートンはフォーカス・グループを通じて、その理由を探りあてました。参加者は、派兵される青年たちがナチスの野蛮人に殺されてしまう、と心配していました。また、マートンの手法により、栄誉や民主主義、合理性といったアメリカの価値観が強調されたメッセージの方が、国民を高揚させ一体感を醸成することもわかりました。

アメリカの実業界や広告主がマートンの魔法（大学教授になる前、マートンは実はマジシャンをしていました）を嗅ぎつけるまでに時間はかかりませんでした。

フォーカス・グループによって商品がつくられた初期の事例に、ベティークロッカーのケーキミックスがあります。当初、このケーキミックスには粉末卵が入っており、ケーキをつくるには水を加えるだけでした。しかしアメリカの主婦からの人気はいまひとつ。1950年代に行われたフォーカス・グループで、その理由が判明しました。

参加した女性たちは、あまりにも簡単すぎて罪悪感を覚えると口にしたのです。

そこで、ベティークロッカーのブランドを展開するゼネラル・ミルズは、ケーキミックスを卵なしでつくり直し、主婦の作業を増やしました。卵を割って水を加える動作は、ちゃんと調理をしている実感をもたらしました。さらに、新鮮な卵を使えばよりふわふわなケーキになるというおまけつきです。いいことずくめですね。

でも、フォーカス・グループで消費者の声に耳を傾けなければ、この変更は実現しなかったのです。[4]

それからあっという間に、店の陳列棚に並ぶさまざまな商品のデザイン、形、中味を決める際にフォーカス・グループが使われるようになりました。

現在も、商品開発やサービスの提供法、さらにはテレビ番組や映画の制作でも、フォーカス・グループは大きな影響力を持っています。選挙に立候補した政治家は、取り上げる政治課題を決めるのにも、髪型の分け目を決めるのにも、フォーカス・グループを活用しています。

フォーカス・グループよりも、データを集める方が早くて安い

とはいえ、最近ではこうした意思決定は、次第にビッグデータをもとに下されるよ

うになってきました。フォーカス・グループのような定性調査法から離れ、オンライン分析、ソーシャルメディア・モニタリング、携帯電話追跡といった定量的アプローチがトレンドになっています。

この変化の背景には、オンライン・データや消費者データが公開・非公開ともに急増していることがあります。加えて、フォーカス・グループの場合、ひとつのグループにかかるコストが通常5000〜9000ドルと、高くつくという理由もあります。さらに、フォーカス・グループ初体験の参加者を見つけてくるのが難しくなってきている、という課題もあります。

フォーカス・グループはさまざまなところで行われており、2時間意見を述べれば50〜100ドル（さらには無料のグラノーラバーとエムアンドエムズ・チョコレート）が手に入ることから、副業として行っている人もいるくらいです。

選考過程で、過去半年以内に別のフォーカス・グループに参加した人はすべてふるい落とすはずなのですが、人は嘘をつきます。[5]

フォーカス・グループ参加者として場数を踏んだ男性がオンラインで公開しているハウツーページによると、

「いきなり突拍子もない質問、たとえば〝この1年間でトレッドミルを購入しましたか?〟と聞かれたら、イエスと答えましょう。相手がそういう対象を求めていなければ、わざわざ聞いてこないはずですから」

この男性は、最高で1週間に4回のフォーカス・グループに参加したことがあるとのことでした。

フォーカス・グループにはお金がかかるが、効果は高い

たとえそれが場数を踏んでいる「フォーカス・グルーピー」に耳を傾けることになり、フォーカス・グループとしては不備があっても、彼らの話を聞けば、数字が並んだスプレッドシートを見るよりも多くを知ることができる、と広告・マーケティング担当の幹部複数人が教えてくれました。

皮肉なことに、データを売るテクノロジー企業でさえも、顧客へのサービス向上を模索するためにフォーカス・グループを実施しています。ボストンにある金融サービス会社のマーケティング幹部は「フォーカス・グループの大きな利点は、チェックボックスや動機が不明なクリックではなく、実際の答えを聞くことができる点です」と、的確に表現してくれました。

私はいくつかのフォーカス・グループを見学しましたが、参加者が、マジックミラーの向こう側から観察されているのをいとも簡単に忘れる様子は興味深いものでした。彼らは鏡に向かい、歯をチェックしたり、髪型を整えたり、ふくれっ面をしてみたりするのです。鏡のこちら側では、私や少なくとも5〜6人の広告・マーケティング担当者が笑いをこらえながら見ているのに、まったくお構いなしです。

もっと重要なのは、テーマが公共事業であれ制汗剤であれ、参加者は自然体でフォーカス・グループに参加していたことです。

フォーカス・グループの場数を踏んでいる参加者も中にはいるだろうと、私はかなり疑っていました(自分のいつもの席だからどいてくれと言った男性がいましたので)。

にもかかわらず、毎回のセッションが終わるころには、フォーカス・グループで扱った商品またはサービスを売るための示唆を何かしら得られたと感じました。

とはいえ、どれだけの学びがあるかはすべてモデレーター次第です。

私が見たモデレーターの中には、驚くほど話を聞くのがへたな人もいました。話をさえぎったり、茶化したり、誘導尋問したり、逆に参加者が明らかに何かもっと言いたげなのに質問しなかったり。

もしかしたら、「ニューコーク」や「チートス・リップバーム」「ハーレーダビッドソン香水」といった、有名な失敗作の発売前に行われたフォーカス・グループを担当したのはこうしたモデレーターなのではないかと、つい想像してしまいます。

しかし人の話に耳を傾け、情報を引き出す名人のモデレーターもいます。おどおどしている人を殻から誘い出し、おしゃべり好きにはくつわをかけて、参加者のエピソードや気づきがよどみなく出てくるようにしていました。

名モデレーターは何を聞いているのか

ここで、ナオミに登場してもらいましょう。

彼女のフルネームは、ナオミ・ヘンダーソンです。でも定性調査の世界では、ビヨンセやリアーナ、シェール、マドンナのように、ファーストネームだけで通じる地位を築いてきました。

アリゾナ州のQRCAで彼女が歩いていると、人々は話をとめてお互いをつつきあい、「ナオミだ」と口の端でささやいていました。カンファレンス出席者は、いくつも折り目をつけて読み込んだ、彼女が自費出版した著書『Secrets of a Master Moderator（達人モデレーターの秘密）』を片手にナオミのまわりに集まり、サインをせがんでいました。

76歳のナオミは50年近く、フォーカス・グループのモデレーターをこなしてきました。

そして今でも、フォーカス・グループのモデレーターとして、またトレーナーとして、世界で引っ張りだこになっています。ナオミは、メリーランド州ロックビルにあるＲＩＶＡ研修学院を運営しています。同学院出身者は、ハーバード大学やイェール大学出身の人たちと同じような優越感を醸し出しながら、そこで定性調査の研修を受けたのだと教えてくれます。

背が高く、髪をとび色に染め、琥珀色の目をしたナオミは人目を引く容姿をしています。

これまでに、ケーキミックスの「アント・ジェマイマ」がパッケージを現代風に刷新したときや[6]、「アメリカン・エキスプレス・センチュリオン」がデザインを決めたときのフォーカス・グループでモデレーターを担当しました。

またナオミが投げかけた質問がきっかけで、ケンタッキー・フライド・チキンのキャッチコピー“We do chicken right!”(「うちはチキンをちゃんとやります！」)が生まれました。

ビル・クリントンが初めて大統領選に出馬した際に、南部のアクセントを強調すると有権者が嫌悪感を抱くことをクリントン陣営が知ったのも、ナオミの質問がきっかけでした。


「クリントンはローズ奨学生で、アイビーリーグ校出身で、アーカンソー州知事だったわけです。一体どこをもって、藁をくわえながらビールを飲んでピックアップトラックを運転する、カウボーイのような男性のふりを彼がしたいのか、フォーカス・グループの人たちはわからなかったのです」

とナオミはビロードのように滑らかな低い声で教えてくれました。

「グループの人たちは、〝親しみを抱ける人はいらない。尊敬できる人の方がいい〟と言っていました」

聞き上手は「なぜ？」という質問を使わない

ナオミと一緒に過ごすと、彼女がいとも簡単にだれとでも仲良くなるのに気づきます。

重要なクライアントからスーパーのレジ係まで、話す相手に合わせて視点を変える超人的な能力を彼女は持っているのです。

これは、6000回ものフォーカス・グループをモデレートした経験から生まれたスキルです。ナオミはこれまで、売春婦、精管再建手術をした男性、異常なほどに掃除せずにいられない主婦、死産を2度経験した女性、脱税者、モンスタートラックを運転する男性など、実にさまざまなフォーカス・グループを扱ってきました。ナオミは、合計で5万人以上の話にプロとして耳を傾けてきたことになります。

ナオミのすばらしい才能のひとつに、人の話を奪うことなく質問する能力があります。

たとえば、深夜に買い物をする人の動機が知りたいと考えたスーパーマーケット・チェーンによるフォーカス・グループをモデレートした際、ナオミは、

「夜遅く買い物をするのは、日中にできなかったからですか？」
「夜間の方が、店内が混雑していないからですか？」
「遅い時間に買い物をしたい理由は、在庫を補充する時間帯だからですか？」
といった、いかにもあたりまえの質問を参加者に投げかけることはしませんでした。

こうした質問はすべて、夜間に買い物をする合理的な理由であり、投げかけても肯定的な反応が得られるだけでしょう。

ナオミはまた、なぜ夜遅く買い物をするか、というシンプルな質問もしませんでした。**というのも、ナオミ曰く「なぜ？」という言葉は、人を身構えさせるからです。**自分を正当化しなければいけないと感じてしまうのです。

ナオミは質問をする代わりに、こんな言葉で水を向けました。
「最近、夜11時以降にスーパーへ行ったときの話を聞かせてください」

その時点までほとんど発言していなかった、静かで控えめな女性が手をあげました。
「マリファナを吸い終わって、3Pの相手を探しに行ったんです。私と、ベンとジェリーです〔アイスクリームブランドのベン&ジェリーズを示唆している〕」

こうした洞察を得られるから、ナオミに仕事が集まるのです。

消費者の気持ちがわかったことで、ヒット商品が生まれた

ナオミは１９４０年代、黒人差別の強いルイジアナ州で、白人と黒人の間に生まれました。

父のジョセフ・ヘンリー・ヘアストン[7]は、アフリカ系アメリカ人初のアメリカ陸軍パイロットでした。父の兵役の関係で、ナオミは10歳になるまでに14校もの小学校を転々としました。

その後１９５０年代、ワシントンD.C.の中学校が人種を統合して黒人生徒７人を受け入れた際、ナオミはそのひとりでした。

「子ども時代が、この仕事に向けたトレーニングになったと思う」

とナオミは言います。

「人と簡単に信頼関係を築けるよう学ぶ必要があったんです」

転校生として、そしてその後は、人種問題の対象として、いかに「人の話を聞き、即座に相手を見定めるか」を学んだとナオミは言います。

ナオミがこの話を聞かせてくれたのは、ロックビルにあるコロニアル様式の彼女の自宅で、ダイニング・ルームのテーブルで話していたときでした。

その日は雨でした。私の足跡で床が濡れてしまいましたが、フロアワイパーのスイッファーでさっと拭きとれました。これもまた、ナオミのモデレーター・スキルが商品づくりに役立った一品です。

スイッファーは、本体を安く売ってその後の消耗品で儲けるビジネス・モデルを採用した、掃除グッズの人気シリーズです。柄の長いモップのようなハンドルを購入し、その後は専用の使い捨て掃除シートを買います。

「スイッファーをつくったのは私じゃないけど、誕生のときにその場にいたんですよ」

とナオミは言います。

スイッファーが生まれたのは、「清潔な家は良き信心の表れであり、良き妻・良き母の証でもある」と考える、いわゆる「お掃除の達人」の女性たちを集めたフォーカス・グループでした。

こうした女性たちに、自分の生活やお掃除法を話してくれるようナオミが促すと、ある参加者は、洗って何度も使える雑巾の代わりにペーパータオルを使うと、罪悪感を抱くと口にしました。

罪悪感？　ナオミは、その点についてもっと知りたいと思いました。

女性は手を拭いたり、レタスの水分を吸い取ったり、カウンターテーブルの水滴を拭いたりした「あまり汚れてない」ペーパータオルは取っておいて、その日の終わりにその湿ったペーパータオルを床に撒いて、たまった汚れを足を使って拭きとる、それでむだづかいをしている感覚が軽くなる、と語りました。

グループの他の女性たちも、同じことをしていると同意しました。「それが、棒の先にペーパータオルをつけることにつながったんです」と、スイッファーの誕生をナオミが話してくれました。

人の感情や習慣は、データを超えてくる

ナオミが呪文のように口にする言葉があります。

「人生で大切なことは、数えられない」

定量的なやり方を否定しているわけではありません。これまでも彼女は、主にアンケート調査の形で、定量的な手法をクライアントに何度も使ってきました。

しかしこうした経験からナオミが学んだのは、人の感情、習慣、動機は予測を超えるものであり、これを理解するには、単に数字を集計するだけでなく「とにかく聴く」必要があるということだったのです。

意識調査や世論調査では、主婦が罪悪感を和らげるために濡れたペーパータオルを使って家の中をスケートして回ることが、15カ国で販売される5億ドル規模のブランド[8]を生むだなんて予測できなかったでしょう。

「十分な人数を調査すれば、何らかの物語は語れます。でもそれが真実というわけではなく、あくまでもひとつの話にすぎません」

とナオミは言います。

定性調査の力——つまり傾聴の力——は、定量調査で出てきた数字を説明し、さらにはその数字では足りない理由をつまびらかにするでしょう。

定量的、定性的アプローチを組み合わせても、真実の全体像を手に入れることはできないかもしれませんが、それでも「より真実に近い真実」は手に入る、とナオミは言います。

プリンストン大学の社会学教授、マシュー・サルガニックも同じ考えです。

同大学にある情報技術政策センターや、統計・機械学習センターなど、複数の研究センターに所属するサルガニックは、著書『ビット・バイ・ビット　デジタル社会調査入門』（有斐閣）[9]の中で、ビッグデータの限界について書いています。

彼が私に話したのは、データ中で答えを探す難しさは、大まかに言って、酔っ払いが街灯の下で鍵を探しているようなものだということでした。その酔っ払いに、なぜ街灯の下で鍵を探しているのか聞いてみれば、きっとこう言うでしょう。

「だってここが明るいから」

データは、データがある場所しか照らさないのです。

ヒトが創造できるのは「聴く」から

これはつまり、データからつくられるアルゴリズムも、同様に限定的であることを意味します。

たとえば、チャールズ・ダーウィンの幅広い読書リストを考えてみてください。[10]

もし彼が、ネット通販のアマゾンのアルゴリズムではじき出された「おすすめ」[11]をもとに本を買っていたら、この世に『種の起源』は存在していなかったかもしれません。

動物学に関連した多くの本や、トマス・マルサスの『人口論』、アダム・スミスの『道徳感情論』に加え、ダーウィンは売春が道徳や公衆衛生に与える影響に関するフランスの研究書や、ダニエル・デフォーの『ロビンソン・クルーソー』、シェイクスピアの作品、ジェーン・オースティンの小説などを読んだりしていました。

彼は独特で予測のつかない自分の関心を次から次へとたぐっていきました。それが彼の創造性の糧になり、科学的な活動へのインプットになっていったのです。

ダーウィンはヒトであり、ヒトはいつも私たちを驚かせてくれます。

私たちヒトの考え方や人生で進む道は計り知れず、ましてや単純化した公式を使って予測できるものでもありません。

いわゆるソーシャルメディア・リスニング・ツールを使っている企業にとって、これはハッとさせられる指摘ではないでしょうか。

ソーシャルメディア・リスニング・ツールとは、消費者の意図や態度を推し量るため、ツイッターやインスタグラム、フェイスブックのようなサイトからのデータを監視・分析するアルゴリズムです。

サルガニックは、ソーシャルメディアのデータを使って人間の行動を学ぶのは、まるでカジノにいる人たちを観察しながらヒトの行動を研究するようなものだと指摘します。

どちらも非常に人工的につくられた環境ですから、ヒトの行動について何かしら教えてくれるものではありますが、一般的なヒトの行動を示しているわけではありません。

そのデータがどういう意味を持つのかをわかっていないと結局意味がない

話を聞くという行為は、アルゴリズムを使ったアプローチとは真逆になります。

「アルゴリズムは、可能な限り正確な推測を目指すもの」だとサルガニックは言います。

「アルゴリズムは、ものを理解しようとはしません」

さらにサルガニックによると、多くの定量アナリストは、データが何であるかを知りたいとも思わないそうです。

彼らが必要とするのは、たとえば最初の100列までにデータが入力されたスプレッドシートです。それがあれば101列に入るべきデータをはじき出す公式を考え出すことができるから、です。そのデータが何をまたは誰を意味するか、そのデータが現実にある問題の何を解決するのに役立つかは、彼らにとっては意味のないことです。

しかしサルガニックは、自分の経験上、このような盲目的なアプローチは、たいていうまくいかないと言います。

「自分がしていることを理解すればするほど、良い統計モデルを構築できるものです。データに表れた人たちを実際に、本当の意味で深く理解すれば、おそらくデータはもっと効果を発揮するでしょう」

言いかえれば、データが豊富な時代においてさえも、理解をするには耳を傾ける必要があるということです。

うまく聞ければ、自分ひとりでは絶対に見られなかったものが見られる

ナオミにとって、聴くときにもっとも難しいのは、人の言葉をそのまま受けとらず自分の意見を挟みたい、という衝動を抑えることだそうです。

完全に定量的なアプローチは、この点で有利です。数字しかわからなければ、エゴや信念が結果に影響する可能性は低くなります。

しかし人と顔を合わせていると、自分の意見を正直に口にするという直接的な形か、もしくは誘導的な質問をするという間接的な形で、これが起こりえます。または、熱心にうなずいたり非難めいたため息をついたりすることで、非言語的に自分の意見を相手に伝えることもできてしまいます。

「こうしたものを表に出さないようにするのは難しいです」

とナオミは言います。

「でも、うまくできるようになると、人々の暮らしを覆っているカーテンを開け、そこに何があるかを見られるようになります。そりゃあもう、他の仕事をしていたら絶

対に知られなかったような、世の中のさまざまなことを私は学びましたよ」

人の話をうまく聞く人には共通の態度があると私は気づいたのですが、ナオミも当てはまります。

まず、ナオミは非常に落ち着いています。

そして顔には、関心と受容の表情を浮かべています。

目はどこかへ泳ぐことなく、指はそわそわすることなく、体は常にリラックスしてオープンな姿勢です。

彼女を数時間インタビューし、他の人とのやりとりの様子を観察しましたが、その間に一度も、ナオミは腕や足を組みませんでした。

彼女は人といるとき、次の予定があるとか、ここにいたくないなどといった素振りは一切見せませんでした。

私の中でいちばん印象に残ったナオミの姿と言えば、テーブルの上に肘をついて両手に頬を乗せ、目を大きく見開いて、まるで十代の少女のように嬉々として話を聞く様子です。ナオミは、話の中でこう言っていました。

「私が学んだ聴くことの真の秘訣は、自分のことはどうでもいいということです。私は、目の前に空のコップを差し出しています。相手には、私のコップを満たしてほしいのです。彼らのコップは空のままで」

ナオミは現在、仕事を選べる立場になったため、政治に関するものはやめて、消費者向け製品を販売するクライアントだけに集中していると言います。
「たとえ市場調査であっても、政治の世界はちょっと独善的になります。人に耳を傾けているのではなく、何かを求めて聞くから」

ナオミはまた、各地に出張し、大企業の従業員を対象に、自社内でフォーカス・グループを行う場合のモデレート法を教えています。

このように、定性調査コンサルタントを雇わずに、社内でフォーカス・グループを実施するのが一般的になりつつありますが、さまざまなバイアスを生みかねないため、ナオミは必ずしもこれを推奨してはいません。
「質問の内容が自分の上司が発案したものだと、きちんと耳を傾けられなくなる傾向があります。質問の投げかけも、答えを聞くのも、報告書の作成も、上司が喜びそうな内容にしてしまうのです」

情報がどれほど使えるかは、それがどう集められ、どう解釈されるかによります。アルゴリズムの価値は、それが適用されるデータの範囲と信頼性に依存します。

同様に、定性調査コンサルタントが明らかにする情報の価値は、その人物の中立性、洞察力、エピソードや感情を引き出すスキル――別の言い方をすれば、定性調査コンサルタントがどれだけ耳を傾けるか――に依存するのです。

定量アナリストは、せいぜいざっくりした説明ができる程度ですが、腕のいい定性調査コンサルタントであれば、もっと詳細な情報を提供できます。

どちらも有効な手法であり、一緒に活用することで、かなりの情報を明らかにすることができます。

しかし人と人とのやりとりに関するなら、また個人個人に特有の動機、傾向、潜在能力を推測するのであれば、聴くことが今のところ、最善かつもっとも正確な方法ではないでしょうか。

chapter

9

チームワークは、話をコントロールしたいという思いを手放したところにやってくる

もっとも生産性の高いチームは、全員の発言量が同じくらい

グーグルは2012年、何がすばらしいチームをつくるのかを探るため、調査に着手しました。グーグルではほとんどのプロジェクトをチームで取り組んでいます。メンバーが仲よくなって業務をどんどん片づけるチームもあれば、敵意やつまらない不満をつのらせ、それが内輪もめや陰口、無視やサボタージュなど組織の機能不全につながるチームもあり、なぜ違いがあるのかを知りたいと考えたからです。

そこで明らかになった、人が一緒に効率よく働くために必要な性格、プロセス、エチケットとは何だったのでしょうか？

統計学者、組織心理学者、社会学者、エンジニアからなる、「プロジェクト・アリストテレス」と名づけられたチームが、グーグルの180チームを分析しました。チーム構成員の人柄、バックグラウンド、趣味、生活習慣を細かく見ましたが、チームがうまくいくか否かを予測できるパターンは何も見つかりませんでした。チームの

構成、進捗の管理、メンバーが顔を合わせる頻度もまた、それぞれバラバラでした。

3年間データ収集を続けたのち、プロジェクトの研究者らはようやく、団結力があり効果的に物事を進めるチームづくりについて、ある程度の結論を得ました。

それは、もっとも生産性のあるチームは、メンバーの発言量がだいたい同じくらいだということでした。[2]

これは、「会話での平等な話者交代」として知られています。

能力の高いチームはまた、「社会的感受性の平均値」が高いこともわかりました。

つまり、声のトーンや顔の表情など非言語的な手がかりをもとに、お互いの感情を直感的に読みとる能力に長けていたのです。

「心理的安全性」は、相手の話を聴くことから始まる

言い換えると、グーグルの調査で明らかになったのは、成功するチームではメンバーの話をお互いに「聴きあって」いたということです。

メンバーは交代で発言し、お互いの話を最後まで聞き、言葉にされていない考えや

感情を理解するために、非言語の手がかりに注意を払っていました。

そのため、チームの人たちは思いやりがあり、その状況に合った反応をするようになりました。さらに「心理的安全性」と呼ばれる、言葉をさえぎられたり意見を一蹴されたりする心配をせずに、情報やアイデアを交換しやすい雰囲気をつくっていたのです。

以上はグーグルにとっては大発見だったわけですが、前述した傾聴研究の父、ラルフ・ニコルスは、１９５０年代にまったく同じことを言っていました。つまり、成功するチームではお互いに話をよく聴きあっていたそうです。

唯一の違いは、当時ニコルスは、聞けるようになれば仕事がよりよくできるようになるだろうと言ったことです。現在の経済においては、聞くことそれ自体があなたの仕事なのではないでしょうか。**１９８０年以降に雇用が拡大した職業はほぼすべて、高いレベルで人間関係づくりが求められるものです。**[3]

一方で、主に分析的思考や数学的思考（そこからアルゴリズムがつくれるもの）が必要となる仕事は、なくなりつつあります。

会社員は、一日のうち約8割の時間を
ほかの社員とのコミュニケーションに費やしている

現在では、最初から最後までひとりが製造する製品や提供するサービスはほとんどなく、グーグルも例外ではありません。

ほとんどの事業は、社員のチームで業務を遂行しています。

『ハーバード・ビジネス・レビュー』に発表されたある研究[4]によると、過去20年の間に「管理職と社員が一緒に働く時間は、50パーセント以上増加した」ことがわかりました。社員は1日のうち多い場合では、80パーセントもの時間を、ほかの社員とのコミュニケーションに費やしています。

しかし、聞くことの重要性を認識することと、実際に社員が聞けるようになることは、まったく別の話です。

企業の中には、会社の方針を伝える社員ハンドブックの中に「アクティブ・リスニング」の項目を加えたところもありますが、前述したとおり、アクティブ・リスニン

グのコンセプトの定義はあいまいだったり不正確だったりします。

会社側はまた、社員がもっと人の話を聞けるようにと、キャリア・コーチやビジネス心理学者を雇うこともあります。しかしこうした取り組みは、社員に「自分に問題がある」と会社から思われていると受けとめられ、抵抗されたり、不快に感じられたりしがちです。

即興劇が上手な人は、聞くことが上手

そこで、社員の聞くスキルを向上させる、もっと興味深くて効果的な方法をご紹介しましょう。

それは、「即興コメディ」です。

グーグルやシスコ、アメリカン・エキスプレス、フォード、プロクター・アンド・ギャンブル、デロイト、デュポンなど多くの大企業が、この方法を試してきました。[5]

詳しく知るために、私はシカゴにある即興コメディの聖地「セカンド・シティ」を訪ねました。

ティナ・フェイ、スティーヴン・コルベア、スティーヴ・カレル、エイミー・ポー

ラーなど、多くのコメディアンやコメディ作家を輩出した劇団です。

そこで私は、芸術監督を務めるマット・ホウディに会いました。セカンド・シティでコメディの舞台監督を務めるほか、即興コメディで聞く力を研修する即興トレーニング・プログラムの責任者もしている人物です。

前の週に6人のキャスト募集に対して集まった350人をオーディションしていたホウディは、コーヒーをしっかり手に持ち、少し疲れた様子でした。

ホウディは目頭を押さえるようにして、コメディアン志望者で、本人が思うほどおもしろい人はほとんどいないんだ、とぼやいていました。

しかし聞くことに話が及んだとき、彼に元気が戻ってきたようでした。ホウディは、聞くことは即興コメディーに欠かせないスキルだと考えています。

「即興劇を演じているとき、次のシーンがどんな展開になるか、役者はわかっていません」

と説明します。

「私たちは、舞台上で起きていることへの感度がとても高くなるように稽古を積みます。そのシーンを演じているパートナーが何を言っており、そこにはどんな意味が込められているのかに耳を傾けます。こうした細かいことを聞き逃してしまうと、あまり筋が通らないシーンになり、観客にとってはそれほどわくわくもしなければ、おもしろくないものになってしまうのです」

ホヴディによると、即興の初級クラスでよくあるのが、シーンを一緒に演じているパートナーの合図を、繰り返し見逃してしまうことです。

これは、シーンの方向性について間違った思い込みをしていたり、パートナーが話しているのにかぶせるように話したり、パートナーを急かしたり、オチに持っていくのに気をとられすぎたりすることが原因です。

「アーティストが自分勝手でなくてはいけないとか、自己中心的でなくてはいけないという考えの芸術はたくさんあります。でも即興においては、まったく逆です。即興では、シーンを共に演じているパートナーを大切にし、パートナーを引き立てることに集中します。そして聞くことは、そのための根本的なスキルです」

チームとしての能力を高めるための「即興劇」研修

ホウディは研修で教える際、片腕を伸ばして受講者たちにこう問いかけます。「だれかが話している物語がちょうど肩で始まり、指先で終わるとしたら、話を聞くのをやめるのはどこですか？」

受講者たちは概して、肘のところで聞くのをやめて、自分が何を言うかを考え始める、と答えます。

これをやめさせるために、ホウディは受講者たちに、グループでのストーリーテリングというゲームをやらせます。

ホウディが決めたタイトルに沿って、彼が指差した人が物語の語り手になり、その場で話をつくりながら語っていきます。ホウディが次の人を指名したら、そこから語り手が変わります。前の語り手がまだ文の途中だろうと、関係ありません。

次の人は注意深く物語を聞いていないと、話はつながりません。でも、指名された人はその瞬間、目が点になってしまうことがよくあります。

「これをうまくやるのは本当に難しいんです。彼らは、物語の方向性をコントロールしたいし、どんな物語かイメージしてしまっていますから」

とホウディは説明します。

「最初はみんな、固まってしまいがちです。頭の中を巻き戻して、こうであってほしかったという考えを手放し、前の人が終えた話を受け入れなければならないからです。コントロールすることを放棄し、その瞬間に集中しないといけません」

ホウディは、理解を深めるためにも、研修を見学するだけでなく参加するよう私に勧めてきました。ということで、十数人の他の受講者たちと共に私も参加することになりました。

彼らの多くは、「業務遂行能力の向上」のために参加しています。つまり、チームプレーヤーとしての能力をもっと磨いた方がよい、と会社側に言われた人たちです。クラスの指導者は、ベテラン即興パフォーマーのステファニー・アンダーソンでした。

彼女は、機知に富みながらも辛辣（しんらつ）さや意地悪さがまったくない人でした。緊張するような取り組みを指示された場面もありましたが、彼女のおかげでクラスは和気あいあいとしていました。

「注目を浴びたがる人」が聞くようになるまで

アンダーソンはまず、ホヴディが話していたようなストーリーテリングを私たちにさせました。このクラスでは、物語の流れを失うことよりも、注目を浴びたがる人が多いところが問題でした。

クラスメートの中には、あまりにもくだらなかったり、ありえなかったり、何の脈略もないことを言い出す人たちがおり、次の人は筋の通った話の続きを思いつくのにかなり苦労していました。

一人ひとりの物語を積み重ねたら、その先には本当に笑えるオチという大きなご褒美があったかもしれないのに、この人たちはそれを犠牲にして、安っぽい束の間の笑いをとったのです。そのときの雰囲気はまるで、仕事の打ちあわせや会食で、だれかが文脈を無視したおかしなことや場違いなことを言ったせいで、話の流れが大脱線して場の空気が凍り、他の人たちが引きつった笑いをしながら、そわそわと姿勢を正す瞬間のようでした。

私たちは、ストーリーテリングの他に、「声をそろえる」と「ミラーリング」というふたつの聞くワークを行いました。

前者は、ふたり組になり、まるでひとつの存在であるかのように相手と声を合わせて話すというものです。

ふたりは向き合って椅子に座り、片方が話し始めます。もう片方の人は、相手が言っているすべてをできるだけ同時に言うようにします。その後、交代します。

ミラーリングも似ていますが、顔の表情や体の動きまで合わせる必要があります。どちらのワークでも、リード役を相手と交代するときは、目で合図するしかありません。ですので、アイコンタクトを保ち続けることが大切になります。

アイコンタクトにより、お互いが相手に意識を集中させること、つまり、心も身体もぴったり合うよう注意深く相手に耳を傾けることができるようになります。

真似する側は自然に相手に意識を集中させますが、リード役の方も、相手が不快になるようなことをしたり言ったりしないように気をつけなくてはいけませんから、同じように意識を相手に集中させる必要があります。

しかしこのクラスには、それができない目立ちたがり屋がいました。たとえばミラーリングのワーク中、ある女性（仮にヨガ・ポーズさんと呼びます）は、自分の足の裏を手のひらに乗せ、それをゆっくりと頭上へ持っていきました。体が固いパートナーの男性は、同じ動きをしようとしつつもだえながら、苦しそうに顔をゆがめていました。

この間ずっとヨガ・ポーズさんは、晴れやかな笑顔を浮かべながら、頭でしつこくジェスチャーをして、彼にもっと足を上げるよう訴えていました。パートナーは明らかに苦しんでいたのに。

目立ちたい人は、自分が「十分ではない」ことをカバーするために自己顕示する

「聞くことを学ぶ道のりは、長いんです」

と、クラスを終えたアンダーソンは話してくれました。

聞くことは、即興を教える中でもっとも難しい点のひとつだといいます。

スタッフ・ミーティングの際もよくこの話題になり、どうやったら受講者が、もっ

と相手に意識を向け、自分が相手に及ぼしている影響に気づけるようになるか、ブレインストーミングしているそうです。

「即興劇は、薬のようなものだと私は考えています」

とアンダーソンは言います。

「〝この人は自分のことしか考えない嫌な奴だ〟と思ったかもしれない状況で、〝この人、目立ちたくて大変なんだな〟と思えるようになる効果がありますね」

彼女の経験上、聞くことができない人のおおもとの要因は、不安感なのだそうです。

「彼らは、自分は十分ではないということが気になってしょうがないんですね。だから、あらゆる手段を使います」

よくあるのは、自己顕示したり、逆に引きこもったりするケースですが、中には、他の人が自分をおもしろいと思わないときに、

「何でこのおもしろさがわからないの？　おかしいんじゃない？」

と、敵意をむき出しにすることさえあるといいます。

自分の空間の雰囲気は、自分でつくれる

アンダーソンがこうした深い考察ができるのは、かつて10代向けの精神科で看護助手を務めていた経験があるからです。

もともとは当時、ストレス解消のために即興クラスを受け始めたのですが、間もなくして、仕事でストレスが溜まる原因のひとつは、人の話を聞く際に、能動的ではなく受動的だったからだと気づきました。

「仕事では、たとえるなら私が海辺の岩で、そこに嵐のような波が打ちつけてきているような状態でした。問題が起こるまで予兆に気づけず、いきなりやってくる、という感じです。私が目の前のことに意識を向けず、常に次のことを考えていたのが原因でした」

即興のトレーニングを受け、患者が爆発寸前だとか、攻撃的になりそうだとかの徴候にアンダーソンはもっと敏感に気づけるようになったと言います。

そのため、患者が問題行動を起こす前に、もしくは同僚が参ってしまう前に、手を差し伸べられるようになりました。

「自分の空間の雰囲気は自分がつくれるんだって気づけるのは、すばらしいことです。傾聴を身につければ、どれだけの力を手に入れられるか、みんな知らないんですよね」

アンダーソンは、病棟の教育コーディネーターに抜擢され、患者とスタッフの合同クラスを編成して即興劇を教えるようになりました。おかげで、精神科の雰囲気ががらりと変わったそうです。

「だれに対してもどなるので有名だった厳しい看護師が、親切になりました。彼がどなっていた原因は、心の奥では、その場で状況に向き合って自分で考えるのが怖くて、その気持ちが子どもたちにバレないようにしていたからでした」

とアンダーソンは話します。

「患者も、即興のワークで、人の話を聞き互いに向き合うという、ちょっとしたリスクをとる経験をしていたおかげで、グループ・セラピーで自分の感情を話すことができるようになったのだと思います」

自分を見せたいという欲求のせいで、ほかの可能性をなくしている

興味深いことに、即興劇に似たものを治療目的で取り入れた専門家は、他にもいました。

著名な心理療法士であるカール・ユングです。

ユングは、キャリアの初期、まったく話をしてくれない患者に対しミラーリングを取り入れ、患者のジェスチャーや動きをまねし続けました。[6] やがて患者は自分のことを「聞いてもらえた」と感じ、話し始めたそうです。

現在アンダーソンは、セカンド・シティで、職場での業績改善を目指す人向けの研修や、社会不安障害またはアスペルガー症候群を抱える人たち向けの研修をしています。さらに、シカゴ大学ブース・スクール・オブ・ビジネスやイリノイ大学シカゴ校ビジネス・スクール、ノースウェスタン大学フェインバーグ医学院でも即興劇を教えています。

だれが受講していたとしても（本のために取材をしているジャーナリストとか）、アンダーソンの研修内容は基本的に変わりません。

お互いに耳を傾けさせ、意義ある対話をさせるのです。

彼女は、即興劇を薬にたとえ治療のように描写しますが、そのたとえは決して的外れではありません。

ワークをしていくなかで、週を追うごとに、参加者は自分の行動が他者とのつながりを妨げていることに気づき始めるのです。

ヨガ・ポーズさんを覚えていますか？

自分のパートナーを「人間プレッツェル」にしようとしたあの授業の最後に、彼女はこう言いました。

「自分に何ができるかを見せたい欲求のせいで、他の人は何ができるのか、そして一緒なら何ができるのかを見つけられずにいたことに、気づきはじめました」

話をコントロールしようとすると、逆に進まない

即興コメディを、そして実際の人生という即興をうまくこなせるようになるには、

人の話に耳を傾けることがとても大切です。

話の流れをコントロールしたり、自分に注目を集めようとしたりでは、一方的な会話になってしまい、他の人との共同作業を台なしにしてしまいます。

自分の思い通りに進めるどころか、前進すらできなくなってしまうのです。

お互いの言葉や行動に双方が意識を向けること、そして相手が発するあらゆることを受けとめ、自分の反応を重ねていく姿勢をいつも持っていること。こうした意識と姿勢から人と交わることの喜びや恩恵が生まれ、結果、双方がお互いに理解し合い、さらには感謝し合います。

才能あふれる即興パフォーマーが、楽々と相手の言葉を拾って発展させ、自分のパートを繰り出す様子を見るのは楽しいものです。

でもそれよりもさらに心を満たしてくれるのは、自分がすばらしい会話に加わり、そこでお互いに耳を傾け、考えを発展させあうことではないでしょうか。

つまらないギャグを言う人は、たいてい人の話を聞いていない

さらに話を進めると、ユーモアのある人でいるには、聞くことは絶対に不可欠です。

仕事でもプライベートでも、人間関係を築き維持するのにユーモアが役立つことは、数々の研究で示されています。

仕事でうまいユーモアを使うと、能力や自信があると認識されます。[7] 恋愛関係においては、うまいユーモアは親密さや安心感の目安になります。[8]

しかしここでポイントとなるのは、「うまい」という言葉です。へたなユーモアは、逆効果です。ユーモアの上手下手は、能力が固定されて変わらないのではなく、どれだけ人の話に耳を傾けたかによって変化するということを、私は即興クラスで学びました。

お笑い劇場で観客を前にしてジョークを話すにせよ、通常の会話にちょっとした笑いを取り入れるにせよ、観客を正確に読まない限り、おもしろくはなりません。

『ニューヨーカー』誌の元風刺漫画編集者であり、現在は男性誌『エスクァイア』で漫画・ユーモア編集者を務めるボブ・マンコフは、こう言っています。

「デートとは、笑い合えるくらいまで相手をよく知るためのしきたりです」

お互いの間でのみ通じる冗談を言う、怒らせてしまった相手でもつい笑顔になってしまう、自分の隙を見せてバカなことをする、といったことができる関係になるには、じっくり「聴く」という投資が必要になります。

マンコフは実験心理学を学び、フォーダム大学やスワースモア大学でユーモア理論を教えた経験もあるのですが、このように言いました。

「相手の言葉におもしろいひねりを加えて返したり、言ってはいけない一線はどこかを理解したりするには、相手の話をそれなりの時間、よく聴いておく必要があります」

相手とつながっているという感覚をいちばん実感できるのが「笑い」

冗談を言うことには、弱さを見せるという面もあります。自分のユーモアが受けとめられることを願いつつ、自分をさらけ出すのですから。

相手が話をしっかり聞いてくれ、感度高く反応してくれる人だとわかっていれば、勇気を振り絞らなくても安心してユーモアを発揮できますし、その逆も然りです。

実は、相手とつながっているという感覚をいちばん実感できるのが、ユーモアをわかち合うことです。[9]

親密な関係を恐れる人は、敵対的で人をこき下ろす、意地悪なユーモアをいう傾向にあります。[10] こうしたジョークは人を身構えさせるため、お互いに人の話を聞く気を削いでしまいます。

あなたのことを、いつも大笑いさせてくれる人を思い浮かべてみてください。たいていは、もっとも仲よしの人のはずです。それは、楽にしていられる気兼ねない相手だからであり、また、自分にとっていちばん笑える話はたいてい、いちばんプライベートな話だからです。恋人または親友とあなたにとってはお腹がよじれるほどおもしろいのに、他の人にはまったくウケない、内輪ウケの冗談やお約束のギャグがあるのではないでしょうか。説明してもまわりの人たちには通じず、困惑されるだけでしょう。

あなたと恋人や親友の関係をつくってきた長年の会話の積み重ねをその人は聞いていないのですから、無理もありません。ふたりの間にあるような深い相互理解は、その人との間にはないのですから。

「その場にいないと、何がそんなにおもしろかったのか通じないよね」といいますね。

実際そのとおりで、おもしろさとは、正直さ、親密さ、親しさから生まれる副産物なのです。

ユーモアをわかち合うことは、つながりのひとつの形です。それは「聴く」ことから生まれ、アイデアと感情を共に探り、掘り下げながら、人と一緒につくり出すエネルギーです。

こうした即興的な相互作用は、人が互いに協力して取り組むあらゆる活動に必要となります。だからこそ、現代の職場において「聴く」ことは極めて重要です。

会話を先回りしたり、独占したり、何か他の方法でとめてしまう人は、キャリアで成功することも、ましてや満たされた人間関係を築くことも難しいでしょう。

親密な関係、既成概念を乗り越える思考、チームワーク、ユーモアはすべて、自分が話をコントロールしたいという思いから解放され、その話がどこに向かうとしても共に歩む忍耐と自信のある人のところにやってきます。

chapter

10

話に だまされる人、だまされない人

全員が同じように話を聞いているわけではない

ここは、フィラデルフィアの公共放送WHYYにある、ほとんど何も見えない真っ暗なレコーディング・スタジオです。ここで、NPR（ナショナル・パブリック・ラジオ）の人気インタビュー番組『フレッシュ・エアー』の司会者テリー・グロスが、西海岸の別スタジオにいる映画監督をインタビューしていました。

巨大なマイクに隠れて姿がほとんど見えないグロスが話すと、調整室ではライトが点滅し、機器の針が大きく振れ、メーターが上下に揺れました。

グロスは監督との話で、さまざまなテーマに触れました。

作品をつくる過程、自分に自信が持てない感覚、子ども時代にした不安な体験、それから、馬は階段を上ることはできるのに下りられない、というトリビアまで。

インタビューが進むと番組プロデューサーのふたり、ローレン・クレンツェルとハイディ・サマンは、インタビュー中に監督が口にした言葉とタイミングを、ノートパソコンでパタパタと音を立ててメモしていました。監督は、1時間15分ほど話しました。

最終的に放送用の45分間番組に彼の言葉をどう編集するかは、クレンツェルとサマン、そしてエグゼクティブ・プロデューサー、ダニー・ミラーの仕事でした。

ひとりでできるであろう仕事に、なぜ3人もいるのでしょうか？

理由は、全員が監督のインタビューを同じように聞いているわけではないからです。

テキサス州サンアントニオにあるセント・メアリーズ大学でコミュニケーション学を教えるキャサリン・ハンプステン准教授は、人が話を聞くときに何が起こるのか、ぴったりのたとえ方をしています。

それはまるで、粘土の塊でキャッチボールをしているようなものだ、というのです。[1]

会話とは、一人ひとりが話を受けとめ、それぞれの感じ方で形を整えてから、投げ返すようなものです。たとえば教育、人種、性別、年齢、相手との関係、心持ち、言葉の含み、集中力を削ぐもの――こうしたすべてが、粘土の形に影響します。キャッチボールに加わる人が増えると、意味の複雑さや幅が広がります。

『フレッシュ・エアー』の制作陣には8人いますが、大半はそれまでラジオの経験はほとんどないか、まったくの未経験者でした。

ミラーは、プロデューサーを採用する際に求める大切な資質として、「良い耳」を持っていることをあげています。**それは、会話の中で実際に何が起きているのかを聞きとり、感じとる能力が優れていることです。**

ミラーはこれを「会話の能力」と表現します。心理学者は「会話の感受性[2]」と呼んでいます。

会話の感受性が高い人は、隠された意味に気づける

会話の感受性が高い人は、話された言葉に注意を払うだけでなく、そこに隠された意味に気づいたり、声のトーンの微妙な変化を察知したりするのに長けています。人の力関係に気づくのが得意で、うわべだけの好意もすぐに見抜きます。会話が好きだったり、少なくとも興味を持っていたりするタイプで、人が話したこともよく覚えています。

また、会話の感受性は、共感の前段階で発揮されるものと考えられています。共感を抱くには、自分がこれまで経験した関わりの中で抱いたり学んだりした感情を呼び

起こし、それを発生した状況に適用する必要があるためです。

当然のことながら、会話の感受性は、認知的複雑性にも関係しています。[3] 195ページでご紹介をした、「ネガティブ・ケイパビリティ」を覚えていますか？「認知的複雑性」が高い人は、不安を感じることなく人の話を聞き、あらゆる意見に耳を傾けることができる、というものでしたね。

認知的複雑性とは、さまざまな経験にオープンであり、反対の意見にも対処できるということです。多くの人の話を聞いた経験がないと、会話に出てくる微細なシグナルにうまく気づくことはできません。

直感や第六感と呼ばれるものは、実は気づく力でしかない、と言われます。[4] **多くの人の話を聞けば聞くほど、人間が持つ多様な側面に気づくようになり、直感も冴えるようになります。**これは、いかに幅広い意見、態度、信念、感情に触れるかによって決まる、実践的なスキルです。

『フレッシュ・エアー』のプロデューサーやアシスタント・プロデューサーは、元ウェイトレスや映画監督、民俗学者など多様な経験をしてきており、この特徴にぴったりあった人たちです。

それぞれの視点から聞いた話をまとめたら最高の作品ができる

「どう編集するかを話し合うとき、このインタビューのポイントは要は何だったのか、全員の理解が揃うように確認しています」とミラーは言います。

「そのために、意見交換をたくさんします。私たちは年齢も違えば、ライフステージも異なります。いろいろな視点に照らし合わせたいのです」

ミラーはこの意見交換を「インタビュー内容の解釈と、それに対してどう感じたかを組み合わせていくプロセス」だと説明しました。さらにそつなく、こう加えました。

「インタビューをどう編集するかの話しあいは、かなり、活発です」

グロスの映画監督とのインタビューが終わり、暗いスタジオからプロデューサーのクレンツェルとサマンが出てきました。WHYYの建物は前面がガラス張りになっており、壁一面の窓から明るい太陽がオフィスにふり注いでいます。

インタビューの印象を話し合うために、ふたりはテーブルに座りました。フィラデルフィア出身、60代のクレンツェルは、オーディオ業界で長いキャリアを積み重ねてきました。『フレッシュ・エアー』の前には、オーディオブック制作やプロスポーツの試合の放送を手がけたほか、ニューヨークの公共ラジオWNYCでいくつか番組を制作していました。サマンは30代、エジプト系アメリカ人の一世で、ロサンゼルスで育ちました。彼女はもともと映画製作をしており、今も脚本や監督業を続けています。

ふたりは、インタビューを発言ごとに振り返りました。

「それは外せるかも……それは絶対入れよう……ここの発言は短くできるかな？……これは2回言っている……ここは後で入れよう……それはそんなにおもしろくないかも……ここすごくカッコいいと思った……ここは驚かされたわね……これって大切かな？」

その人の「プライベートな部分」に人はいちばん共感する

自分にとってはそこまでおもしろくなかった部分でも、他の人にとってはおもしろかったかもしれません。そういう部分はカットしないよう互いに確認しあいながら、ふたりは会話を精製し、もっとも本質的なものへと凝縮していきました。

「インタビューの中で、インタビューそのものと、インタビューされたゲストのどちらをもいちばんよく表現している部分を探します」

とクレンツェルは言います。

「全体的なストーリーとして意味のあるものにしたいのは当然ですが、同時に、リスナーをストーリーの背後にある感情に巻き込みたいのです。いい瞬間をすべて入れられるように、形を整えたり、短くしたりしなければいけないこともあります」

エネルギッシュなミラーは、クレンツェルとサマンが座るテーブルに歩み寄るとまわりをぐるぐる歩きながら、インタビューの中で自分が気に入った言葉を思い出して引用し、アイデアを出していました。

インタビューでやりとりされた言葉の細かなニュアンスをミラーが思い出したり気づいたりできるのは、40年にわたりこの番組の制作に携わってきた経験の賜物です。ミラーは20代でインターンとして入って以来、ずっとWHYYで働いています。

3人のやり取りを見ていると、ハンプステンが言うところの粘土の塊を、テーブルを囲んでキャッチボールしている姿が見えるかのようでした。

「本当？　……私にはわからなかったなぁ……あぁそう……いや、とんでもない……

これについてはどう思った？……あなたが言っている意味はわかるよ」

インタビューの最終形には何を入れるか、全員がすべての点に同意するわけではありません。

でも、インタビューの中でゲストの深い感情が見られた部分は、全員が概ね合意し、最終形に盛り込まれます。このことは、「会話の感受性」がもっとも高まるのはプライベートな話題のとき、という研究結果にも合っています。[5] 他にも会話中に人の注意を引くポイントはありますが、それは、たまたま機嫌が良いとか、発言に共感できる、話題を意外だと感じる、など、そのときの状況や各人の個性によって変化する要素です。**プライベートな話だけは、常にだれもが、つい聞き耳をピンと立ててしまうものなのです。**

「通りいっぺんの話題」が、聞いていていちばんつまらない

クレンツェルによると、インタビューとしていちばんだめなのは、相手が「自分の人生について何も話したくないし、何も明かしたくない」となったときです。

「ゲストが、自分の宣伝担当者に言われたポイントを話すだけだと、感情が一切共鳴しないので、親近感も湧かないし無味乾燥な内容になります」とクレンツェルは言います。

普段の会話も、感情の共鳴が欠如しているとぼんやりした退屈なものになりますね。あなたも経験があるのではないでしょうか。まるで台本を読んでいるかのような人との会話を。

あなたとの対話だからこそ生まれる考えや感情を共有するのではなく、使い古されたせりふを読んでいるだけのようなやりとりです。その人は、他のだれかと話しているときもきっと、仕事、子ども、食習慣、健康面での問題などについて、同じ話をまったく同じようにするのでしょう。

毎週600万人以上が『フレッシュ・エアー』を聞いています。グロスの人気の秘密は、ゲストが用意してきた話から、外れた話題を引き出すのがうまいところにあります。

編集前のインタビューを聞いていると、決まりきった話題から彼女がゲストをそっと押し出しているのに気づきます。

「まさにそこが、録音が本当におもしろくなるところです」

とサマンは言います。

「テリーは、ゲストが快適に感じるゾーンを探しながら進行しています。ゲストが一旦そのゾーンに入ると、話し方のリズムでわかります。プライベートな話題のときもあれば、初期の作品に関する話題のときもありますが、何であれゲストが夢中になれる話です。テリーは、ゲストに頭で考えるのをやめさせようとします」

話し手は、緊張のあまり話が上滑りになってしまうことや、表面的なことしか言わないことがありますが、優れた聞き手には、それ以上の話を引き出す力があります。優れた聞き手には、話し手は本当の姿をもっと見せるものです。

「事前にその人について調べる」「たくさん質問をする」と人は積極的に話したくなる

インタビューを有意義にするため、グロスとプロデューサーたちは、毎回番組の準備を怠りません。グロスが投げかけてくる質問から、ゲストは、グロスが自分のことをきっちり調べてきており、知識も豊富で、自分の作品にとても興味を持ってくれていると感じます。

人は自分をよく知ってくれているとか受け入れられていると感じると、もっと積極的に話してくれるようになります。

グロスはまた、もし居心地の悪い話題になったと感じたらいつでも話をとめてほしいとインタビューの前に伝え、ゲストを安心させています。つまりここでグロスは、自分は相手の感情に気遣っているとはっきり示しているのです。

これらは、優れた聞き手になりたいと願うなら、だれもが参考にできるところです。事前にその人について調べるか、相手と話しているときにたくさんの質問を投げかけることで、関心を持っていると相手にはっきりと伝えられます。

相手が何にわくわくするかを探してみましょう。たとえそれがボトルキャップ集めであっても、その人が情熱をかけたものであれば、おもしろいはずです。また、際どい話題に踏み込んでしまったかもしれないと感じたら、身を引いて相手の境界線を尊重するようにします。そっと話題を変え、潔く知らないままでいましょう。だれかと無理に親密になどなれません。

『フレッシュ・エアー』のエピソードが放送されるまで、3人のプロデューサーは、全員がインタビューを3〜4回聞き直すこともざらです。

巻き戻して再生するたびに、３人は細かい表現や意味だけでなく、言葉よりも多くを物語る息遣いやためらい、そしてバックグラウンドのもぞもぞしたほとんど聞きとれないような音にまでも意識が向くようになります。

デジタルの音声編集ソフトウェアを使い、サマンが手際よくインタビューを磨き上げている横に座っていると、会話の細かい部分に気づくようになります。

「うーん」や「あー」が目立つのはどんなときでしょうか？

今そこでした呼吸は重要でしょうか？

彼はなぜこの言葉を繰り返しているのでしょう？

ひとつのセンテンスの中に、いかに多くの情報が隠されているかに気づかされます。

また、普段の日常的な会話を聞くより、編集されたインタビューの方がずっと聞きやすい理由も理解できます。本物の会話は、そこまではっきりもすっきりもしていません。もっと曖昧でごちゃごちゃで、あちこち蛇行しています。

英語は、たとえネイティブ・スピーカーであっても、もっとも誤解しやすい言語のひとつだと言えます。

アメリカ本土だけでも方言は数多くあり[6]、あらゆる混乱のもととなっています。

たとえばオハイオ川の西では、「キャラメル」という単語は音節の境目がなくなり「カーメル」と発音します。それからピーカンナッツの「ピーカン」の発音の仕方は、だいたいアメリカのタイムゾーンを境に「ピーカン」や「パカン」、「ピーコン」のように異なります。

南部では、何かを「こぼす」(spill)という意味で「無駄にする」(waste)と表現する地域があります。また、東海岸の中部では「トラフィック・サークル」と呼ばれるものが、北東部になると「ロータリー」となり、西海岸では「ラウンドアバウト」になります。おばあちゃんの家に行くとき、スピードを落として「ロータリー」を回らないと、「カーメル」・「パカン」・パイを車のシートに「無駄に」してしまいます。

それぞれの人による言葉の解釈もまた、混乱のもとになります。

たとえばだれかが「まともな時間に寝たい」と言った場合、あなたは、まともな時間といえば午後10時だろうと思うかもしれませんが、他の人は午前2時を想像するかもしれません。

「重労働」「良いセックス」[7]「あまり遠くない」「スパイシーな食べ物」の意味は、だれが言うかによって意味が変わってしまいます。また、「毎月のお客さん」「他界」「骨太」「家事手伝い」などという婉曲的な表現も豊富にあります。人ははっきりと口にしたくないような言葉について常に別の言い方、ときには暗号のような表現を思いつくものです。

作家のヴァージニア・ウルフは、「言葉とは、残響、記憶、連想に満ちている。言葉は人々の唇、家、道、野原に長い間ずっと存在してきた」と述べています。[8]

自分とは違う言語で育った人とコミュニケーションしようとすると、事態はさらに複雑になります。**人が世の中をどう理解しどう経験するかは、母語の影響を受けるという、「言語的相対性」（「サピア＝ウォーフの仮説」とも呼ばれる）[9]があるからです。**

言語的相対性は、南アフリカとイギリスの研究者らが行った研究でかなり明らかになりました。[10] この研究はよく考えられていて、スウェーデン語とスペイン語の話者にそれぞれコンピューター・アニメーションでつくったふたつの動画を見てもらい、その間に時間がどれだけ経過したかを推測してもらいました。ひとつは線が伸びる動画で、もうひとつは容器に液体が満たされていく動画です。

スウェーデン語では時間を「長短」のような距離を表す言葉で表現し、スペイン語では「大小」のような量を表す言葉で表現します。そのため、スウェーデン語話者は線が伸びる動画で、線の長い方が時間がかかったと感じ（実際は短かったのですが）、一方でスペイン語話者は、液体が満たされていく動画で、液体が多く入っている容器の方が時間がかかったと感じました（実際は違いました）。

優れた聞き手になるには「自分の弱さを理解する」

ここまで、コミュニケーションが混乱しがちな要因をあげてきましたが、理解の邪魔になる最大の原因は、自分の感情と感受性です。

私たちは、自分のそれまでの経験や心理にそって物事を解釈します。そして『フレッシュ・エアー』のようにプロデューサーを集めて会話をわかりやすく編集してもらうこともできません。これらをふまえたら、優れた聞き手になるためには、自分自身、そして自分の弱さを理解することが大切なポイントになります。

たとえば、だれかがあなたのものの見方を「独特だ」と言ったとします。相手はもしかしたら「斬新で個性が引き立っている」という意味で言ったかもしれません。でも、もしあなたが人に合わせるのが苦手だと感じていたら、「変人」と言われたのだと受けとってしまうかもしれません。

しかし、自分はこういう受けとり方をしがちだという弱みがあると知っていれば、相手がどういう意味で言ったかをもっと広く受けとめ、詳しく聞いて確認することもできます。ちょうど車を運転する際に、死角を最小限にするべくバックミラーやサイドミラーを調節するようなものです。

自己認識力[11]と、それに関連した概念である「自己監視力[12]」が高い人は、優れた聞き手であることが研究でわかっています。

ひとつの理由として、どんなときに自分が間違った判断に飛びつきがちか自覚しているので、実際はそういった行動をとる可能性が低いため、という点があります。

自己認識力を養う上で大切なことは、会話中の自分の感情に注意を払うことです。**自分の恐怖心や感受性（または欲求や夢）のせいで人の話をきちんと聞けなくなったときに、自分で認識するのです。**

配偶者や親しい友達なら、あなたがどんなときに壁をつくってしまうか、怒り出すか、よくわかっているかもしれません。あるいは、信頼できる心理療法士に聞いてみるのもいいでしょう。

このような自己評価は簡単ではありません。でも、他者をもっと深く理解し、つながることができるようになります。自分自身との距離以上に、他者と親しくなれることはありません。

「自分」が何を気にしているか知っていることはよく聞ける耳を持つようなもの

精神分析医は、患者の問題や感情を理解するときに、自分の個人的な問題が邪魔しないよう、まずは自分自身を分析する必要があります。

ジークムント・フロイトの最初の教え子のひとりだったオーストリア人精神分析学者のテオドール・ライクは、１９４８年の書籍『Listening with the Third Ear（第三の耳で聞く）[13]』の中で、よく聞くとは、自分の無意識からわきあがってくる感情に気づくことである、と書いています。「数千という小さな兆候を観察して記憶に記録することであり、また、その兆候が与える微細な影響を意識し続けることである」

ライクにとって、自分の反射的な反応や直感に対する自己認識を持つことは、まるで、聞くための第三の耳を持っているようなものでした。

これと似た話ですが、ＣＩＡでは、自己認識が足りずに緊迫した状況で自分の弱さをコントロールできなくなってしまう人物を除外するため、採用したばかりの新人を心理テストなどで集中的にふるいにかけます。

ワシントンＤ．Ｃ．のフォーシーズンズで会った元ＣＩＡ局員のバリー・マクマナスは、こんなふうに言っていました。

「自分自身を理解していなければ、この仕事はできません。だれにだって弱点、欠点、もろさはあります。私にもあるしあなたにもある。しかしこの商売では、あなたに私の弱さをつかまれる前に、私があなたの弱さをつかむ必要があるんです」

先に相手に話させて、会話を操ったジョンソン元大統領

それで思い出すのは、聞き手には物事を操る力があるという話です。

リンドン・ジョンソン元大統領の伝記を書いたロバート・キャロは、ジョンソン元大統領の電話でのやり取りの録音テープを例にあげ、彼がいかにして上院への影響力を発揮していたかを、次のように説明しています。

「ジョンソンは常にしゃべっているとみんな思っていますが、こうした録音テープを

聞くと、最初の数分間はまったく話さないことが多いのに気づきます。彼の声は聞こえますが、言っているのは〝うん。うん〟だけです。それで、もしや、と気づいたんですよ。ジョンソンは、相手が本当は何を求めているのか、本当は何を恐れているのかを『聴いて』いるのです[14]」

詐欺師もほぼ同様に、かなり能力の高い聞き手であることが多いものです。

彼らは非言語のひそかなヒントや、何気ない言葉にひそむ意味を読みとり、相手がいちばん恐れているもの、もしくは求めているものを見つけ出します。

そこを理解できれば、相手をどう扱えばいいかがわかりますから。

「自分の聞きたいようにしか聞かない」人はだまされやすい

しかしここで指摘しておかなければいけないのは、嘘はたいてい、お互いの協同作業であるという点です[15]。

そこには、嘘をつく人物と、自分の聞きたいようにしか聞かない人物が登場します。

人は「自分はそんなのに引っかからない」と平気で言いますが、もし愛しているよとか、金持ちになれる、病気が治るなどと言われてしまったら、**その言葉を信じたいあ**

まりに聞く力がどれだけ損なわれてしまうか、まったく気づいていません。

悪名高い詐欺師メル・ワインバーグ*1は[16]、嘘つきと聞き手の協同関係を、したたかに理解していました。

だからこそ、FBIは1970年代後半、あるアメリカ上院議員と連邦議会議員6人を捕まえるため、「アブスキャムおとり捜査[17]」にワインバーグを送り込んだのです。

「人が苦境にいて金を求めていたら、希望を与えるのが私の哲学だ」と、ワインバーグは1982年、『ニューヨーク・タイムズ・マガジン』に話しています。

「自分にできることは何もない、と言ってしまったら、相手の希望を台なしにすることになる。だれにだって希望は必要だ。だからこそ、ほとんどの人は私らを警察に通報しないんだ。私らが言っていることは本当だと望み続けているから[18]」

優れた聞き手は、だますのもだまされているのを察知するのも上手

詐欺師は被害者よりも生まれつき聞き手として優れているわけでもなければ、人間的に欠陥が少ないというわけでもありません。

両者の違いは、詐欺師は「聴く」ことが稼ぎになるため、聞き手としてより多くの場数を踏んでおり意欲も高いという点です。複数の研究により、意欲の高い人ほど、物事を正確に認識できることがわかっています。[19] 詐欺の被害者は、そのときの自分の生活にとって詐欺師のつくり話があまりにも魅力的なため、正確に話を聞くことにそこまで意欲的ではないのです。

つまり、優れた聞き手とは、だますことも、反対にだましを察知することも得意だと言えます。自分がだまされたときのことを思い返してみると、正直に言って、そのときは気づけなかった点や、意図的に気づこうとしなかった点があったはずです。急かすような言い方、事実を並べてもなぜかつじつまが合わない、質問をすると相手が語気を強める、もしくは怒る、言っていることと顔の表情が何か一致しない、なぜかはわからないけれど、胸がざわざわするなどです。

つじつまが合わない会話をそのままにしておくことがだまされる原因

私たちは、嘘や真実をしょっちゅう見逃しています。

というのも、だれかがあまり筋の通らないことを言っても、ほとんどの場合、私たちはそこで会話をとめて「ちょっと待って。戻ってくれる？　よくわからなかった」とは言わないからです。

編集される前の『フレッシュ・エアー』のインタビューでは、テリー・グロスがゲストの話をとめて、今言ったのはどういう意味か説明するよう促す場面が多くあります。

しかし日常の会話では、たいていの場合に人は首を傾げるだけで、話を続けてしまいます。そこまですることないや、と思ってしまったり、どういう意味か想像できると思ってしまったりするからです。

また、頭の回転が遅いと思われたくないために、説明を求めたがらないということもあります。

冗談で言ったんじゃないのに相手が笑い出した、という経験は何回ありますか？そして相手の話がさっぱりわからないのに、うなずいて見せたことは何回ありますか？

おそらく数え切れないほどでしょう。

ミシシッピ大学でコミュニケーションを研究するグレアム・ボディは、「理由が何であれ、相手の言っている意味がよくわからないときに、人は話をとめて尋ねるのを躊躇してしまうものです」と言います。

ボディは学術的な研究に加え、企業向けにコンサルティングも行っています。特に、営業担当者向けの、より効果的な聞き手になる研修に力を入れています。

その中でボディは必ず、つじつまが合わない会話を取りつくろうことは絶対してはいけない、と教えています。重大な失敗の最大の要因だからです。

「ありとあらゆるものに意味がある、ということを前提にしなければいけません。もし何かが腑に落ちなければ、注意を払う必要があります」

とボディは説明します。

「腑に落ちないとき、ほとんどの場合は何か変だと思っても話を続けてしまうものです。しかしそこでとめて、確認しなくてはいけません。たとえば、〝今あなたは○○と言ったけど、私はよく理解できませんでした〟などと言いましょう」

会話でわからなかったところをきちんと確認すればチャンスを見逃さない

曖昧な点をはっきりさせなかったために起きた悲劇の例は、枚挙にいとまがありません。スペースシャトル「チャレンジャー号」の爆発事故、リーマン・ブラザーズの崩壊、そしてアメリカで年間約25万人が命を落としている医療事故。[20]

では、私たちの日常にあふれる限りなく小さな誤解はどうでしょう？　影響はそこまで破滅的でないにせよ、重大であることに変わりありません。

「あぁ、そういう意味か！」と膝をたたいた回数以上に、気づくことのできない誤解はまだまだあるのです。傷ついた思い、見逃したチャンス、台なしにしてしまった仕事、すべてに対して私たちは無頓着すぎます。**これもひとえに、ちゃんと理解することを確認するなんて面倒だと思ってしまったからです。**

意見の相違と同様に誤解というものは、人は自分とは違う――もっと言うと、似ても似つかない、という大切な事実を思い出させてくれます。[21]

人が本当に理解できるのは自分だけです。ですから、世の中を自分の視点からしかみられないのは自然なことです。他人の論理や動機は自分と似ているものだと、私たちは決めつけをしてしまいます。しかし当然ながら、人は違う物語を持ち、違う心の傷を抱えています。

こうしたことを私たちは頭では理解しています。にもかかわらず、自分の予想や想像を超えた考えや行動をだれかがとったりすると、人と自分は違うと突然思い知らされ、衝撃を受けてしまいます。

ということは、誤解はチャンスと見ることもできるのではないでしょうか。誤解は頭痛の種ではありますが、人の話をもっと注意深く聞いたり、もっと深く質問したりするためのインスピレーションのもとにもなります。

マイルス・デイヴィスの言葉を借りるなら、こんな感じです。

「もし私の言うことをすべて理解できたら、あなたは私になってしまうよ」[22][*2]

＊1　映画『アメリカン・ハッスル』でクリスチャン・ベールが演じた役は、ワインバーグがモデルでした。
＊2　原文から本書で新たに翻訳。

chapter

11

他人とする会話は、自分の内なる声に影響する

自分を批判する「内なる声」

私の友達に、自分にとても厳しい人がいます。何かを成し遂げた人には、そうした傾向があるようですね。

彼女はとても成功しており、魅力的で、人柄は温かく、頭の回転も速いのですが、物事がうまくいかなくなると、必ず自己嫌悪に陥ります。突然、自分が大バカ者で、人生の敗者で、何ひとつうまくできないと感じてしまうのです。

友達がこうした自己批判を始めると、私は彼女に「スパンキー」の言うことを聞いてはダメ、と伝えます。「スパンキー」とは、その友達の内側にいる意地悪な声につけたあだ名です。ストレスを抱えているときに現れ、声を張りあげて無慈悲に叱りつけ、彼女を萎縮（いしゅく）させる、あの声です。

だれの頭の中にも、内なる声があります。

実は私たちは、常に心の中でひとりごとを話しています。話題は、日常的なことから重大になりそうなことまで、さまざまです。

私たちは心の中で、道徳について議論し、不条理について討論します。責任の所在をつきつめ、物事を合理化します。過去の出来事を分析し、将来の出来事に向けて予行練習します。

心の中の声は、勇気づけてくれるときもあれば、辛辣なときもあり、また優しいときもあれば批判的なときもあり、褒めてくれるときもあれば、けなしてくるときもあります。

イギリスのダラム大学の心理学者チャールズ・ファニーハフは、このことをだれよりもよく知っています。内なる対話を研究しているからです。

ファニーハフは博士論文で、子どもが問題に取り組んだり自分の感情をコントロールしたりする際に、ひとりごとを言うことを取りあげました。彼の内なる対話への関心は、ここから発展したものです。

私たちは成長してもひとりごとを続けます。口に出さないだけです。[1] とはいえ、ときおりひとりごとが口から飛び出てしまうこともあります。

鍵をどこへやったっけ、と声に出したり、ニュースを聞いて悪態をついてしまったりしたことがない人なんているでしょうか？

「私の内側では常に対話が行われていて、外に言葉として漏れてしまうこともしょっちゅうあります」とファニーハフは言います。奥さんはもう慣れていますが、ついバスでやってしまうと怪しむような目で見られてしまいます。

「内言（ないげん）〈心の中でのひとりごと〉やひとりごとは、だれもがやっています」とファニーハフは言います。

「自分の頭の中で話し、それを聞いて、意見を交換しているのです」

「ひとりごと」は自分の中にいる他者の声

実際、ひとりごとを言うときも他の人と話すときも、使われる脳の部位は同じです。[2]「心の理論」と呼ばれることもある「社会的認知」を司る脳の領域で、この部位のおかげで、私たちは人に共感し、人の意図や欲求、感情を読みとっています。

著書『The Voices Within（内なる声）』の中でファニーハフは、ウィリアム・ジェイムズやチャールズ・サンダース・パース、ジョージ・ハーバート・ミードといった偉大な哲学者や社会理論家の多くが、自我が自己と会話をするときには、他者の視点に立つと考えていたと書いています。[3] たとえばスポーツ選手は、コーチの声を内在化させているかもしれません。内在化とは、他者や社会の規準や価値などを取り入れて自分のものにすることです。

また私たちは、母親、上司、配偶者、兄弟、友人、セラピストとしたやりとりと似たような議論を自分の中でしているのではないでしょうか。

ということはつまり、私たちが他の人の話に耳を傾けると、それが自分の内なる対話の口調や質を決めるということになります。

私たちは人とのやりとりを通じて、質問し、答え、意見を述べる方法を学びます。そして、自分で問題を解決したり、人としてのあり方に対峙したり、創造的に考える必要があるとき、これまで学んだことを自分の内なる対話でも活用するのです。

「これはうまくいくだろう。違うな、こっちの方がいいや」
「昇給を打診してみよう。でも2カ月前に採用してもらったばかりだよ」
「アイス食べたいな。夕飯食べられなくなっちゃうかな」
「彼女、素敵だな。もう忘れなきゃ、彼女は結婚しているんだから」

ネグレクトされた子どもはひとりごとが少ない

こうしたタイプのひとりごと、もしくは内言と、認知力を必要とする作業の成績の高さはつながっています。[4]

人生で大勢の人に耳を傾ければ傾けるほど、頭の中で問題をより多面的に議論できるようになり、思いつく解決法も多くなることが研究で示唆されています。

認知的複雑性は、さまざまな考え方を許容する、関連づける、新しいアイデアを思いつく、といった大切な能力です。内なる対話はこの力を伸ばし、その基盤となります。

積極的に関与する親がいる場合や、社会経済的地位が高い場合、内言はより知的になることがわかっています。[5]

聞く機会が限定されている環境で育った子どもは、内言の発達が妨げられています。たとえばアメリカ東部アパラチア地方の低所得層には、子どもは放置され、「そこにいてもよいがおとなしくしているべき」存在だとされる文化があります。そうした家庭で育った子どもは、内言の発達に遅れがみられます。[6] 低収入でネグレクト歴のある都会の家庭で育った子どもも同様です。[7]

あなたのひとりごとは、自分を責めがち？ 他人を責めがち？

なぜこれが重要なのでしょうか。

それは、自分にどう語りかけるかが、他の人の話をどう聞くかに影響するためです。たとえば、内なる声が自分に批判的な人と、他者を責めがちな人とでは、他の人の発言がかなり違って聞こえます。「全部自分のせい」なのか「全部やつらのせい」なのか、の違いです。

私たちの内なる対話は、まわりの言葉の受けとり方をゆがめ、相手にも影響し、人づきあいでの私たちのふるまいにも影響してしまうのです。

第2章で触れた、心理学者であり愛着の専門家でもあるミリアン・スティールを覚えていますか？

彼女の研究では、頭の中で再生される声は、子どものころに聞いた声が反映されることが示されています。

この研究は1950年代以降の愛着研究の専門家による成果を発展させたもので、早期に愛着が安定していた（親または養育者が耳を傾けてくれ、欲求やニーズに関心を向けてくれた）場合、内なる声は「より友好的」なものになるそうです。

とはいえ、私たちは誰もが罪悪感を抱き、自分自身と格闘している、とスティールは言います。

「本当にそれがやりたいの？　あの人たちの視点に立ってみなよ？」

とか、

「そうだよね、あれは傷ついたよね。でもあの人たちは傷つけるつもりはなかったんじゃない？」という内なる声と、

「あの人たちはみんな私をやっつけようとしている」

「私はダメな人間だ」

という内なる声では、大きな違いがあります。後者のような内なる声は、自分のためにならないような反応を引き起こしてしまいます。

内なる声は、リアルの自分に大きな影響を与える

内なる声には、非常に大きな影響力があります。その理由のひとつに、現実の音よりも大きな声だと認識されることがあげられます。

アメリカと中国の研究者たちは、ある実験で被験者たちに、「だ」という音節を思い浮かべて頭の中で繰り返すよう指示しました。[8]すると被験者たちは、「だ」を思い浮かべていないときと比べ、思い浮かべているときの方が外部の音が小さく聞こえたと評価しました。内なる声が、外から聞こえる音をかき消してしまったのです。

さらに、彼らの脳を調べると、外部の音が鳴らされたときには、聴覚に関する動きも少ないことが示されました。

音節一つでこれだけの影響があるのですから、内容のともなった対話が頭の中でなされていたらどうなるか、想像してみてください。

「彼の態度がなんだかよそよそしいな。私なにかしたかな？　もしかしたら単に機嫌が悪いだけかもしれない。いや、彼は私に怒っているんだと思う」

読書も、内なる声をつくる

読書は内言の一種だと主張する専門家もいます。何かを読むとき、人は頭の中で言葉を発音していることを示す研究があります。[9]

ひとつの単語を発音するのに時間がかかれば、読むのにも時間がかかります。別の研究では、速く話す人と非常にゆっくり話す人というふたりの録音を被験者に聞かせ、その後、その音声の人のどちらかが書いたとされる文章の抜粋を読むように被験者に指示しました。すると被験者の読むペースは、その文章を書いたとされる人が話すスピードと同じになったのです。[10]

特定の作家のファンだという読者の多くは、その作品を読む際には、作家の声が、もしくはその作家はこんな声をしているだろうと想像した声が、頭の中で聞こえると言います。また、作家が書いたそれぞれのキャラクターの声が聞こえることもあるかもしれません。

実際、間接話法よりも直接話法を読んでいるときの方が、聴覚皮質の中で音声に敏感な部分がより活性化されることが、複数の研究からわかっています。[11]

つまり、「彼女を愛していると彼は言った」よりも、「〝僕は彼女を愛している〟と彼は言った」と読んでいるときの方が、脳はまるで実際に人が話しているのを聞いているかのような反応をするということです。

ファニーハフらはイギリスの新聞『ガーディアン』と組み、読者1566人を調査しました。[12]

すると89パーセントの人は、本に出てくる登場人物の声が聞こえ、しかも鮮明なことが多いと答えました。56パーセントは、読んでいないときさえも登場人物の声が頭の中に残り、自分の内言の口調や内容に影響すると答えました。

それからフィクション作家にも、自分が書いた登場人物が自分に話しかけてきて、小説の方向性を決めるという人が少なくありません。

脚本家のレイ・ブラッドベリは執筆作業の日課について、朝目覚めたらベッドに横になったまま、頭の中の声を聞くのが儀式のようになっていると語っています。

「私はこれを、朝の劇場と呼んでいます」とブラッドベリは述べました。「登場人物が互いに話をします。テンションがあるレベルにまで達したら、私はベッドから飛び起き、消えてしまう前に大急ぎでつかまえるんです」[13]

内なる声は、あなたがどう現実に対応するかに大きな影響を与える

内なる声は、生活の中で実際に会う人物に耳を傾けることで形成されるだけではありません。メディアでよく耳にする声にも影響されているでしょう。

たとえばショーン・ハニティーやオプラ・ウィンフリー、ジュディ判事といった人気のテレビ司会者の熱心なファンであれば、彼らの口調や話の運び方が、頭の中でこだまするようになるかもしれません。

あなたの内なる声は、誰を思い出させますか？

何を言ってきますか？

あなたの内なる声は、状況によって変わりますか？

親しげですか？

批判的ですか？

こうしたことを自問するのは、とても重要です。というのも内なる声は、あなたが物事をどう思案するか、状況をどう解釈するか、道徳的な判断をどう下すか、問題をどう解決するかに影響するからです。

さらに、内なる声は、あなたが人のよい点を見るか悪い点を見るか、自分のよい点を見るか悪い点を見るかという、自分のあり方にも影響を与えます。

多くの人が、自分に批判的な内なる声を持っている

しかし、ここで難しい問題があります。人は、自分に耳を傾けるという行為を、なんとしてでも避けようとするのです。

これは、ヴァージニア大学の心理学者が７００人以上を対象に行った11件の実験で証明されています。

被験者に、考える以外に何もすることのない、自分しかいない部屋で過ごしてもらったところ、それがわずか６〜15分だけだったにもかかわらず、楽しめなかったと答え

た人が過半数に達しました。

ある実験では、男性の64パーセント、女性の15パーセントが、考えごとをするよりもましだとして、自分に軽い電気ショックを与え始めたほどだったのです。[14]

この結果は、私の友達を悩ますスパンキーのような内なる声を、多くの人が持っていることを示しています。

たとえあなたの内なる声がもっと優しくても、自分自身との対話は多くの場合、人間関係の問題や仕事面での失望、健康上の問題など、何か重荷になっていることであるはずです。

人間は生来、問題解決をしたがる性分であるため、静かにしているときは問題に考えがいってしまいます。直さなくてはいけないものに固執してしまうのです。

息抜きの時間も我慢できず、何が問題なのか考えなくてすむように、常に何かしなくてはいられない人も出てきます。

しかし、内なる声を抑えこもうとすると、余計に力を与えてしまいます。声はさらに大きく執拗になり、中にはそれを抑えようと、もっと忙しく過ごしたりスケジュールを詰めこんだりしてしまう人もいます。

ところが、こうしたやり方に、効果はまったくありません。内なる声は常に存在し、たとえ昼間にあなたの注意をひけなかったとしても、朝4時、眠っているあなたのもとにやってくるでしょう。「ねぇ、私のこと覚えている⁉」

他人とする会話は、すべて自分の内なる声に影響している

認知行動療法は、いかにしてこれまでとは違う方法で自分に語りかけるかを学ぶものです。

いつも自分を見下す親やネガティブな友人のような、役に立たない内なる声をセラピストのような声に置きかえるのです。

内なる声が、親切でオープンな考え方を提案してくれるようになると、ウェルビーイング（身体的、精神的、社会的に良好な状態にあること）の感覚が促進されることが証明されています。

さまざまな人の話に耳を傾けることも、また役に立ちます。多くの声は、多くの視点をもたらします。

人に質問して相手の答えを吟味すれば、自分との対話でも、自分に問いかけること

が上達していきます。どんなにむずかしい問題であっても、それを解決する、もしくは少なくとも折り合いをつける唯一の方法は、結局のところ自分との対話しかありません。

偉大な物理学者でありノーベル物理学賞受賞者でもあるリチャード・ファインマンは、第二次世界大戦中に受けた兵役の適性検査で、精神科医に「ひとりごとは言うか?」と聞かれました。

ファインマンは後に、自分の伝記を書いた作家にこう話しています。

「もっともいま君に打ち明けるようなことは医者には言わないさ。時に僕はずいぶん華々しいひとりごとを言ってるのに気がつくことがある。…『その積分はこの項の和より大きくなるから、圧力が高くなるだろ?』とか、『そんなばかな！　そりゃ狂気の沙汰じゃないか！』『いや絶対に狂ってやしないぞ！　ぜったいにだ！』ってな調子で自分と口論するんだ。…二つの声でやりとりしてるんだな。」（『ファインマンさんの愉快な人生』[15] 岩波書店）

ファインマンは、自分の父親や妻、友人、同僚らとする会話すべてが自分の内なる対話に影響しているし、共鳴していると言いました。

エッセイ集『聞かせてよ、ファインマンさん』（岩波現代文庫）の中で、彼はこんなふうに書いています。

「僕たち科学者は、自分の頭のなかのさまざまな物の見方をまとめ、比較することを学んだからこそ、人間が何であるか、どんな位置にあるのか、少しは理理解を進めることができたのですから」[16*]

＊本書で翻訳を一部調整

chapter

12

「アドバイスをしよう」と思って聞くと失敗する

聞き上手は、人を惹きつける

ジェニー・ジェロームはアメリカ社交界の著名人で、ランドルフ・チャーチル夫人としても知られていました。そう、イギリス首相ウィンストン・チャーチルの母です。

彼女は回顧録の中で、イギリスの政治家で最大のライバル同士であるベンジャミン・ディズレーリとウィリアム・グラッドストンについて、それぞれと食事したときのことをこんなふうに描写しています。

「グラッドストンの隣に座ったあとにダイニング・ルームを出るとき、彼をイングランドでもっとも賢い男性だと思いました。でもディズレーリの隣に座ったあとは、私がもっとも賢い女性だと感じました」[1]

彼女が自分を賢いと感じさせてくれるディズレーリと話す方を好んだのは、当然です。

保守党党首として2度、イギリス首相を務めたディズレーリは雄弁家でしたが、同時に熱心な聞き手でもあり、人に気を使い、巧みに話し相手の方へと会話を導きました。おかげでビクトリア女王からも寵愛されました。

女王は選挙中、あからさまにグラッドストンよりもディズレーリを好んだために、中には憲法違反ではないのかという人もいたほどです。

ディズレーリが細やかな注意を向けていたのは、貴族社会と王族に対してだけではありませんでした。

イギリスのロンドンを拠点にする日刊紙『ザ・タイムズ』が、まるで彫刻家が「大理石の中から天使」を見出せるように、ディズレーリは労働者の中から保守党支持者を見出すことができる、と書いたのは有名な話です。[2]

ヘタな聞き手は「ずらす対応」を 優れた聞き手は「受けとめる対応」をしている

ディズレーリは、ボストン・カレッジの社会学者チャールズ・ダーバーが「受けとめる対応」と呼ぶものの達人でした。

ダーバーは1970年代から、人づきあいの場面において、人がいかに注目を得るためにふるまったり競い合ったりするかについて、関心を寄せ続けています。

夕食でのカジュアルな会話を100件以上録音して書き起こしたダーバーは、そこに2種類の対応があるのを見出しました。[3]

このふたつのうち、より一般的なのが、「ずらす対応」です。これは、注意を話者から応答者（聞き手）の方へと向けるものです。

もうひとつ、比較的少ないもので、ディズレーリが長けていたのが「受けとめる対応」でした。

これは、応答者がもっと深く理解できるように、話者にさらなる説明をうながすものです。例として、こんなやり取りがあります。

ジョン：うちの犬が先週、いなくなっちゃったんだ。見つけるのに3日かかったよ。
メアリー：うちの犬はいつもフェンスの下を掘っているよ。だからリードをつけないと外に出せないの。（ずらす対応）

ジョン：うちの犬が先週、いなくなっちゃったんだ。見つけるのに3日かかったよ。
メアリー：えーそうなの。で、結局どこで見つかったの？（受けとめる対応）

スー：ゆうべ、すごくおもしろい亀のドキュメンタリーを見たの。
ボブ：ドキュメンタリーはそんなに好きじゃないな。俺はアクション映画の方が好き。
（ずらす対応）

スー：ゆうべ、すごくおもしろい亀のドキュメンタリーを見たの。
ボブ：亀？　へえ、どういう流れでそれ見たの？　亀好き？（受けとめる対応）

優れた聞き手は常に、受けとめる対応をします。

受けとめる対応は、第5章で説明した「話を受けとめたうえで、意味づけしたフィードバックを返す」のに重要ですし、第9章で取りあげた誤解を避けるためにもやはり重要です。

「ずらす対応」は、人とつながるチャンスを逃す

ダーバーによると、ずらす対応は「会話におけるナルシシズム」の表れであり、人とつながるチャンスをことごとく潰しています。

ずらす対応は基本的に、自分について話すものです。一方で、受けとめる対応は、多くの場合他者に向けた質問です。

ただしこの質問は、真摯な好奇心にもとづいたものである必要があります。もっと多くの情報を浮かび上がらせるために質問するもので、自分の意見をそっと押しつけるようなものであってはいけません。

つまり、

「それってムカつかなかった？」

のような質問ではなく、

「あなたはどう反応したの？」

など相手が自由に答えられるような質問です。目的は、話し手の視点を理解することであり、変えさせることではないのです。

そういう意味では、穴埋め問題のような質問は便利です。

「あなたとロジャーが喧嘩したの、それって……？」

のように質問することで、まるでバトンを相手に渡すようになり、受けとった話し手は好きな方向に話題を展開できます。

ここで、「あなたとロジャーが口論になったカフェは、55番街？　それとも67番街だっけ?」のように、話し手の思考の流れや感情をそらすような、本筋とは関係のない細かな質問はしないようにしましょう。

どこにいたか、何時だったか、何を飲んでいたか——こうしたものは、実際に何が起きたか、どう感じたかに比べれば、どうでもいい話です。

「自分はすごい」と見られたいだけの質問に気をつけよう

人は博識であると見られたいために、自分がすでに知っていることをにおわす質問をしたがるものです。

もしくは、自分が求めている答えが返ってくるような質問をしてきます。「〜だと思わない?」「〜って本当?」「〜ってそうでしょ?」で終わるものは、良い質問とは言えません。

また、良い質問は「だよね?」で終わることも絶対にありません。

こうした質問は、実はずらす対応がカモフラージュされたもので、話者にとっては本心とは異なる答えや不完全な答え、あるいは質問した人の意見や期待に合う答えを返すように、話者を導いてしまいます。

また、自分を権威づけしたりよく見せたりするための情報が盛りだくさんの、長たらしい質問もご法度です。

「私は景観設計の経験を積んでいまして、私に言わせれば隠れた天才である、セントラル・パークを設計したフレデリック・ロー・オルムステッドを敬愛してやまないのですが、あぁそれから私はいろいろなところに旅をするので、ニューヨークのセントラル・パークやロンドンのセント・ジェームズ・パーク、パリのブローニュの森といったすばらしい公園の不朽の鮮やかさとその人気に感銘を受けておりまして、そこで質問なのですが、緑地空間について考えるとき、大きな志を持つ必要がある、という考えにあなたは同意されますか？」

これは、持続可能な開発に関する討論会で、ある人が立ち上がって実際に質問したものです。こんな人にはならないでください。

それから気をつけてほしいのは、「決めつけ」が隠れている質問です。

私は一度、名高い社会学者であるハワード・ベッカーにそんな質問をして叱られたことがあります。

サンフランシスコのベッカーの自宅で、有名なジグザグの急坂ロンバート・ストリートを見渡せる日当たりのいい書斎にベッカーと座っていた私はこう質問しました。

「何がきっかけで社会学者になることを決めたのですか?」

ベッカーは、恐ろしく臭いものでも嗅いだかのように顔をゆがめ、こう言いました。

「決意だったと決めつけているね。〝どういう経緯で社会学者になったのですか?〟と聞いた方がいい」

その長いキャリアのほとんどをノースウェスタン大学で過ごしたベッカーは、いろいろなサブカルチャーに数カ月、場合によっては数年間も入りこみ、まるで内部の人間であるかのように後にそれを執筆することで知られています。[4]対象は、ジャズ・ミュージシャン、マリファナ喫煙者、芸術家、俳優、医学生などです。

「他の人と比べて私が優れた聞き手かはわからないが、聞いたものを理解できなければ質問する」

と彼は教えてくれました。

話に素直に耳を傾けるには、冒険心がいる

91歳にして気力にあふれたベッカーにとって最悪なのは「投げかけられることのない質問」です。人がなぜ質問したがらないのか、彼には理解できません。

彼は、さまざまなところを旅し、講師や研究員として4カ国で暮らした経験があります。

彼によると世界的に寡黙になる傾向にあり、それは非生産的だと言います。現在はサンフランシスコとパリの両方を拠点に生活していますが、文化と言語を行ったり来たりするおかげで、自分の知識に自己満足せずにすんでいると言います。*

「日常的な会話の中で、あたりまえだと思われていることがありすぎる。自分の第一言語であればなおさらだ」

とベッカーは言います。

「物事が横を通りすぎ、それがどういう意味か厳密にはわからないのに、重要でないとか、知る必要がないとか、逆に知らなくて恥ずかしいと思い、そのままにしてしまう」

それに加えて、人はどんな答えが返ってくるかも心配になります。イエス・ノーでは答えられない質問は、回答が自由であるため会話がどこへでも——とりわけ感情の領域へと——行く可能性があります。

話がどこへ行き着くかわからないため、素直に耳を傾けるにはそれなりの冒険心と、さらには勇気さえも必要になります。ベッカーは、「居心地悪く思う人はたくさんいる」と言います。

「素直に耳を傾けるのが得意でない男性はかなりいます。だからこそ、実地調査をするかわりに、(男性の社会学者は)人口統計学に進む傾向にあります。人について深い知識を身につける必要がありませんから」

女性の方が、親身になって話を聞ける人が多い

これは、単にベッカーだけの意見というわけではありません。男女どちらも、女性の方がオープンかつ親身になって話を聞くと見ていることが、研究でわかっています。[5]

女性は関係性や個人的な情報にフォーカスする一方で、男性は事実をもとにした情報に注意を払う傾向があることを示すエビデンスもあります。[6] その結果、女性は人か

ら信頼をされて、他人からありのままの自分を教えてもらえるようになり、おかげで会話はより興味深くなり、聞き手は余計聞きたいと思うようになります。

とはいえ、これが生まれつきのものなのか後天的なものなのかは、かなり意見がわかれています。[7]

男の子に「男らしく、他人の感情に関心を持ったり影響されたりするな」と教える、文化的な影響が原因だとする人もいます。

一方で、乳児を含め女性の方が社会的感受性が高い傾向があるのは、社会や親からの影響だけでは説明できないと主張する人もいます。[8]

また、言語的・非言語的なコミュニケーションにおける感情的な手掛かりを察知するのが苦手という特徴がある自閉症は、男脳が極端になった形だと主張する人さえいます。[9]

本書を書くために私が行ったすべてのインタビューにおいて、女性の方が男性よりも聞き上手であるという考え方は、繰り返し話題にのぼりました。

テキサス州ヒューストンの不動産投資家は、こう言いました。

「私自身はテナントの面接をしません。私の会社の女性社員に担当してもらいます。彼女たちは、人を読むのが私よりもずっと上手ですから。私とは話の聞き方が違うのです」

同様に、サンフランシスコのベンチャーキャピタリストは、スタートアップ企業の創業者を評価するときに、必ず自分の会社の女性パートナーにゆだねます。

「人を読むことにかけて、彼女はずば抜けて鋭いんです。創業者がまだほとんど何も話していないのに、その動機を理解し、よし悪しの判断を下せてしまう。驚くほどです。説明してほしいと彼女に頼んだことがありますが、どうも説明はできないと言います。まるで私の母親みたいです。彼女にはただわかるんです。たぶん女性特有のものなのでしょうね」

でも、すべての女性が男性よりも優れた聞き手だと言うのはまるで、すべての男性が女性よりも背が高いというようなものです。

聞くのが恐ろしくへたな女性や、並外れてうまい男性を、私はこれまでたくさんインタビューしてきたし、個人的にも多く知っています。

この能力は、その人が育った環境や、人生経験、さらにはその場の状況に大きく依存します。中には、特定の人や特定の状況のときだけ、すばらしい聞き手になる人もいるかもしれません。

ネガティブな反応は、ポジティブな反応の5倍の強さで感じられる

私たちは、程度の差こそあれ、他者からあふれだす強い感情に対し不安や不快感を抱きがちです。しかし、人は熱心な聞き手に会うと、自分の感情があふれてしまうことがあります。

感情を見せないようにしたり、自分は何も感じていないそぶりをどれだけしてみたところで、人は感情であふれかえっています。自分自身の感情でさえなんとか耐えているくらいなのに、他人の心の内側にあるごちゃごちゃを受けとめるなんてとてもじゃないけど無理だと感じるでしょう。

スイスにあるローザンヌ大学の研究者らによると、ネガティブな感情を伝える音は、中立的な音やポジティブな音と比べ、同じ大きさでも著しくうるさく感じられること

がわかっています。[10]

ミネソタ大学とイリノイ大学アーバナ・シャンペーン校の研究者らが行った調査では、同様に、職場で従業員がネガティブなやりとりをしたときに腹をたてた気分は、ポジティブなやり取りをしたときの幸せな気分と比べ、5倍の強さで感じられたことがわかりました。[11]

これは、ワシントン州シアトルにあるワシントン大学で、結婚や家族について研究を行うジョン・ゴットマンによる研究結果と符合します。

数十年に及ぶゴットマンの観察研究によると、人間関係がうまく行くには、ポジティブなやりとりの回数がネガティブなものの5倍以上なくてはいけないと示されています。[12] 激しく傷つくリスクを負うくらいなら、人を排除しようと本能が動くのはそのためなのです。

「アドバイス」をしだす人は、きちんと相手の話を聞いていない

『There Is No Good Card for This: What To Say and Do When Life Is Scary, Awful, and Unfair to People You Love（ぴったりのカードがない：あなたにとって大切な人

の人生が恐ろしく、ひどく、不当なものになってしまったときに言うこと・すること）』という書籍があります。

著者のケルシー・クロウとエミリー・マクダウェルは、ネガティブな感情に触れることを避けたいという行動から生まれるタイプの「ずらす対応」について、その本の中で示しています。

先に触れたダーバーは、ずらす対応とは、会話を自分の方へと引き戻す、ナルシスト的なものだと説明しました。

しかしクロウとマクダウェルが指摘するのは別タイプの「ずらす対応」[13]で、**動揺している人や悲嘆に暮れている人の話を聞いたとき、自分が相手の感情を苦痛に感じてしまうために、その問題を解決してあげようとしたり、安心させようと説得してしまうときに起こるのです。**

本来なら、ずらす対応はせずに、耳を傾けて、話し手本人がその感情を自覚し、対話を通じて自力で解決策を見つけられるようにするのが望ましいことです。

そこで著者のふたりは、聞き手に次のような衝動は我慢するようアドバイスしています。

- どんな気持ちか自分にも理解できる、と言う
- 問題の原因を突きとめる
- その問題についてどうすべきか言う
- 相手の心配事を矮小化する
- 無理やりポジティブな視点や陳腐な言葉を使って違う見方をさせようとする
- 相手の強さを称賛する

他の人の問題を知ったからといって、あなたがそれを解決しなければならないわけではありません。人はたいてい、あなたに解決してほしいだなんて思っていません。ただ、壁打ち相手がほしいだけです。

もし何をすべきだとか、どう感じるべきだとかあなたが指示し始めたとたん、相手は心を閉ざします。どんなに善意であれ、もしくはどれだけ賢明なアドバイスであれ、たとえ優しい言い方をしたにせよ、指示されると人は反射的に抵抗し、憤ります。

蛇口の水漏れ修理や履歴書の書き方、よい会計士を見つける、といった面での手伝いはできるかもしれません。しかし台なしになったキャリアから助けだしたり、壊れた結婚を修復したり、失望の淵から救い出すことはできないのです。

誰かが抱えている深い悩みに対してあなたが思いつく解決策は、単にもしあなたがその人だったらどうするかを反映しているにすぎません。
でも、あなたはその人ではありません。

相手の状況を「感じとる」のが、深く聞くこと

あなたができる最善策は、相手の話にただ耳を傾けることです。その人が直面しているのが何かを理解しようとし、その感覚を感じとってください。それ自体が解決につながる可能性もあります。

「聴くこと」を使って問題解決をするこのアプローチ法は、キリスト教の一派「キリスト友会」の信者クエーカー教徒が行っている「クリアネス委員会」の基礎にもなっています。[14]

クリアネス委員会のルーツは、1900年代、結婚を希望するカップルの相性を教会の長老が判断する方法にありました。しかしその後クリアネス委員会は、その方法を、人間関係やキャリア、信仰に関する問題など、信者が抱えるあらゆる悩みを考察

する場へと拡大していきました。

６人ほどからなるクリアネス委員会は、「フォーカス・パーソン」と呼ばれる人からのリクエストを受けとると、委員会を開催します。

フォーカス・パーソンはそこで、自分の問題について説明します。それを受けて委員会のメンバーは、彼らが「信仰にもとづく質問」（「誠実な質問」という意味もある）と呼ぶものを投げかけます。

これはいわば、全員でフォーカス・パーソンの話を受けとめる対応をするようなものです。

賢明なアドバイスもなければ、自分の似たような経験を言うこともありません。その人の考えを誘導したり、影響を与えたりするための質問もしません。

クリアネス委員会の質問のしかたは、むしろ、フォーカス・パーソンがさらに深く考えられるよう手助けするものです。これにより答えが浮かび上がり、クリアネス（明瞭さ）が内側からわきあがります。

シンプルな質問は、本人も気づいていない答えを浮かびあがらせる

クエーカー教徒の教育者であり、作家のパーカー・パーマーは、1970年代に自身が経験したクリアネス委員会での話を聞かせてくれたことがありました。

パーマーは当時、ある大きな教育機関から学長の座を打診され、受けるかどうかを決めかねていました。

委員会では最初、学長職について、また、自分が何を実現したいのかについて質問されました。すると誰かが、非常にシンプルに思える質問を投げかけてきました。

「パーカー、学長になることは、どんな点が好ましいと思いますか？」

パーマーは質問の答えとして、組織内の政治、資金調達、教えることができなくなる、など嫌な点を列挙しました。

「でも、あなたが好ましいと思う点は？」

と再び問われたパーマーは、

「うーん、夏休みがなくなるのは嫌ですね」

と、再び嫌いな側面の話をしました。委員会のメンバーはそれでも負けずに、こう言いました。「でもパーカー、好ましいと思う点は何だと思いますか?」

ついに自分の本当の気持ちを悟り、その気持ちにぎょっとしたパーマーは、こう言いました。

「たぶん私がいちばん好ましいなと思うのは、〝学長〟と記された私の顔写真が新聞に載ることだと思います」

居心地の悪い沈黙が流れました。そしてやっと、別の質問者が沈黙を破ります。

「パーカー、顔写真を新聞に載せてもらえるもっと楽な方法は他に思いつきますか?」

この話をしてくれたとき、パーマーは当時を思い出しながら笑っていました。

「その瞬間、わかったんです。この話を受けてしまったら自分に嘘をつくことになると」

そこで彼は帰宅して妻と話しあい、その教育機関に連絡して申し出を辞退しました。

「あの出来事を振り返ると、深いところまで話を〝聴いて〟もらった経験をものすごくありがたく思います。でもそれ以上に、自分に対して耳を傾けるという貴重な機会を持てたことに感謝します。とんでもない間違いを犯すところだったのを、救ってくれたのですから」

もし委員会の誰かが、

「ねぇパーカー、あなたがその仕事にそこまで興味を持っているとは思えないんだけど」

と言っていたら、結果は違っていたでしょう。

「他人から、あなたは今こう感じているんだろうとか、こうするべきだとか言われると、身構えてしまうのはほとんどの人が知っていると思います。〝そんなの思い上がりだ。あなたなんかにわかるか。もちろん興味を持っているさ。すばらしいチャンスなんだ〟と、防御しようがないものを防御し始めるのです。自分がしたくもないものをやるよう、自分を説得し始めてしまう。心の動きがまったく変わってしまいます」

いい質問のウラには、「救ってあげよう」「助言してあげよう」がない

クリアネス委員会で集中的に話を聞いてもらった経験や、自分自身が質問者として他のクリアネス委員会に何回も参加した経験から、パーマーはこの方法をクエーカー教徒以外に教えるためのカリキュラムを開発しました。

現在この手法は、シアトルに拠点を置く非営利団体 Center for Courage & Renewal（「勇気と再生のためのセンター」）が後援しているリトリート〔日常生活から離れて自分自身と向き合うプログラム〕で教えられています。

このセンターは、医師や教師、ソーシャルワーカーなど、人に手を差し伸べる職業の人たちを支援するために、パーマーが25年前に立ち上げたものです。考え方としては、正式なクリアネス委員会の開催方法を教えるというよりも、クリアネス委員会で使われる聞き方を教えるものです。これにより、仕事をもっと効果的に進められるようになり、プライベートでもこれまでより人と調和できるようになります。

このリトリートは宗教とは無関係であるため、「信仰にもとづく質問」は「オープンで正直な質問」と呼ばれています。

リトリートにはこれまで20万人以上が参加していますが、カリキュラムの中で「オープンで正直な質問」をどう聞くかがもっとも難しいようです。

プログラムへの参加経験があるシアトル在住の神経外科医はこう言います。

「自分が投げかける質問によって、やりとりがどれだけ不毛になるか、なかなか気づけないものです。仕事でもプライベートでも、すべてがあまりにも〝あれ〟か〝これ〟かという二択になっています。そのため、人の物語が耳に入らず、何が重要かを見失ってしまうのです」

オープンで正直な質問をするのは難しいものです。というのも、ほとんどの人が提案や批判を質問の形に変えて投げかけているだけだからです。

たとえば、「セラピストに診てもらおうと思ったことはありますか？」や、「なぜ離婚しないのですか？」は、オープンで正直な質問ではありません。

オープンで正直な質問には、相手を治してあげようとか、救ってあげよう、助言してあげよう、正してあげようなどという隠された意図はありません。

「私たちは何かしてあげたくてしょうがないのですが、オープンで正直な質問ではどれもできない、ということですね」

とパーマーは話します。

でも、オープンで正直な質問は、相手に関する基本的な理解に欠かせないものです。このおかげで、人は自分の物語を話せるようになり、自分なりの現実を表現できるようになり、さらには問題に対する自分の感情を理解して、次のステップを決めるための内なる力を見つけられるようになります。

自分の感情をひとまず置いて、先に相手の話を聞いてみよう

たとえば、あなたが息子か娘のサッカーの練習にお迎えに行ったとき、お子さんが車に飛び乗ってこんなふうに言ったとします。

「サッカー大嫌い。もう絶対やらない。辞めるから」

こう言われたら、どんな親でもドキッとして、こんな言葉をかけるでしょう。

「辞めたらだめよ。チーム・スピリットはどこへ行っちゃったの？」

「えっ、何があったの？　監督に電話して文句言ってやるから！」

「お腹空いた？　何か食べに行きましょう。食べたら気分がよくなるよ」

このどれも、傾聴ではありません。

何が起きたのかと子どもを質問攻めにする行為は、尋問です。子どもが抱いている感情について、そんなふうに感じることはない、ということは彼らの問題を矮小化しています。

そして話題を変える行為は、単に腹立たしいものです。子どもたちは私たち同様、自分の声を聞いてもらいたいのです。

代わりに、「いつもそう思っていたの?」もしくは「辞めるって、どういう意味?」などと聞いてみてください。これを、解決すべきものや腹の立つ話と受けとる代わりに、会話への誘いだと捉えてみてください。

耳を傾けると、相手の問題解決の能力も上がる

前にも書きましたが、問題の解決策はしばしば、すでにその人の中にあります。耳を傾けるだけで、相手が今、そして将来にわたって、物事に対処するときに最善を尽くせるよう手助けすることができます。

テネシー州ナッシュビルにあるヴァンダービルト大学の研究者によると、子どもがパターン認識の問題の解き方を説明している間、母親が手を貸したり批判したりせず、ただ耳を傾けると、子どもの問題解決能力はその後著しく向上することがわかりました。[15] 解き方を子どもがひとりごととして説明したり、頭の中だけで何度も説明を繰り返したりするときよりもです。

その前に行われた大人を対象とした研究では、話をしっかりと聞いてくれる人が相手だった場合、隔離された中でひとりで解き方を思いついた場合と比べ、代替案やしっ

かりした根拠を伴う、より詳細な解法を説明することがわかりました。[16]

自分の子どもであれ、恋人、友人、同僚、もしくはプライベートな相談事にやってきた部下であれ、あなたがオープンで正直な質問を投げかけ、その答えに注意深く耳を傾ければ、「あなたの話をもっと聞きたい」とか「あなたが抱いている感情はもっともだ」との思いを相手に伝えられます。

一方で、自分が解決しようとか、助言しよう、修正しよう、気を紛らわせようと飛びついてしまうと、**相手が状況にうまく対処する能力がない――「私なしにあなただけで解決するのはムリ」と言っていることになってしまいます。**

また、「私たちの関係には、正直な感情を表現する余地なんてない」と言っていることにもなります。

注意深く質問し、答えに耳を傾けると、相手もあなたの経験から学ぼうと、質問を投げかけてくるかもしれません。それはそれでいいのです。

それはあなたが、問題にどう向きあったかを振り返り、助言や慰めの言葉をかける権利を獲得したということです。またこうすることで、あなたが共有する経験や意見は、確実に相手の悩みに関連した、相手のためになるようなものになります。

日常で、家族に耳を傾けることは難しい

シアトル在住の正看護師ジュリー・メッツガーは、熱意とまわりを巻き込むパワーあふれる女性で、思春期の子と親が互いに耳を傾け合うような働きかけを専門にしています。

彼女が立ち上げた非営利団体「グレート・カンバセーションズ」は、30年近くにわたり、9～12歳の児童や十代の子とその親たちが、セックスなどの「大人になるためのあれこれ」を話すよう支援する授業やプレゼンテーションを、アメリカの太平洋岸北西部で提供してきました。[17]

たいていの人にとって気恥ずかしい話題ですが、メッツガーのクラスは常に満員です。

彼女のユーモアのおかげでもありますが（生理用ナプキンをセーターに貼りつけたコミカルな姿で講演することで知られています）、人気の理由はまた、彼女が家族同士の関係性を見極める能力が高いおかげでもあります。特に、きずなを深めるための質問よりも、実用的な質問ばかりしてしまうことを扱うのが得意です。

あなたの子どもが学校から帰ってきたと想像してみてください。矢継ぎ早にあれこれと質問してしまうのではないでしょうか。

「学校はどうだった？」

「ご飯食べた？」

「宿題はあるの？」

「フランス語のテストはどうだった？」

「お弁当箱、持って帰ってきた？」

同様に、配偶者にお帰りなさいと言いながら、こう聞いてしまうかもしれません。

「仕事どうだった？」

「提案書は終わったの？」

「金曜日、マリーさん一家を夕飯にお招きする？」

「クリーニングに出すものある？」

こうした質問はとても友好的で面倒見が良く、相手に好奇心を持っているように思えますが、メッツガーによると、

「実はこれ、物事の状況や次にやるべきことを確認するためにチェックリストを読んでいるだけなのです。本当の会話とは言えませんし、聞くことでもありません」

実用的な質問をしてはいけない、という意味ではありません。もちろん、尋ねるべきです。

ただ、こうした質問だけになってしまうと、その人間関係に悪影響が出るということです。

「オープンで正直で、より理解したい気持ちにあふれた質問」をし、そしてその前提として「心から好奇心を持ち、注意深く聞く」ことがあれば、その人が何を考えているのかがより明確になるだけでなく、親密な関係を築く土台にもなります。

投げかける質問は、「今日はどんな勉強をしたの？」くらいシンプルでもいいのです。「今日いちばんよかったことと嫌だったことは？」もいいでしょう。

「広い質問」をすると、恋に落ちる？

相手があなたの大切な人であれ、まったく知らない人であれ、発言の意図を理解すればするほど、その人をずっと近くに感じられるものです。

ニューヨーク州立大学ストーニーブルック校で心理学を教えるアーサー・アーロン教授は、こんな実験を行いました。知らない同士の学生をふたり組にして、次のような幅の広い36問の質問を尋ね合うというものです。

- 電話をかける前に、話す内容を練習しますか？　それはなぜですか？
- あなたにとって「完ぺき」な日とは？
- いちばん最近、ひとりのときに歌ったのはいつ？　誰かに向けて歌ったのは？
- 90歳まで生きられるとします。残りの60年間を心か体のどちらかが30歳のままでいられるとしたら、心と体、どちらを選びますか？

ふたり組になった人たちは、答えを聞き合うこの活動の後に強烈な親近感を抱いたと報告しました。[18]

同じ時間の長さで、問題を解く、またはタスクをこなすという別の活動でふたり組になった被験者と比べても、その親近感はずっと強いものでした。そしてなんと、この中から2組が後に結婚したのです。

20年以上前に発表されたときにはこの研究はあまり注目されませんでしたが、2015年、『ニューヨーク・タイムズ』に「TO FALL IN LOVE WITH ANYONE, DO THIS（これをすれば誰とでも恋に落ちる）[19]」というタイトルの記事で取り上げられ、かなり話題になりました。

後にアーロンの質問は「愛が芽生える36の質問」と改名され、新しい恋愛を花開かせたり、今の恋愛を再び刺激したりするために人々に活用され、インターネットでも話題になりました。

優れた聞き手は、優れた質問者でもあります。

質問するという行為は「聴く」行為を強化します。その逆もしかりです。

というのも、適切で、話し手に関係のある質問をするには話を聞いていなければいけないからです。そして、こちらが質問をしたのですから、返ってくる回答を注意深く聞こうともしますすね。

さらに、心から知りたいと思い、率直な質問を投げかけることで、誤解が防げるのはもちろんのこと、意義深い会話、お互いに知らないことを明らかにしていこうとする会話になります。

おかげで、話の内容はさらに興味深くて心を引きつけるものになり、共感を生むものになることだってあります。これらは真摯で安定した人間関係の土台となります。

その人が変わっていく過程に耳を傾ける以上の愛があるでしょうか？

出身地の話にせよ、はたまた夢の話、今の仕事をすることになった経緯、水玉模様が怖い理由など、人の話を聞きたいと思わないようでは、人間関係の構築どころか意義深い会話すらできないでしょう。

その人が変わっていく過程の話に耳を傾けたり、その過程に加わりたいと思ったりする以上の愛などあるでしょうか？

これは、恋愛関係、プラトニックな関係、どちらにも言えることです。そして知らない人の話に耳を傾けるのは、もっとも親切で寛大な行為のひとつと言えます。

人の話に耳を傾け、会話をずらすのではなく受けとめる努力をする人は、他の人が切手や貝殻、硬貨を集めるように、人の話を集めていきます。

その結果、この人たちは、ほぼどんな対話の場においても何かしら興味深い話を提供してくれます。私がこれまでに会った中で、最高の話し手であり、知的で会話上手な人たちは、もっとも機敏な質問者でもあり、熱心な聞き手でもありました。

本書に登場する非常に優れた聞き手たち（名前を出した人も、出さなかった人もいます）は、自分の話をするときも、私を夢中にさせてくれました。

それはある意味、この人たちがそれまでによく「聴いて」きたことで、非常に多くのネタを集めてきたからでしょう。加えて、よく聴いてきたことで、相手を釘づけにする声のトーン、抑揚、リズム、間合い、言い回しを意識的もしくは無意識的に身につけてきたからです。

聴くことは、名作も生む

トム・ウルフやジョン・マクフィー、リチャード・プライス、アンソニー・ドーアといった著名な作家の多くは、彼らの作品を生んだ魂は「聴く」ことだと話しています。[20] ピュリッツァー賞受賞作家エリザベス・ストラウトはインタビュアーに対し、こう言ったことがありました。

「これまでの人生、ずっと耳を傾けてきました。ただただ、聴きまくるんです」

ストラウトが書いた小説『バージェス家の出来事』に登場するジム・バージェスは、

こう言います。

「人はいつも、自分が何者かを話してくるんだ」

ストラウトは、ジム・バージェスにこのせりふを言わせたかった、と話しています。人は実際に、知らず知らずのうちに自分が何者かを他の人に語りたがっているからです。

「気をつけて聞いていれば、他の人についてかなりの情報を得ることができます。ただ、人ってそこまでよく聞いているものじゃないと私は思います」とストラウトは話しています。[21]

人生で集める物語は、私たちの人となりをつくり、現実世界の足場となってくれるものです。家族や友人、同僚には、お互いをつなぐ物語があります。ライバルや敵同士には、お互いを引き離す物語があります。

私たちのまわりには、人々の伝説、逸話、神話、そして厳しい現実、卑下と誇張があふれています。

聞くことにより、真実とつくり話を選りわけ、人生で出会う複雑な状況や人への理解を深めることができます。自分がどんなグループにいようと、耳を傾けることによって、そのグループに入り、情報を集め、つながりをつくることができるのです。

＊「ベッカーイズム」として知られるベッカーの作品や研究法は、フランスでは多くの大学で必読書になっています。

chapter

13

騒音は孤独のはじまり

雑音の中から、聞きたい音が聞けるのはどうして？

ヒューストンにあるジョージ・ブッシュ・インターコンチネンタル空港、到着口の車寄せエリアは地獄のようでした。警官は大声で怒鳴って笛を鳴らし、工事現場を迂回するよう車の流れを指示していました。

ヘルメットをかぶりオレンジのベストを着た作業員は、コンクリートにドリルで穴を開けています。ショベルカーは、埃を上げながら、山のようながれきをダンプカーの荷台にガラガラと乗せていきます。シャトルバスはシューっと音を立て、エンジンをかけたまま前に進みません。クラクションを鳴らす車や、窓を開けて罵倒する運転手が見えます。

渋滞にはまった車列の中にいた私は、100メートルほど向こうでターミナルビルから出てきた父を見つけました。

キャスターつきのスーツケースを引きずって歩く父に、舗道で何かをついばんでいた鳩の群れは驚いて一斉に飛び立ちました。私は車のサイドステップに立ち、「パパ！」

と叫びましたが、声は周囲の騒音にかき消されてしまいました。それでも父はパッと顔をこちら側に向け、手を振りながら大股でしっかりと車まで歩いてきます。「自分の子の声はいつだって聞こえるもんだ」と父は言いました。

人間の聴力が他の動物より優れているわけではありません。たとえば犬なら、私の父が私（大人になった自分の娘）の声を聞くことができた距離よりも、ずっと遠くでキャンキャン鳴く子犬の声を聞くことができたでしょう。象の聴覚はかなり敏感で、近づいてくる雲の音さえも聞こえます。[1] **しかし人間は、音を識別し、分類する能力に特に長けています。** そして私たち人間にとっておそらくもっとも大切なのは、聞こえてくるものに意味を吹き込むことです。

父は空港を出たとき、さまざまな周波数や振幅でうねる、音波のざわめく海に身を沈めたようなものでした。

その中で父の注意を引きつけたのは、私の声だけが持つ音の特性でした。私の声が、父に身体的、感情的、認知的な反応の連鎖を引き起こして気づかせ、車に向かわせたのです。

このように聴覚情報を受けとめて処理する能力を、私たちは当たり前のものと思いがちです。毎日、一日中これをしているのですから。それでもなお、これは目を見張るほどの特殊性と複雑さを持ち合わせた妙技です。

話のニュアンスも、脳は聞きとれる

聴覚情報の意味づけが脳のどこで行われているのか、長年にわたり広く研究が行われています。さまざまな動物（猿、ねずみ、うさぎ、オウギワシ、アシカ、犬など）を対象に、聴覚信号がどの経路を通るかに始まり、入ってくる音によって遺伝子がどう反応するかにいたるまで、何百もの論文が書かれています。

これらは、音を認識し解釈することの根底をなすプロセスですが、その上で私たち人間が、会話の最中にどのように話を聞き、どう人とつながるのかのしくみについては、ほとんどわかっていません。**人の発言を情報処理することは、脳が担っている作業の中では、もっとも複雑でややこしい部類のようなのです。**

とはいえ、脳の両側のちょうど耳の近くに、聴覚皮質があることはわかっています。

ここを怪我したり除去されたりした場合、音の認識ができなくなります。音に対して何らかの反射的な反応[2]をする可能性はあるので、雷鳴にビクッとするかもしれませんが、なぜそうなるかは理解できないでしょう。

発話の理解に非常に重要なのは、ドイツの神経学者カール・ウェルニッケ[3]にちなんで名づけられた、左脳に位置するウェルニッケ野という部分です。ウェルニッケは、脳のこの領域を損傷した脳卒中患者が、聞いたり話したりはできたものの、自分に向けられた言葉を理解できなかったことを発見し、1874年にこれを本にまとめました。ウェルニッケ野以外に一体どれほどの脳の領域が、発話の理解に使われているのか、またどれだけ個人差があるのか、正確にはわかっていません。

そうは言っても、人の話を聞くのが苦手な人よりも、会話に表現されるありとあらゆるニュアンスにまで気づくすばらしい聞き手の方が、脳のさまざまな部分で多くのニューロンが活発に動いているだろうとは考えてもよいのではないでしょうか。

脳は、音のニュアンスも含めて話を判断している

人の話を聞く際、脳が処理をしているのは言葉だけではありません。

声の高低や大きさ、語調、さらには韻律と呼ばれる音の流れも含まれます。人間は言葉がまったくわからないときでさえも、メッセージの感情面はかなり正確に解釈できます。

たとえば、「もちろん」という言葉はさまざまに表現できます。

何かを頼まれたときに喜んで手を貸そうというときの「もちろん!」は、甲高い声で威勢よくなります。

逆に、頼まれごとに手を貸すのに今ひとつ乗り気でないとか、渋々である場合の「もちろん」は、少し間のびした、ためらいがちな低い声になります。

さらに、いつもの声の高さで歯切れよい「もちろん」のあとに、「でも」が続く場合は、頼まれごとにどう対応するかについて交渉してくるか、まったく手を貸してくれない可能性もあります。

声の高い低いや調子のささいな変化を検知するのは、脳の中にある専門のニューロ

ン群だということが、最新の研究により明らかになりつつあります。[4]

ニューロンは、人の話を聞けば聞くほど、話の中に含まれる音の違いの知覚がうまくなります。その音の違いに、感情や、発話の意味の多くが込められているのです。

たとえば音楽家は、一般の人と比べ、音声の感情表現を感じとる能力に長けています。[5]音の高低や調子の違いを聞きわける能力にその芸術性が左右されるので、「音楽家は繊細な心の持ち主だ」という考えは、ある程度当たっているのです。

また中国語では、声の調子が感情を伝えるのみならず、声調を少し変えただけで単語の意味がまったく変わります。中国語を知らない音楽家は、音楽家でない人よりも、中国語の声調の小さな変化を聞きわけることができるそうです。[6]それも当然といえば当然なのかもしれませんね。

同じことだけ聞いていると、現実のとらえ方が偏ってくる

また、自分が聞いたものをどう解釈するかによって、使われる脳の部位が変わることも証明されています。

本書の前の方で、話し手と聞き手が理解し合うとき、脳波が一致するという実験を

紹介しました。

その実験を行ったウリ・ハッソンはプリンストン大学の自分の研究室で、ｆＭＲＩを使って別の興味深い実験を行いました。[7] 偏見を抱かせる可能性がある情報には、脳を変える効果があることを示したものです。

ハッソンの研究チームはまず、Ｊ．Ｄ．サリンジャーの短編小説『愛らしき口もと目は緑』[8] を実験用に少し手を加えて読み上げたものを被験者に聞いてもらいました。

小説は、アーサーとリーの電話での会話を描写したものです。アーサーはリーに対し、自分の妻が浮気をしているのではないかと話します。一方でベッドにいるリーの横には、身元が明かされていない女性が横たわっています。

この小説を聞く前に、被験者のうち半数は、リーと共にベッドにいる女性はアーサーの妻だと聞かされます。残りの半数は、アーサーは被害妄想になっているだけで、女性はリーの恋人だと聞かされます。

このたったひとつの違いだけで、被験者が話を聞いているときの脳の状態が大きく変わりました。被験者のうち妻を浮気者だと考えているのが誰で、誠実だと考えているのが誰か、ハッソンからも手にとるようにわかるほどでした。

わずかこれだけで、はっきり分かれるほど脳の状態に違いが出るのであれば、習慣的に、たとえば保守的なＦＯＸニュースを聞く人とリベラルなＣＮＮを聞く人とでは、一体どんなことが脳に起きているか、考えてみてください。

両グループそれぞれに、まったく同じ話をしても、その人たちの脳は明らかに違った聞き方をするでしょう。その前に何を聞いたかによって、信号が脳内を進む経路が違うからです。

「脳が変容してしまうのです」とハッソンは言います。「聞き方にも影響します」

だから、脳をできるだけ柔軟にしておくためには、できる限り多くの情報源に耳を傾けるべきだ、ということになります。

さもなければ、脳はまるでシリンダーの一部しか機能していないエンジンを乗せた車や、限られた経路しか電流が通らない回路基板を使ったパソコンのように、持てる力をフルに発揮できない状態になります。

右耳は言葉を聞きとり、左耳は感情を聞きとる

聴覚情報の処理法について、もうひとつ興味深いのは、右耳優位性[9]です。

右利きの人は、左耳で聞くより右耳で聞いた方が、言葉の意味を深く、速く理解できます。

これは脳の「左右機能分化」と関係があります。右耳で聞いたことはまず、ウェルニッケ中枢が位置する脳の左側に送られます。

また、話の情緒面を認識したり、音楽や自然の音を知覚したり味わったりするときには、左耳優位性がみられます。[10] 左利きの人にとっては、脳の神経経路が逆になっている可能性があるため、[11] 逆が当てはまるかもしれません。

そのため、話の内容を理解することと、話にひそむ感情を察知することは、どちらの耳を使うかでうまく聞けるかが変わるかもしれません。

これは、ヘッドホンの右側もしくは左側だけに声を送って被験者に聞かせた実験[12]や、脳の右側または左側が損傷した患者を対象に行った研究により発見されました。たとえば、感情を感じとるのにもっとも苦労したのは、脳の右側が損傷した患者でした。

またさらに、イタリアの研究者らによる独創性あふれる調査もありました。[13]

その研究によると、騒音の激しいナイトクラブで、誰かが歩み寄ってきて話しかけてきた場合、右耳を差しだす人が多いことがわかりました。

また、右耳に向かってたばこを1本くれないかと頼んだ方が、左耳にしたときよりもくれる人が多いこともわかりました。怪しまれずに片耳だけにお願いごとを言える環境はそんなにありませんから、自然な状況で右耳の優位性を証明する、非常に賢い方法でした。

この結果は、話し手にどちらの耳を向けるか、もしくは電話でどちらの耳を使うかにも影響するかもしれません。

上司と話すときは、右耳が上に向くよう左に頭を傾けましょう。

もし恋人と電話で話しているときに、相手が怒っているのかどうか今ひとつよくわからないというときは、左耳で聞くように電話を持ちかえてみてください。左利きの人はこの逆でやりましょう。

でも皆さんはおそらく、すでに無意識のうちに都合の良い方の耳を選んでいるかもしれません。

たとえば、テキサス州ヒューストンにある男性中心かつ厳しい社風の石油会社で幹部をしている左利きの女性が、話してくれました。彼女は常に、電話を左耳で聞くというのです。左利きの彼女にとっては、より論理的であまり感情的ではない耳です。

「右耳で電話をすると、聞こえないみたいなんです」と女性は言います。「もちろん、本当に聞こえないわけじゃありません。でも、そんなふうに感じるのです」

あなたはどちらの耳をよく使っていますか?

フォーカス・グループのモデレーターであるナオミ・ヘンダーソンが、教えてくれたことがありました。

左耳が上になるよう右側に人が首を傾げるとき、通常これは、自分の中のより感情的な面に触れようとしている合図です。

そしてこれは、ナオミのクライアントにとってもっとも価値ある情報になります。そのため、誰かが頭を右側に傾けて左耳を上げるしぐさをしたら、ナオミは今話しあっている商品もしくは問題が、どんな記憶やイメージを思い起こさせたのか、という点に焦点を絞って質問していきます。

ナオミはこれを、科学的な実験ではなく自分の経験で気づいたのですが、左耳がより感情的な耳であると考えると、道理にかなっています。

電話で話をするとき、あなたはどちらの耳を使いますか?

何かを聞こうと集中するときは、どちらの耳を差し出しますか?

状況や相手によって、耳を使い分けていますか?

意識して実験してみると、興味深いものです。あなたがどう情報を処理しているか――もしくは、そのとき情報のどの部分を優先させているか――を示しているかもしれません。

また、他の人があなたに対してどちらの耳を傾けるか、そして話題によってその耳が変わるかを見るのも、興味深い発見がありそうです。

音は、空気の圧縮を受けとって聞こえる

ここで少し話を戻して、「聴く」前に必ず起こる「音が聞こえる」しくみが実際どんなものかについてお話ししましょう。

聴覚情報がいったん脳に入った後、いかに処理されるかについてはすでに触れました。ここでは、いかにして音が脳までたどり着くかを理解していきます。いったん立ちどまって、頭の両脇にある開口部分、耳の奇跡について考えてみましょう。

耳は、聞く手助けをしてくれるのみならず、身体的なバランスをとってもいます。耳は、身体的にも感情的にも、自分の居場所を知る手助けをしているとも言えます。

もっとも原始的な脊椎動物には、前庭器官、つまり平衡感覚器の初期のものである内耳がありました。[14] めまいの経験がある人は、前庭器官が正常に機能していることがいかに重要かを痛いほど知っているでしょう。

この器官は、体の速度の変化や空間における位置を察知し、体を垂直に保つために筋骨格系に信号を送ります。

脊椎動物初期に、ご先祖様が持っていた原始的な前庭器官は、まずは水中で、その後は陸上で、どちらが上かを感知しただけでなく、圧力に反応して振動することもできました。[15] これが、聴力の始まりです。なぜなら、空気の圧縮なくして音波はありませんから。

バッハのソナタ、ごみ収集車がバックする音、蚊の鳴く音――これらはすべて、空気の粒子が一定の間隔で凝集しているにすぎません。ちょうど、見えないシャクトリムシが、空中を進んでいくような感じです。

音波が耳に届くとき、空気の圧縮が、耳介(じかい)と呼ばれる硬くて肉づきのいい耳の外側から中へと送り込まれていきます。外耳道に到達するまでには、音波は相対音圧が最大20デシベル増大します。[16]

耳の神経は、体のどこの部位よりも多い

耳の中の神経末端は、驚くほど密です。ヴァンダービルト大学で耳鼻科、脳神経外科、言語聴覚学の教授を務めるデヴィッド・ヘインズは、耳の中につるのように伸びる神経の数は、1平方センチメートルあたりで換算すると、体のどの部分よりも多いと教えてくれました。

「耳はものすごく大事な部位なので、私たちを保護するために長年かけてこのように発達してきました」

とヘインズは言います。

そして、こうした耳の感覚神経は、そこで受けた刺激を内臓や性感帯を含む体全体へと送ることができます。

だから、ヘインズのようなお医者さんから害になりかねないと再三注意されても、人は綿棒を耳に突っ込みたがるのです。耳をごそごそするのって、とにかく気持ちが

いいですよね。[17]「イヤーガズム（耳のオーガズム）」とはよく言ったものです。[18]

外耳道の終わり、ちょうど頭の内側2・5センチほどのところで、音波は鼓膜――真珠のような光沢をもつ、小さな美しい器官――に衝突します。

鼓膜は、すぐ近くにある槌骨（つちこつ）、砧骨（きぬたこつ）、鐙骨（あぶみこつ）という非常に描写的な名前がついた骨を振動させます。

音波はそこから、カタツムリの殻のような形をした、液体に満たされた蝸牛（かぎゅう）〈器官の名前がそのままカタツムリと同じ〉をらせん状に廻っていきます。蝸牛には小さな有毛細胞（ゆうもうさいぼう）が並んでおり、それぞれが異なる周波数に同調するようになっています。

人が出す音の周波数に合った有毛細胞がもっとも敏感なのだそうです。人間という種の存続に、コミュニケーションと協力がいかに大切だったかを考えると当然ですね。

それぞれの有毛細胞[19]からは、不動毛（ふどうもう）と呼ばれる毛の束が突き出ていますが、束ひとつの幅は、可視光の波長でもっとも短いものと同じ程度しかありません。

音波がこれら極細の毛を前後に揺らすと、神経の末端がくすぐられ、ありとあらゆる認知と情動を引き起こします。

空港の喧騒の中で父が私の声に気づいて反応したのは、数十ミクロンの長さの微細な有毛細胞が、極めて小さな変化を検知したからなのです。

騒音は、音を聞きとる神経に傷をつける

聴力低下のほとんどは、騒音による有毛細胞の損傷が原因です。[20]
電子顕微鏡で見てみると、健康的な不動毛はまるで、整然とした隊形を組んで「気をつけ」の姿勢で立っている兵隊のようです。
しかし救急車のサイレン音ほどの大きな音を聞かされると、不動毛は敵から攻撃されたかのように、体を曲げて倒れこんだ形になってしまいます。

騒音の大きさや長さがそこまででなければ、有毛細胞は回復するかもしれません。一般的な会話の音量は60デシベルで、有毛細胞を損傷することはありません。

しかしイヤホンをして大音量（１００デシベル）で音楽を聞けば、15分もしないうちに一生残る損傷を与えるでしょう。もう少し穏やかな88デシベルほどに音量を下げても、４時間で有毛細胞を損傷します。削岩機やジェット・エンジンなら、30秒以内に損傷してしまいます。

ほかにも、髪をドライヤーで乾かす、ミキサーを使う、ロックコンサートへ行く、

掃除機をかける、映画館で映画を見る、騒がしいレストランで食事をする、オートバイに乗る、電動工具を使うなど、日常生活の中にも、貴重な不動毛にダメージを与えかねないものは、いやになるほどたくさんあります。[21]

騒音によって引き起こされた傷はやがて、あきらかな聴力の低下を招くかもしれません。

こうなると当然、人の話に耳を傾ける能力は妨げられ、世界とのつながりが断絶されてしまいます。しかし聴覚学者は、騒音のひどい環境にいても、フォームタイプの安い耳栓を使えば、聴力維持にかなり効果があると言います。

また40～200ドル程度で、自分の耳介の形に合った耳栓をテイラーメイドでつくってもらうこともできます。金額が高いものはノイズ・キャンセリング機能がついており、音量を抑えつつはっきりと聞くことができます。

こうした耳栓は多くの場合、音楽家やパイロット、歯科医、工場作業員、コンピューター技術者など、騒音が多い環境にいる職業の人たちが使っているものです。

とはいえ、耳にダメージを与えずに映画やコンサートを楽しみたい人にとっても、ノイズ・キャンセリング機能つきの耳栓は悪い投資ではないでしょう。騒音測定アプリをスマートフォンにダウンロードして測定してみれば、多くの映画が、アメリカ疾病対策予防センターの国立労働安全衛生研究所が推奨する音量の上限をかなり超えていることがわかるはずです。

難聴にならないために、騒音に気をつける

最近の専門家は、今の10代の子たちを「難聴世代」と呼んでいます。常時イヤホンやヘッドホンを使用しているために、聴力がダメージを受けているからです。世界保健機関は、イヤホンの使いすぎが原因で、11億人の若者が難聴のリスクにあると警告しています。[22]

自分の子どもが聴力にダメージを受けているかどうかは、イヤホンやヘッドホンから音が漏れているかどうかで判断できます。

何も聞こえてこないようであれば、安全な音量です。

当然ながら、若者だけの話ではありません。大人もまた、周囲の音をかき消すため、もしくは電波状態が悪いために、頻繁に電話の音量を上げています。

アメリカ人の15パーセントほどに当たる約４８００万人が、聴力の低下を報告しています。[23]

うち65パーセントは65歳未満です。[24]難聴は高血圧と関節炎に次いで3番目に多い慢性の症状になっており、[25]重大な問題とされています。

多くの人は、ひどくなるまで聴力の衰えに気づきません。軽度から中度の難聴の場合、会話の中で聞こえない言葉は脳が補ってくれるためです。

問題は、脳が常に正確なわけではない点です。むしろ、正確でない方が多いのです。脳は、実際の言葉ではなく、こうだろうと予測した言葉を選びます。もしくは、まったく何も言われていないのに何かが聞こえてしまうときもあります。

１８９０年代くらい昔に遡りますが、人がいかに幻聴を聞きやすいかを立証した研究者がいました。[26]

光をチカチカさせるなどの刺激と音を組み合わせることで、被験者は間もなく、光がチカチカしただけで音が聞こえるようになりました。

あなたも、携帯電話の着信音、通知音、もしくはブルブルとした振動音が聞こえたように思ったけど、実際には何もなかったという、似たような現象を経験したことがあるのではないでしょうか。

聞こえないときに、脳が勝手に補うから聞き間違いが起こる

脳神経学者のオリバー・サックスは、亡くなる前、聴力が衰えてきたので「聞き間違い」をノートに記していました。[27] 聞き間違いは赤、実際の言葉は緑、その結果生まれた誤解は紫で記録されており、コメディ番組のエピソードがひとつつくれそうなものもありました。「カイロプラクター」（整体師）が「クワイヤ・プラクティス」（合唱の練習）に、「パブリシスト」（広報担当者）が「ケトルフィッシュ」（コウイカ）に聞こえてしまったといったものです。

私が実際に経験した聞き間違いのお気に入りは、「ベイビー・シードレス・スイカ」という種なしスイカを庭で栽培している、と話したときの友達の聞き間違いです。「ベイビー・ジーザス・スイカ？　飼い葉桶で栽培しなきゃいけないの？」と言われました（「ジーザスはイエスの英語読み。イエス・キリストは馬小屋で生まれ、飼い葉桶に寝かされていたとされている」）。

よくあるのは、曲の歌詞がわからないとき、なんとなく意味が通じてしまう他の何かを脳が代わりに思いつく聞き間違いです。

典型的なのは、ジミ・ヘンドリックスの『紫のけむり』（パープル・ヘイズ）という曲。実際には「'Scuse me while I kiss the sky」（空にキスするのでちょっと失礼）という歌詞が、「'Scuse me while I kiss this guy」（この男性にキスするのでちょっと失礼）に聞こえてしまいます。

アメリカの作家シルビア・ライトは1954年に、この現象に名前をつけました。[28] ライトは少女のころ、スコットランドのバラードに出てくる歌詞「...and laid him on the green」を「...and Lady Mondegreen」と聞き間違えていたことにちなんで、「mondegreen」（モンデグリーン、空耳）という言葉をつくりました。

難聴は孤独を生む

聞き間違いが起きる原因には、マガーク効果[29]というものもあります。

マガーク効果は、視覚刺激と聴覚刺激が矛盾しているときに起こります。たとえば、「バ・バ」という音節を「ガ・ガ」を出すときの唇の動きに合わせて聞くと、私たちの知覚では「ダ・ダ」という音に聞こえてしまうのです。

こうした一連の話から言えることは、聞くのが得意でない理由の多くは、本当にきちんと聞こえないうえに、脳が奇妙な方法でそれを補ってしまうからかもしれません。中には笑ってしまうような聞き間違いもありますが、難聴は長い目で見ると、さまざまな感情的・社会的に好ましくないことを引き起こします。[30] 以下にいくつかあげてみましょう。

- 短気、否定的な態度、怒り、疲労、緊張、ストレス、気分の落ち込み
- 社会的な状況の回避または引きこもり
- 社会の拒絶や孤独
- 職務遂行能力や稼ぐ能力の低下
- 心理面を含む全体的な健康状態の悪化

こうした症状は、厳密にいえば難聴によるものというわけではありませんが、難聴が原因で人とつながることができないために起きることです。

そのため、音響システムの音量を安全な範囲（最大音量の60パーセント以下）[31]に保

ち、騒音のある環境にいる際には耳栓をして聴力を保護することが非常に大切です。また、難聴の原因として生理的要素が疑われる場合、耳の検査を受けてみるのもいいと思います。

耳垢がたまることも、難聴を引き起こす可能性があります。[32] 年に1度か2度、耳鼻咽喉科医できちんと耳掃除をしてもらうとどれだけ聴力が改善するか、驚くと思いますよ。

しゃべっている様子も含めないときちんと話を聞いたことにならない

当然ながら聴覚に耳は必要不可欠ですが、聞くということは、耳の仕事であるのと同じくらい視覚の仕事でもあります。[33]

問題なく聞きとれる会話での、話の理解の20パーセントが唇の動きの読み取りに依存しています。[34]

さらに、音声で伝えられるメッセージのうち感情面については、少なくとも55パーセント[35]が、実は非言語で伝達されていると考えられています。

言語の処理を司る脳の領域は、ウェルニッケ野でしたが、この位置が視覚野と聴覚野[36]の接合部分にあるのはおそらく偶然ではないでしょう。

いくら耳を検査してもらい完ぺきな聴力を誇っていても、誰かがあなたに向かって話しかけている間に携帯電話や窓の外を見ていたのでは、話の全体像は理解できないのです。

本音はだいたい伝わる

他者にどれだけ自分をオープンにするかは自分でコントロールできるものだと思いたいところですが、顔の表情、息づかい、汗、身振り、姿勢、その他数えきれないほど多くのボディランゲージが、本音を伝えてしまいます。
ジークムント・フロイトは、こう言いました。
「秘密を守れる人間などいない。唇は黙っていても、指が語り出す。ありとあらゆる毛穴から裏切りがにじみ出るのだ」と。[37]
優れた聞き手は、他の人が見逃してしまうような些細なサインにも気づきます。

偽りのない感情を抱いているときに人が見せる顔の表情には、世界共通のものがあります。もっともわかりやすいところでは、プライドを傷つけられたときの額にしわを寄せて唇をすぼめ、あごを上げる表情と、心から嬉しいときの目のまわりに柔らかなしわができ、口が開き口角が上がる表情がありますね。

自然にわき上がる顔の表情（笑顔、しかめ面、驚きで眉を上げるなど）の多くは、他の霊長類と共通しています。これは、顔の表情が、言語が出現する以前から無意識にやっている行為であることを示しています。[38]

チャールズ・ダーウィンは、「危険だ！」とか「ふざけるな！」もしくは「つがいになろう！」と伝える能力は、人間が話す能力を発達させるよりもずっと前から、生き残るうえで重要だったと考えていました。

顔の表情をつくるために顔の筋肉がどのくらいの頻度で収縮するかを測定した研究によると、交わされる言葉と頻度もタイミングも連動していました。このことを、顔の表情の「文法化」[39]と呼ぶのだそうです。

偽りのない表情は、わざとつくった表情とは見るからに異なります。

それは、主に目と口のまわりにある、自分ではコントロールできない微細な筋肉の収縮の特別な組みあわせによってできます。つくり笑顔を見せたり、平静を装ったり、驚いたふりをしたりはできますが、こうした感情を実際に抱いたときと同じ表情にはならないでしょう。

経験さえあれば、細かな表情はどんな人でも読みとれる

経験さえあれば、人は偽りの表情を見破ったり、本当の感情を読みとったりをかなり正確にできるものです。

しかし、感情的な起伏がない親や、常に抑うつ気味、あるいは怒っている親に育てられた人は、さまざまな顔の表情を読みとるのに苦労する傾向にあります。[40] パソコンなどの画面を見てすごしてばかりいる人の場合も、同じであることが研究で示されています。[41]

とはいえ、そういった人も、話に耳を傾けたり、さまざまなタイプの人とかかわったりする機会があれば、人の表情を読みとる力を取り戻すことができます。

たとえば、デバイスが一切ない屋外キャンプで子どもたちを対象に行った調査がありました。[42] 携帯電話やタブレットを使わずに、仲間と交流しながらわずか5日間過ご

しただけで、子どもたちは、人の顔の表情を正確に読みとることと、写真や動画に写っている人の感情を認識することが、統制群（キャンプには参加せず、デバイスの使用を継続した群）と比べてずっと正しくできるようになりました。

顔は、感情に応じて表情のみならず顔色も変わるものです。恥ずかしいときに真っ赤になったり、ショックを受けて幽霊のように蒼白になったりするだけでなく、いろいろな感情にあわせて微かに変化します。

こうした顔色の変化は、鼻、眉、ほお、あごのあたりの血流がわずかに変わるために起こります。さらに、感情を示す顔色のパターン（割合と言いかえることもできます）はさまざまありますが、これは性別、民族、全体的な肌の色あいにかかわらず同じです。相手に注意を向けている聞き手は、こうした変化をたいてい無意識のうちに知覚しています。

オハイオ州立大学の研究者らは、さまざまな顔色の特徴を、無感情の顔写真に重ね合わせる処理をし、その写真を被験者に見せる実験を行いました。[43]

すると被験者は、写真の人物の感情が何かを、最大74パーセントの割合で正確に言い当てることができました。

顔の皮膚の表面近くには、体中のどこよりも血管が集まっています。加えて、ヒトは類人猿と比べて顔に毛が少ないですね。つまり、顔色で本音を表すことに進化上の利点があることが考えられます。もちろん、感覚を総動員させて人の話を「聴くこと」で、はじめてこうした変化を察知できるのですが。

話すときの情報はとても多い

人の話を聞いていると、さまざまなシグナルが洪水のように押しよせてきます。その中には自覚できないものが多いのですが、それでもなお、その人物に対するあなたが抱く印象や、話題の解釈を形づくります。

でも、会話の内容が濃密であるときなど、入ってくる情報に圧倒されてしまうこともあります。だからこそ人は無意識のうちに、感情的な話題は相手をまっすぐ見ないですむような、たとえば運転中や料理中など、何か作業をしているときに持ち出し、入ってくる情報を抑えようとするのです。

恋人同士の場合も同様に、真面目な話をするのは、暗がりの寝室で並んで横たわっているときだったりします。視覚的な刺激を減らしたり和らげたりすることで、感覚的な負担がかかりすぎないようにしているのです。

しっかりと聞くために、この話は対面にするか そうではないか選ぶのもいい

『フレッシュ・エアー』のテリー・グロスを含む多くのジャーナリストは、対面のインタビューより電話を好みます。相手の外見や非言語的な癖に惑わされたり気をとられたりしないためです。

また、自分のボディランゲージが意図せず相手に影響するのを避けたいとか、メモをとったり、事前に書いていたメモを見たりすることで相手を不安にさせたくないという理由もあるかもしれません。

ローマ・カトリック教会の告解室も、考え方はこれと同じです。

室内には神父と告解者を分けるスクリーンがあり、お互いの言葉しかやりとりできないようになっています。人の目を気にせずにすむため、よりオープンで正直な対話がしやすいのです。

とはいえ、視覚的な情報なしに聞くと、失うものと得るものがあり、そのバランスは大切です。

人の話の感情面のうち、55パーセントは、非言語的なシグナルで伝えられます。これを除外すると、感情面の半分以上の情報を逃すことになります。**しかし非言語シグナルが、意図をはっきり伝えるのに邪魔となる場合や、正確な意図を読みとることに影響する場合もあります。** この点をよく考えて、非言語シグナルの扱いを決める必要があります。

離れたところにいる誰かの話を聞かなければならない場合、テキスト・メッセージやメールよりも、電話の方が良いでしょう。人の感情や態度のうち、声の調子で伝わる割合は38パーセントにもなるからです。

ということは、多くの会話で、実際の言葉（メールなどに文字として打って伝えられるもの）から伝わるのは、意味全体のわずか7パーセントということになります。[44]

お願いごとをしたときに返ってくる「もちろん」の言い方によって、相手が熱心なのか、乗り気でないのか、嫌なのかがわかる、という話を思い出してください。テキストの場合はフォントが何であれ、「もちろん」の見え方は画面上で常に同じなのと対照的です。

電話は、技術的に「ぎりぎり話ができる程度」でつくられている

当然ながら、電話での会話で声の抑揚に気づくには、ある程度よい電波状況である必要がありますが、いつも接続が安定しているとは限りません。

テリー・グロスはインタビューの際、総合デジタル通信網（ＩＳＤＮ）を使えるため、かなりの高音質で相手と話せるそうです。しかし携帯電話だと、音がゆがんだり遅れたり途切れたりするため、声の調子の陰影が感じとりにくくなり、話の理解を深めにくくなります。

電気工学の専門家で、カリフォルニア大学サンタバーバラ校の著名な教授でもあるジェリー・ギブソンは、携帯電話でまともな会話をするのがなぜここまで難しいのか、理由のひとつを教えてくれました。サービス提供業者にとって、音声通話は優先度が低いのです。

ギブソンによると、動画やデータの需要の方が高いため、携帯電話業者は音声通話への帯域幅（ビットレートという言い方もあります）の割り当てをケチっているのだ

そうです。結果として、サービス自体の中断は少ないものの、音質が悪くなるというわけです。

ギブソンは移動通信技術が専門で、『Information Theory and Rate Distortion Theory for Communications and Compression（コミュニケーションと圧縮のための情報理論およびレート歪み理論）』などの著書が複数あります。

彼によると「接続が落ちるより接続状態が悪い方が、まだユーザーの不満にならないだろうとキャリアは計算したのです」とのことです。

つまり、私たちが携帯電話での通話に気が進まないと感じるのは、技術的な要因のせいでもあります[45]。

「やっと話ができる程度の帯域幅だと、キンキンした音のうえに途切れ途切れで、良い音質とはいえません。人がテキスト・メッセージを好むのも当然と言えます」とギブソンは話します。

携帯電話間で人の声をデジタル的に送信する際に使用される技術は複雑です。

しかし、人間が話を知覚し、処理し、最終的に意味を解明するしくみの方がはるかに複雑で、まだ科学的にはすべてを解明するに至っていません。

ただ、聞くという行為は複雑で、複数の感覚を使うものということは理解されています。また、聞くしくみ（耳の構造）はもろく、保護する必要があることもわかっています。

そして最後にいちばんホッとする話ですが、どれだけ正確に理解できるかで測られる「聴く力」は、やる気と練習次第で改善できることもわかっているのです。

chapter

14

スマートフォンに依存させればさせるほど、企業は儲かる

携帯電話を見ている間に「何かを生みだす時間」を失っている

かつて、手持ちぶさただったり心配事があるときはたばこに手を伸ばす、という時代がありました。当時の人たちは、悩み事をあれこれ考えながら、もしくはコーヒーを飲みながら、友達を待つ間、車を運転しながら、パーティで人と話しながら、セックスの後くつろぐときに、たばこに火をつけたものでした。

現在は、同じ状況なら、人は反射的に携帯電話に手を伸ばします。スモーカーがあちこちのポケットを触ってそわそわとたばこを探すように、人は携帯電話がないと落ち着きません。実際にメンタルヘルスの専門家は、デバイスへの依存には行動的、心理的、神経生物学的に薬物乱用と同じ要素が多くあると指摘しています。[1]

スマートフォンではまともな会話がしづらいこともありますが（電波の受信状況がよいところを探して「聞こえる？　これだとどう？」というやりとりをよく聞きます）、それ以外のこと――ソーシャルメディア、ゲーム、ニュース、地図、レシピ、動画、音楽、映画、ポッドキャスト、買い物、ポルノなど――は、その気になれば何でもできそうです。

このどれもが、できたところで生きた人間とのつながりと比べたら充足感を与えてはくれないし、心身の健康に必要不可欠なものでもありません。それでも、「いつかはあてるぞ」と依存症の人がパチンコの前に座り続けるように、私たちはタップ、スクロール、スワイプし続けてしまうのです。

乗り遅れたくないという恐怖に突き動かされ、私たちはこの衝動を抑えることができません。注意力は維持しづらく、そのため耳を傾けること（その他考える力を使うあらゆる作業）が難しくなります。

携帯電話を見るということは、バーチャルな世界で起きているかもしれないことに気をとられて、現実の世界で起きていることに集中しにくくなるということです。[2]

現代人は白昼夢を見る能力までも失いつつあると、専門家は危惧しています。空想にふけるにも、ある程度の注意力を必要とするからです。

科学や芸術、文学[3]における最大の進歩[4]は、白昼夢から着想を得たものが多くあります。

アルベルト・アインシュタイン、アレクサンダー・グラハム・ベル、チャールズ・

ダーウィン、フリードリヒ・ニーチェ、T・S・エリオット、ルイス・キャロル――全員、自分が天賦の才能を発揮できたのは、誰にも邪魔されずに長時間にわたり物思いにふけっていたからだとしています。

あなたははたして、スマートフォンを1時間、どこかにしまっておくことはできますか？　30分は？　5分ではどうでしょうか？

スマートフォンの待ち時間が3秒以上かかるとイライラする

マイクロソフトが行った調査[5]によると、2000年以降、人の集中力の平均持続時間は12秒から8秒に低下しました。

ちなみに、その調査の報告書によると、金魚の集中力の持続時間は9秒だそうです。ジャーナリスト、心理学者、脳科学者らは、（人間または金魚の）注意力をどう測定するのか、本当に集中力は低下しているのか、単に集中する対象が複数になっただけではないのか、といった議論をしています。[6]

しかしそのようなどうでもよい議論の一方で、広告主やメディア企業は、人の注意を引きつけるのがかつてないほど難しくなったという厳しい現実に直面しています。[7]

そうした現実に対応した事例が、ニューヨーク・タイムズ・オンラインです。「デイリー・ブリーフィング」のコーナーでは、その日の話題を2〜3センテンスの文章と、いきいきした画像、動画、アニメーション・グラフィックにまとめてあります。10年前には一段落の長さでトップ記事のさわりを紹介するスタイルが標準的でしたが、そこから変更しました。

ウェブサイトのアクセス解析の専門家によると、インターネット・ユーザーのほとんどは、オンライン記事を読み続けるか離れるかを15秒で決めるそうです。[8] さらに、ウェブサイトの表示に3秒以上かかるとかなりいらだち、ページを離れてしまうとのことです。

イギリスの広告代理店の調査では、人は自宅にいるとき、1時間のうちに平均で21回もデバイス（携帯電話、タブレット、ノートパソコン）を変えることがわかりました。[9] しかもバックグラウンドではテレビもついている状態です。そんな中、あなたがここまで本書を読み進めてくれたなんて、私は飛び上がるほどうれしいです。

シカゴのセカンド・シティは、舞台で行うコントを15分から5分に短縮しました。観客の集中力持続時間が短くなったことを、演出家たちは痛感しているからです。

猛烈なスピードでアクションを続けなくてはいけないうえ、照明も動きのあるもの（移動する、点滅する、まわるなど）にする必要がある、と教えてくれました。大爆笑のオチに向かってゆっくりと伏線を積み上げていくなどという考えはまったくありません。そんなことをしたら、観客はオチにたどり着く前にスマートフォンをいじり始めてしまう、と演出家や演者は語っていました。

ウェブサイト、モバイル・アプリ、コンピューター・ゲーム、ソーシャルメディアは、あなたの関心を捕らえて離さないようにデザインされています。[10]

人々が注意力散漫であればあるほど、企業はお金になる

フェイスブックやグーグルといった企業は、あなたを虜にするために、**コンピューター・サイエンス、脳科学、心理学を組みあわせ、不安や虚栄心、欲を刺激する方法を開発しています。**なぜならこうした企業は、ユーザーのタップ、スワイプ、スクロール、クリックで稼いでいるからです。

好むと好まざるとにかかわらず、私たちは関心経済（アテンション・エコノミー）に巻きこまれています。関心

経済とは、人々の関心や注目の度合いが経済的価値を持つということです。私たちが本当は関心を寄せたい対象からの注意を奪うべく、広告主はメディア企業に何十億ドルものお金を払っています。

人の関心は商品と化し、携帯電話やウェブ・ブラウザから提供されたデータにもとづき、洗練された電子取引システム上[11]でリアルタイムに入札が行われ、売買されています。

関心の質は関係ありません。むしろ、注意力散漫であればあるほど、影響されやすく、「今すぐ購入」をクリックする可能性が高くなります。

人間の脳は、情報の洪水を扱えるようにはできていません。アイダホ州ボイシで専業主婦をしている女性は、こう語りました。

「昔は、自分のまわりの人たちについて知っているだけだったけど、今や世界じゅうのことになったでしょう。情報は毎分更新されて、いろいろなものが押しつけられて、いつも邪魔されて。トランプ大統領が今度は何をした？　アジアの台風で何人死んだ？　いつも、翻弄されている感じ。ついていくのに大忙しで、結局そのせいで何も終わらないの」

「速く聞く」と声のニュアンスも失われる

ここ100年で、機械が私たちの関心を捕らえようと発展してきた結果、人が起きている間に他の人の話を聞くのに費やす時間の平均は、42パーセントから24パーセントへとほぼ半減してしまいました[12]。

さらに、速読がはやったように速聴[13]までもがはやり出し、今や録音された話を聞く時間さえも減少しています。

人々はオーディオブックを倍速で、しかも多くの場合、エクササイズや車の運転など何かをしながら聞いています。「Overcast」(オーバーキャスト)のようなアプリを使えば、ポッドキャストを2倍速か3倍速で再生する「ポッドファスト」と呼ばれる聞き方ができるようになります。

さらに、オーディオブックの制作・販売をしているオーディブルには、同社のコレクションにあるロマンス小説で、セクシーなシーンにジャンプできる「Take Me to the Good Parts(楽しいシーンに連れて行って)」という機能があります。

本来なら、生身の人から直接聞く話がもっともおもしろいのですが、スマートフォンでオーディオ・コンテンツの再生速度を速めたり、セクシーなシーンだけを楽しむことに慣れてしまった人にとっては、つまらなく感じてしまうかもしれません。

ある調査では、人は、速度を上げたスピーチを定期的に聞いた後、普通の速度で話しかけられると、相手に意識を集中させておくのがとても難しくなることが示されました。[14] 高速道路を下りた後に、通学路を運転しているような感覚ですね。

さらに、再生速度を上げると、口調の変化や微かなため息、外国語のアクセント、そしてウイスキーとたばこでしゃがれ気味になった声さえも、すべて消えてなくなってしまうため、会話の中のわずかな陰影に気づいたり味わったりする能力も失われてしまいます。

携帯電話があるだけでそのテーブルには親近感が生まれない

人は1時間に21回デバイスを変えると前述しましたが、会話の相手も、こうしたデバイスのひとつに成り下がってしまいました。人は全神経を話し手に注がずに、携帯電話をちょこちょことチェックし、その行為がさらに、会話を活気のない、気が滅入るほどつまらないものにしてしまいます。

イギリスのエセックス大学で心理学者らが行った研究によると、テーブル上に携帯電話があるだけで、たとえ音が鳴っていなくても、そのテーブルに座った人たちは互いに親近感を抱くことはなく、大切な話や深い話をしたいとは思わないことがわかりました。[15]もしそんな話をしても、おそらく邪魔が入ると思っているからです。その結果、人はますます聞く価値のない話を人がするような状況をつくり出し、その結果、人はますます聞くのをやめ、携帯電話を見るようになる——携帯電話がつくり出す摩訶不思議なループです。

子どもの面倒を見ている親などの養育者と子どもが、遊び場やファストフード店といった公共の場でどのようなやりとりをしているかについての、複数の研究がありま す。

その結果、圧倒的多数の養育者が携帯電話をいじって子どもを無視したことがあることがわかりました。[16]

このような行為は子どもの発育を損なうと小児専門家は指摘しています。親の関わり方が子どもの発育に影響するからです。

前述したとおり、私たちは自分が子どものときに話を聞いてもらったのと同じように、人の話を聞いています。ということは、今大人になりつつあるいわゆる「スマホ世代」は、それ以前の世代と比べると、他の人とつながることを難しく感じる可能性があるのではないでしょうか。

音が流れていると衝動買いをしやすくなる

人の話に耳を傾ける邪魔になるのは、モバイル機器や気が散るアプリだけではありません。私たちが自らつくり出す、騒音環境も同様です。

たとえば最近のオフィスは、小さなスタートアップ企業も大企業も、一般的に壁や囲いがあまりなく、オープンなつくりになっています。そのため、電話での話し声、キーボードを叩く音、ランチ後のげっぷまでもが、すべて絶え間ない日常的な騒音をつくり出しています。

このような環境のもとでは、まず自分の考えに耳を傾けることが難しく、ましてやこれから大切なことを言うかもしれない人に意識を完全に向けるなんて、とてもできません。

レストランでの静かな会話も、いっそう難しくなってきました。

外食産業の調査[17]や複数の調査報道によると、アメリカのレストランの騒音レベルは平均で80デシベルもあります。前述のとおり、一般的な会話は平均で約60デシベルです。

もっとも人気で最先端のレストランでは90デシベルを超えており、デザートが運ばれてくるころまでには難聴になりかねないレベルです。

ザガットの『ダイニング・トレンド・サーベイ』最新版[18]ではまさに、食事客から寄せられる苦情でもっとも多いのが、レストランの騒音となっていました。また騒音が、食べすぎを引き起こしたり、健康的ではない食事を選んだりする原因となることもわかっています。[19]

アバクロンビー&フィッチやH&M（エイチアンドエム）、ZARA（ザラ）といったカジュアル・ファッション・ブランドの店舗では、騒音レベルが80台後半~90台前半のデシベルになることもあります。

同様に、カフェや食料品店、カーディーラーでさえも有線放送のBGMが必ず流れており、どれだけ小さな音量でも注意力をそぐため、会話を完全に理解するのが難しくなります。客は注意力散漫になって強引な販売法に弱くなり、衝動買いしやすくなってしまいます。[20]

私自身、カーディーラーのショールームで映画『ロッキー3』のテーマ曲であるサバイバーの『アイ・オブ・ザ・タイガー』が大音量でかかっていて、車の価格交渉がうまくいかなかった経験があります。

自宅でさえも、静けさを味わう場所にできていません。テレビはほぼ常につけっぱなしで、ニュース、再放送、天気予報、料理番組がひっきりなしに流れています。ほとんどの人は、少なくともｉＰｈｏｎｅにつなげるポータブルの小さなスピーカーのような、何らかの音響システムを持っています。

アップル・ミュージックやパンドラ、スポティファイのような音楽配信サービスのおかげで、音楽ソフトをそんなにたくさん持っていない人でも、常にＢＧＭを流しておけるようになりました。ムードづくりには最高ですが、家族や友達の話をしっかりと聞きたいのであれば、集中をそいでしまいます。

マルチタスクは幻想

音が鳴っていても、私は気を散らさず無視できる。

そう思うかもしれませんが、それは無理であることが研究によって繰り返し示されています。[21] マルチタスクができるなど、幻想なのです。何か情報がひとつ入ってくるたびに、注意力は低下します。

心理学者のダニエル・カーネマンは、こんな印象的なことを書いていました。「〝注意を払う〟とよく言うが、これはまさに当を得た表現である。というのも、注意は限度額の決まった予算のようなものだからだ。この予算はさまざまな活動に配分できるが、予算オーバーは失敗につながる」（『ファスト&スロー　あなたの意思はどのように決まるか？』早川書房）[22]

この意味するところは、人の話に本気で耳を傾けるには、適切な環境を整えなければならないということです。

受け入れるための物理的空間も、心の状態も整える必要があります。静かで、邪魔が入らない状態を確保しましょう。

急に割り込んでくるモバイル機器の通知音はもちろん、バックグラウンドの音もなくした方がいいでしょう。こうした工夫は当たり前のように思えますが、実際にはあまり行動に移さないと思いませんか？

隔離されたり、防音されたりした場所でないと、効果的で有意義な交流ができない、と言っているわけではありません。そのような環境を整えるのは無理ですよね。

でも、誰かを自分のオフィスに招き入れてパソコンをスリープモードにすることはできるのではないでしょうか。静かなレストランを選んで、携帯電話をサイレントモードにしてから見えないところにしまうこともできますね。

少し言葉を交わすために、公園のベンチを見つけたり、静かな通りを散歩したり、歩行者の流れから外れて建物の出入口にちょっと入る…これもできますね。

このようにして、あなたが相手の話に喜んで耳を傾けるという姿勢——受容力——を示すことはできるのではないでしょうか。その会話が長いか短いか、仕事の話かプライベートか、対立しがちか穏やかなものか、どちらにせよ、静かな（騒がしい環境の中なら、周囲と比べてほんの少しでも静かな）時間を提供すること。それが、相手とつながる機会、相手の考えの背景を理解する機会となります。

家族の食事の時間があっても好奇心がある会話がないと意味がない

ハーバード大学の研究者らは2010年、デバイスのない、話を聞くことに集中した家族の食事を広めるために、「ファミリー・ディナー・プロジェクト」と名づけた試験的なプログラムを共同で始めました。

きっかけは、過去15年間のさまざまな研究結果でした。

家族が一緒に話をしながら食事することで、「薬物乱用、10代での妊娠、うつ」の低下につながった一方で、子どもの「語彙力、学校の成績、打たれ強さ、自尊心」が改善したことがわかったのです。[23]

マサチューセッツ州ケンブリッジ周辺の15家族でスタートしたこのプロジェクトは、それ以来、全米規模の取り組みへと成長しており、現在は情報提供やワークショップを行うほか、家族が一緒に食事し、水入らずの会話を楽しむためのアドバイスも提供しています。

「ファミリー・ディナー・プロジェクト」の初期に責任者を務めたジョン・サルーフ*

は、こう言います。

「きっと〝なんと、そんなことにワークショップが必要な時代になってしまったのか？〟って思っていますよね。そうなんです、そんな時代になってしまったんです」

「ファミリー・ディナー・プロジェクト」がおすすめする〝会話のきっかけ〟には、たとえば「これまでもらったプレゼントでいちばん嬉しかったのは何？」や「もし100年か200年前に戻って何かを3つだけ持ち帰れるとしたら何を持って帰る？」などがあります。

前述した「愛が芽生える36の質問」と同様に、この会話のきっかけも、相手を評価するのではなく相手への好奇心にもとづいたものであり、その人が何を達成したかではなく、どんな人柄かを深く知ろうとするものです。

単に一緒に食事をすることが効果をもたらすのではありません。

緊張感のある家庭の食事でつらい思いをした経験がある人なら、知っているでしょう。ではなぜ食事を一緒にすることが人間関係を改善し、健康になれる効果が期待できるのかといえば、好奇心とオープンな心をもってお互いに質問し、真摯に耳を傾ける機会になるからです。

「聴くこと」は、最高の友情でもある

文学者のロナルド・シャープによると、家族との食事や人の集まりで、あなたの意識をすべてそこに向けるという贈り物を差しだすのは、おもてなしのひとつの形だそうです。

「あなたは、他の人の言葉や感情を自分の意識に迎えいれています。相手が敷居をこえてあなたの世界の住人になるのを受けいれているのです」とシャープは言います。

シャープは作家のユードラ・ウェルティと共同で、『The Norton Book of Friendship（友情について）[24]』を編集しました。これは、友情の意義やそれがどれほど重要かといった話を集めた書籍で、「聴くこと」が大きく扱われています。

ウェルティは、こうしたおもてなしの精神を体現している人物として有名でした。シャープはウェルティについて、自分がこれまで会った人の中で、いちばんじっくりと話を聴いてくれる人だったと語っています。

彼女がそのように聴く姿勢は、作品にはっきりと見てとれる知性とユーモアを下支

えし、広く深い友情を育む下地でもありました。

「本当に多くの人が、ウェルティは人生最高の友人だったと思っていました」とシャープは言います。

そしてシャープ自身も、ウェルティと親しかった人たちと同じように、彼女がいかに自分のためにいつも時間をつくってくれたか、自分の話に心からの関心を示してくれたかを振り返ります。

「ウェルティは、話を急かせたり、こちらの考えがまとまらないからと無理にまとめようとしたりすることは絶対にありませんでした」

とシャープは言いました。

「彼女は、私が本音で話すことを促してくれ、そして本当に本音を自由に話させてくれたんです」

子どものころに話を聞いてもらった経験は人生に大きな影響を与える

相手が話を聞こうとしてくれたという経験が、長きにわたって良い影響をもたらすことだってあります。

ダラス警察署長だったデヴィッド・ブラウンの経験をご紹介しましょう。

ダラスでは2016年、警察の人種差別的な暴力に対する抗議活動が発生し、5人の地元警察官が射殺されました。この事件を受け、ブラウンは全米から注目を集めました。

アフリカ系アメリカ人の彼は当時、公道やオンラインで抗議活動をするよりも、腰をすえてお互いの話に耳を傾けよう、と人々に働きかけ広く称賛されました。ブラウンはまた、抗議活動に参加している人に対し、警察官になって意義ある変化を実現しないかと呼びかけました。[25]彼の記者会見が全米でテレビ放映されたあと、ダラス警察署には応募が殺到しました。

ブラウンは後日インタビュアーに対し、自分が人々に働きかけたことは、11歳のときに白人のクラスメートが自分を夕飯に招いてくれたこととまったく変わらないと話しました。

ブラウンは友達の家に近づくと、まるで映画『招かれざる客』のシドニー・ポワチエのような気分がしてきたと言います。もし黒人が来たと知ったら、友達の両親に追い返されるのではないかと不安になったのです。

しかし友達の両親は喜んで招き入れ、ポットパイをごちそうし、自分の話に興味を示しました。

「私たちはなぜ、11歳の子よりも賢くないのでしょう? なぜこれがわからないのでしょう?」[26]

とブラウンは言います。

「必要なのは、大きな集団をつくったり、怒号や叫び声をあげたりすることではないのです。〝腰をすえて互いの話を聞こう、夕飯に自宅へ招こう〟という姿勢です」

ブラウン署長が子どものころに友達と夕飯を食べたとき、テーブルの上に携帯電話はなく、一口ごとに最新ニュースをチェックしている人もいなければ、インスタグラム用にポットパイの写真を撮っている人もいませんでした。

ロナルド・シャープがユードラ・ウェルティを訪ねたときも、ウェルティはテレビのニュースをつけっぱなしにするなどしなかったし、膝の上にマックブックを開いておくこともしませんでした。

どちらの例でも、注意力をそぐものはなかったのです。

集中と途切れることのない関心が、来訪者に注がれました。何の飾り気もない礼節が、ふたりの男性の心にずっと残り続ける記憶をつくったのです。ふたりは、自分の話を聞いてくれた人たちのことを、何十年も経ったあとにも愛情と感謝の念をもって思い出していました。

＊ サルーフは現在、第7章で触れた、コミュニティや組織にいる人たちが「私たち対あの人たち」という構図を乗り越え、もっと互いに耳を傾けられるよう手助けする団体の一つ「エッセンシャル・パートナーズ」で共同理事長を務めています。

chapter

15

「間」をいとわない人は、より多くの情報を引き出す

売上ナンバーワンの営業マンは、何をやっているのか？

あれは、クリスマス前の買い物シーズンでした。テキサス州ヒューストンにある家具店ギャラリー・ファニチャーで、ピカピカに磨かれたチェリー材のダイニング・テーブルを前に私は座っていました。

そこには、売り上げナンバーワンの販売員グレッグ・ホップも腰かけていました。この店は年商2億ドル以上の巨大店舗です。それを考えると、ホップがどれだけすごいか、おわかりいただけるでしょうか。

私たちと一緒にいたのは、ホートン夫妻でした。72歳のホートン夫人は、ためらいがちに椅子の隅にちょこんと腰をかけて、83歳の夫ホートン氏はその背後に立って、ウェスタン・ブーツをかかと、つま先、かかと、つま先と揺らしていました。ふたりは、朝食用のスペースにこのテーブルの購入を考えています。先ほどホップに見せてもらった整理だんすも、ゲスト用の寝室で使うために検討中です。

ふたりはどうやら決めかねて困っているようで、ここ5～10分ほど、一言も発していません。重たい沈黙が続き、私はじっとしていられなくなってきました。

私は単に見学のために同席していたのですが、自分を抑えるのに必死でした。夫婦にそっと一言言ったり、提案したら決断してくれるのではないか、と。

ホップの給料は、1日の売り上げに連動する歩合制です。買い物客が大挙して押しよせるクリスマス前の書き入れどきで、ホップが見込み客を取り逃しているのは私から見ても明らかでした。

でも、ホップの表情は、まるで風のない日の湖面のように穏やかでした。彼は夫婦を、心から気にかけた面持ちで見つめています。うるんだ瞳は、大きなめがねの奥でより一層大きく、思いやりに満ちているように見えました。

その顔は、ホートン夫人が6年ほど前に骨折して以来、いまだに足が痛むと言ったのを聞いたときと同じ表情をたたえていました。その面持ちは、ホートン氏が韓国での兵役中の思い出について、「徒歩で巡回したとき、ここまで泥に浸かって……」とふとももの真ん中を指しながら「そのあと雨が降ってきて、凍るほど寒かった」と語るのを聞いていたときとも変わりません。

気まずい沈黙の中、私の気がおかしくなる、このふたりは何も買わないもの、とまさに確信した瞬間、ホートン夫人が口火を切りました。

テーブルも買うし、おそろいの椅子、あぁそれから整理だんすも、何だったらテレビ台も買うわ、ほら、ついでだから。

私は目が点になりました。30年間家具を売り続けているホップは、動じていません。「黙っていることを学んだんです」と、夫婦をレジまで送り届けたあと、ホップは話してくれました。

「あそこで座っていたときに私がもし言葉を発していたら、間違いなく、ふたりは整理だんすしか買わなかったか、もしかしたら何も買わなかったと思いますよ」

お客さんに話してもらった方が、早いし楽な上、間違いも減る

ギャラリー・ファニチャー店内は、遊園地のような雰囲気です。かごに入ったオウムや猿がいて、ケーキやキャンディが無料で配られ、大量のマットレスを敷き、子どもたちが飛び跳ねて遊べるようになっています。

ギャラリー・ファニチャーのジム・マッキンベール店長は、地元ではマットレス・マックとして知られています。彼はテレビ・コマーシャルの中で、両手に現金を握りしめてマットレスの上で飛び跳ね、「ギャラリー・ファニチャーなら節約できます！」と叫ぶような人物です。ホップのたたずまいは、こうした雰囲気にまったくしっくり

きません。

ホップは、もっと物静かです。

お客さんが検討中だったり迷ったりしているとき、あえて店内の比較的静かな場所へと導き、そこで話し合うなり、黙りこむなり、お客さんの好きなようにしてもらいます。邪魔したり、セールストークをしたり、おべっかを使ったり、お客さんの発言を正したり、口を挟んだりはしないのです。

お客さんが関係ない話題を持ち出したら、耳を傾けつつ、情報収集をします。高齢の男性が、パソコンが世界を荒廃させているから自分は持っていないと言ったのを聞き、ホップは複雑な高精細テレビを男性に見せるのは意味がないと判断しました。

ある若い女性は、小さな子どもたち4人を母の家に車で連れて行ったら渋滞がひどかった、といらだちながら愚痴を言いました。それを聞いたホップは、汚れや食べこぼしに強い、耐久性の高い素材でできたソファへと女性を案内したのです。

「人に好きなだけ話してもらうなんて、時間が余計にかかりそうだと思うかもしれません。でも実は、その方が速いし楽な上、間違いも減ります」

とホップは話しました。

さらに私は、お客さんが警戒心を解き、彼を信頼していく様子にも気づきました。

「人の話を聞いていると、その人のためにきちんと応対したいと思うようになります」とホップも言っていました。お客さんの話を聞きたいという彼の姿勢が、お客さんに伝わっているようです。

ほとんどの話には間がない

ホップについていちばん印象的なのは、彼は沈黙を受け入れる力が並外れて高く、ホートン夫妻のようにお客さんが無言でも、まったく平然としているところです。こうした性質の人にはなかなかお目にかかれません。

欧米文化では、会話に間が生まれるのをひどく居心地悪く感じる傾向があるため、なおさらです。英語ではこれを、「Ｄｅａｄ ａｉｒ」（死んだ空気）と表現します。ためらいや間は耐えられないほど気まずく、積極的に避けるべきものであると考えられているのです。話者が話を終えそうな様子を少しでも見せようものなら、その人がまだ意見を言い終わってもいないのに、人は言葉を挟みこんできます。

英語の会話にみられた5万件ほどの沈黙や話の転換を、研究者がグラフに落としたところ、マイナス1秒とプラス1秒の間に大きな釣鐘曲線ができました[1]（マイナスの数字は、話している人が言葉を言い終わらないうちに誰かが話し始めたことを意味しています）。

頂点は0～200ミリ秒で、つまり話者が切り替わるときに沈黙がまったくなかったか、あったとしても瞬きよりも短い時間だったということです。オランダとドイツの話者について行った研究でも同様の結果でした。[2]

対照的に日本人は、もっと長い間をとって会話をします。[3] 研究によると、日本のビジネスパーソンは、アメリカ人が我慢できる長さ（4・6秒）よりも倍近い長さ（8・2秒）の沈黙に耐えることが示されました。[4]

医師と患者との会話に含まれる沈黙の割合は、アメリカの8パーセントと比べ、日本ではずっと多い30パーセントとなります。[5] アメリカでは、「きしむ車輪は油を差される」（声高に主張すれば要求が通る）と言いますが、日本では、「賢者は黙して語らず」と言われています。

北欧諸国では、沈黙を心地良く感じるようです。中でも特筆すべきはフィンランドです。[6]

フィンランド人は、アメリカ人やその他多くの西欧諸国と比べ、傾聴、謙遜、プライバシーを大切にします。

こんなフィンランドのジョークがあります。ふたりのフィンランド人男性が仕事へ向かう道中、ひとりが言いました。

「私は以前、ここでナイフを失くしたんだ」。そしてその日の夜、帰宅の道中にもう片方の男性が言いました。

「ナイフって言った？」

あながちジョークとして片づけられない話です。フィンランドでは、沈黙しても大丈夫というよりも、それが基本的な礼儀なのですね。誰かが意見を言い終わるときにあまりにも早く言葉を挟み込むのは失礼で高圧的だと考えられており、さえぎるなんてもってのほかなのです。

加えて、研究によると、口数の少ない文化の人たちがもっと恐れているのは、面子を失うことや屈辱を受けることのようです。そのため、話すことに余計に消極的になります。

0・5秒以上の沈黙があると、人はそれを不満や罰だと解釈する

文化によって沈黙への耐性に違いがあることを見てきましたが、その差はほんの数秒、あるいはコンマ何秒かにすぎません。世界のどこであれ、人は会話の流れに水を差すのを嫌います。

沈黙が、その文化で一般的な時間よりも長くなると、人は落ち着かなくなります。話し相手と親しいわけでない場合はなおさらです。

会話の流れが滞ってしまっても、親しかったり信頼していたりする相手であれば、話をもたせなければという必要性はそれほど感じないでしょう。

ある研究によると、沈黙の中で落ち着いて座っていられるということは、安定した人間関係があることを示しているそうです。[7] 地位が高い人もまた、会話の間にたじろぐことはあまりありません。[8] おそらく、自分の立場に安心していられるのでしょう。

欧米の文化では、0・5秒以上の沈黙があると、それを不満、罰、排斥だと解釈す

る傾向にあります。[9] そのため人は、相手からの評価を上げようとして、急いで言葉をつないでしまうのです。

沈黙が4秒も続けば、自分の視点が不適切なのだと解釈し、それまではっきりと表明していた意見でさえも変えたり、違うニュアンスを含ませたりしてしまいます。[10]

テック企業での幹部を経て、現在は著述家とキャリア・コーチとして活動しているキム・スコットは、アップルCEOのティム・クックが会話に間を取ることについてこんなふうに書いています。

「友人が警告してくれた。ティムはずっと黙っていることも多いけれど、だからといって緊張したり、間をもたせようとしてしゃべったりしなくてもいいと教えてもらった。そう警告を受けていたのに、最初の面接では沈黙に耐えられずひっきりなしに話し続けてしまい、打ち明けるつもりのなかったことまで口から出そうになってはっとした」(『GREAT BOSS―シリコンバレー式ずけずけ言う力』東洋経済新報社)[11]

すぐ返事がもらえないと、人は動揺する

オランダで行われた研究では、ビデオ・チャット中、会話の間に音が途切れたり遅

延があったりすると、自分は集団に属しているという帰属感や、心が満たされた感覚が低下することが示されました。[12] 会話の流れが途切れるのは技術的な問題かもしれない、と被験者に伝えた場合でも同じでした。

この研究の主任で社会心理学者のナムキェ・カウデンバルフは、携帯電話で通話中に音声が遅延するとき、もしくはテキスト・メッセージの場合にすぐ返事をもらえないとき、人はこの調査結果のように、無意識でも動揺したり不安になったりする可能性があると言います。

自分が話さなかったからこそ、価値のあることが聞ける

もちろん、沈黙が不満を意味するときもあります。

誰かが不適切もしくは下品なジョークを言ったときに、シーン……という音がしそうなほどの沈黙が流れるのを思い出してください。

とはいえ、「誰かと一緒に笑う」のと「誰かのことを笑う」のとでは大きく異なるように、「誰かと一緒に沈黙する」のと「誰かのことで沈黙する」のは大きく異なります。

通常の会話で間が空くのは、相手が考えていたり、話し続ける前に一呼吸ついていたりするからであることが多いのではないでしょうか。

人はこれから何を話そうか、どれだけ話そうかを考えるときに間をおくものですし、感情を落ち着かせるために少しの間が必要なときもあるかもしれません。

作曲家のグスタフ・マーラーはかつて、こう語りました。

「音楽の最高な部分は、音符の中には見つけられない」[13]

いちばんいいところは、たいてい音符と音符の間にあります。ずっと繰り出されていた音が、弱くなって消えていくときです。そして会話でも、そこで発せられる言葉が何を覆い隠しているのか、沈黙が何を明らかにしているのか、注意を払うことが大切です。[14]

優れた聞き手であるとは、間や沈黙を受け入れるということです。

なぜなら、間や沈黙をあまりにも早く埋めてしまう、ましてやかぶせ気味に言葉を発してしまうと、**もしかしたら、話し手はうまく言葉にならない何かを伝えようとしているかもしれないのに、それを妨げてしまうからです。**

そうすると、せっかく言葉にしようとしているものを押しつぶしてしまい、本当の課題が表面に浮かびあがってくるのを邪魔してしまいます。とにかく待ちましょう。話し手が、とまったところから話を再開できるようにしましょう。

ジャーナリストとして私は、自分が話さなくても会話は続くと気づくまでずいぶん時間がかかりました。これまでの取材で、質問したからではなくむしろ黙っていたからこそ、興味深く価値ある情報を得られた経験もあります。考えをまとめるための時間と余白を相手のために確保すれば、やりとりからもっと多くを得られるようになります。

ほとんどの宗教が「沈黙」を大事にしている

キリスト教、ユダヤ教、イスラム教といった世界宗教だけでなく、バハーイー教から禅宗まで、世界のほとんどの宗教では、何らかの形の瞑想、または黙想を取り入れています。

沈黙の中で、信者は高次の存在の声や、少なくとも自分の中のいちばん尊い部分の声を聞こうとします。ローマ・カトリックのトラピスト会修道士は、沈黙することで聖霊からのインスピレーションに心を開けると信じています。ユダヤ教の聖典タルムードには、「言葉には硬貨1枚、沈黙には2枚の価値がある」という教えがあります。クエーカー教徒は、「待つ」礼拝を行います。そこでは会徒が集まり、神からの洞察を受けとめて応じられるように沈黙の中で座ります。

とはいえクエーカー教徒でさえも、沈黙は居心地が悪いものです。インディアナ州リッチモンドにあるクエーカーの集会に参加しているある教徒は、月1回、日曜日に行われる「待つ」礼拝では席がいつも空いている、と教えてくれました。というのも、「沈黙があまりにもつらすぎて、行かない人が多いのです」

交渉は、よく聞いていないと間違いなく失敗する

ビジネスの場面では、欧米人が相対的に無口なアジア人と交渉する際、沈黙の居心地の悪さにつまずいてしまうことはよく知られています。

米国商工会議所アジア担当シニアバイスプレジデントのチャールズ・フリーマンは、アジア人は沈黙を積極的に活用する傾向があるのに対し、欧米人（とくにアメリカ人）は、沈黙に耐えられないと言います。アメリカ人が貿易交渉の場でしゃべりまくり、自ら苦しい状況に陥っていく様子をフリーマンは幾度となく目にしてきたと言

います。

「アメリカ人は一般的に、まるで沈黙が悪いものであるかのように、沈黙を埋めるために話します。しかしアジア人は非常に異なります」

とフリーマンは話してくれました。

「交渉という文脈において、アジア人はただそこに座っているだけで、実は交渉を有利に進めています。丁寧な態度でそこにいつつ、すべてをじっと観察しているのです。間違いなく有利です」

相手の気持ち、譲歩の意思の有無、交渉決裂のポイントなど、相手が問題をどうとらえて言葉にするかを静かに観察すると、多くを知ることができる、とフリーマンは加えました。

「交渉という文脈において、よく聞いていないと間違いなく失敗します」


カナダの作曲家であり音楽教育者でもあるR・マリー・シェーファーにとって、沈黙とは「可能性が詰まったもの」[15]です。

それを生徒に示すために、シェーファーは生徒たちに丸1日沈黙を続けるように指示することもありました。

生徒たちは最初、嫌がりました。自分の内なる声が音として聞こえるようになり、煩わしいと感じたからです。中には、自分の内なる声を聞いて虚しくなると言った子もいました。

しかし24時間が終わるころには、話をしていたら気づけなかったような、芝生用のスプリンクラーのシューっという音や、スープのグツグツいう音といった環境音のみならず、会話の中での微妙な変化にもこれまでよりもずっとよく気づき、感謝とともに認識できるようになったと生徒たちは報告してきました。

24時間だけでも話さないことに耐えられればより優れた聞き手になれる

ロサンゼルス在住のシンガーソングライター志望の女性は、声帯の手術を受けたあと、6週間話さずに過ごさなければならなかったとき、似たような経験をしたと言います。

彼女は、「こんにちは。ただいま喉を休ませています」と書いたホワイトボードを持ち歩いたそうです。

自分の意思とは無関係に沈黙を続けなくてはならなかったわけですが、この経験を通じ、自分がまったくよい聞き手ではなかったことに気づけたと教えてくれました。

「以前の私は本気で耳を傾けることは一切せず、どうしたら切れ味鋭く自分の正しさを示せるか、なぜ自分は正しいのかと考え、常にナイフを研いでいるような状態になりがちでした」

そして、こう続けました。

「手術後は自分の意見を言うという選択肢がなかったので、人のことをよく理解できるようになりました。それから、人に耳を傾けることができたおかげで他の人をもっと受け入れられるようにもなりました」

この女性もシェーファーと同じように、沈黙という「可能性が詰まったもの」の中に、丸1日飛び込んでみることをすすめています。「24時間だけでいいから耐えられれば、より優れた聞き手になれます。自分の言葉がいかに重要でないか、そして他人の言葉がいかに重要か、学べます」

もし丸1日なんてとても無理だと感じるなら、1回の会話だけでも言葉を発さない努力をしてみてください。質問をされない限り、何も言わないのです。

どうなるか、試してみてください。バーテンダーは経験上、何も言わなくても相手はおそらく気づかないだろうと言っています。その言葉を信じてください。

バーテンダーはお客さんが少ない夜、一言も発さずにお客さんの話を何時間も聞き続けることもあります。

「ビールが人の口を軽くするからかも」と話すのは、ニューオーリンズで長年バーを経営しているオーナーです。

「でもそれよりも、人は普段、話を聞いてもらうことがあまりないからだと私は思います。だから親や大切な人にもしたことがないような話までも、結局話してしまうのです」

加えて、私がインタビューしたバーテンダーの人たちは、店が賑わう夜に、お客さん同士で「語り合う」ことはあまりないと言っていました。

お客さんは、話し相手が何を言っているのかも、自分自身が何を言っているのかもあまりわからず、ただ一方的に話すのです。

「知らない人と自分とのすきまを埋めるために話すことが多いんじゃないでしょうか」

と言うのは、ノースカロライナ州アシュビルで製本業者からバーテンダーに転職した女性です。「まだ始まっていない、もしくはまだそこまで深まっていない人間関係のすきまを、ノイズで埋めようとしているのです。あるがままの自分でいることを心地良いと感じられる人は、沈黙も平気ですね」

「自分を売り込む」風潮が強い中「口先だけで人間関係を手に入れることはできない」という事実がなんとなく見失われているのではないでしょうか。

言葉をまくしたてるおしゃべりは沈黙を埋めますが、その分、相手と自分との間に、言葉でできた壁をつくってしまいます。その点、沈黙は、相手をこちら側に受け入れます。

沈黙は寛容なだけではありません。はっきりとした利点もあります。沈黙をいとわない人は、より多くの情報を引き出します。居心地の悪さからしゃべりすぎるなどということもありません。

言葉を挟みたい衝動を我慢してみましょう。いつもよりも深い洞察や理解を得て会話を終えられる可能性が高まります。

そうしたら、もしあなたがギャラリー・ファニチャーのグレッグ・ホップであったなら、フロアの誰よりも多くの売り上げを叩き出すことでしょう。

chapter

16

人間関係を破綻させるもっとも多い原因は相手の話を聞かないこと

うわさ話は、私たちを社会のよい一員にする

私の個人的な経験ですが、良いうわさ話はバーボンのような香りがします。テキサス州ガルベストンにある遠い親戚のおばあさんの家では、夕食前のカクテル・アワーに、バーボンもうわさ話もストレートで提供されたものでした。みんな、招かれるのを心待ちにしていました。

バーボンが飲みたかったのではなく、最新のうわさ話を聞きたかったのです。おばあさんが97歳で亡くなるまで、私たちはよく水入らずで何時間も過ごしました。メキシコ湾で海釣りをしたり、おばあさんの庭でスイートピーを摘んだり、エレクトリック・ブルーのクラシックカー「オールズモビル・コンバーチブル」の幌（ほろ）を開けてドライブしたりしながらです。

おばあさんはうわさ話好きと言われるのを間違いなく嫌がっていましたが、私たちは他の人のここが好き、ここが嫌い、といった話ばかりしていました。

うわさ話というとネガティブな響きがありますが、実はそこにはポジティブな社会

的機能があります。成人の会話のうち、3分の2はうわさ話だと言われますが[1]、それには理由があります。うわさ話とは「その場にいない誰かについてふたり以上で話すこと」と定義されています。

男性も女性と同じくらいうわさ話をしますし[2]、子どもも5歳までにはうわさ話のレベルが熟練の域に達します[3]。誰だってうわさ話をします[4]（私の親戚のおばあさんほど才能がある人はあまりいませんが）。

というのも、信頼できるのは誰か、誰を見習いたいか、物事が許される限界はどこか、誰が味方で誰が敵になりえるのか、私たちはうわさ話をして判断しているからです。

うわさ話に耳を傾けることは、社会における倫理的で道徳的な一員として成長する助けとなるのです。

「悪いうわさ」を聞くと、自己肯定感があがる

私たちは、家族、友達、同僚、教師、宗教的指導者などからうわさ話を聞いて、社会というものを学んでいきます。イエスがしたたとえ話やブッダの話は、うわさ話を

書きとめたものでなければ何なのでしょう？

オランダの研究者らは、ポジティブなうわさ話を聞いた人は似たような行動をとろうとし、ネガティブなうわさ話を聞いた人は自己肯定感が増すことを発見しました。[5] 別の研究では、うわさ話でショックを受けたり動揺したりする度合いが強いと、そこから学ぶ傾向があることが示されています。[6]

当然、自分がうわさ話の対象であるなら、改心する可能性も高くなります。

スタンフォード大学とカリフォルニア大学バークレー校の研究者らが行った研究で、金融ゲームをした際にチャンスさえあればずるをするような参加者がいると、被験者はその人についてすぐにうわさ話を始めることがわかりました。[7]

そしてそのうわさ話の結果、ずるをした人はみんなの信頼を取り戻そうと、きちんとゲームをするようになったのです。**結論は、メンバーにうわさ話を許す組織は、許さない組織と比べて、より協力的になり、利己的な行動が抑止されるというものでした。**

うわさは、その集団にとってよくない人を罰したいときに生まれる

うわさ話の内容が必ずしも正しくないときにも、同じことが言えます。

オーストラリアとイギリスの社会心理学および経済学の研究者は、共同である調査を行いました。

そこでは、正確か不正確かによらず、いかなる種類であれうわさ話は、「評判よくありたい」と人に思わせるということが示されました。[8]

調査では、人を信頼するかどうかのゲームを被験者たちにやってもらいました。ゲーム中には報酬も配布します。

そして、他のプレーヤーがどれだけ正直にプレイしているか、自由に非難したり褒めたりしていい（その評価が正確でなくても）とされたグループは、こうしたうわさ話を許されなかったグループと比べ、礼儀正しく、ゲーム運びも効果的でした。

研究者らの観察によると、不正確なうわさ話は、ほとんどの場合好ましくない行動をする人を厳しく罰したいという欲求によってなされるものでした（ずるをした人が、

実際よりひどいことをしたかのように言われたこともありました）。

また、注意深く聞いてみると、実は内容の正確さを問わず、対象になっている人のことよりも、自分について多くを物語っているという考察も得られました。

うわさ話をするとき、人は反射的に体を寄せ、ささやくように声をひそめますが、それも不思議はありません。

うわさ話には価値があるからです。

親戚のおばあさんと私は、特に繊細な話をするときは、たとえまわりに誰もいなかったとしても、額を寄せあったものでした。

うわさ話を聞くことは、くだらなくも、表面的でも、ばかばかしくもありません。むしろ知的な活動であり、適応していくために必要不可欠であることが、驚くほど多くの研究によって示されています。

うわさ話の研究者（みなさんが思っているよりたくさんいるものです）は、人について話す行為は、観察学習の延長だと言います。[9] 自分が知っている相手かどうかにかかわらず、その人たちが経験した成功や試練から自分も学ぶことができるからです。

複雑すぎる人間関係を把握するのにはうわさが最適

第4章にも登場した、イギリスの人類学者であり進化心理学者でもあるロビン・ダンバーは、友情に関する研究とあわせ、うわさ話についても研究しています。たいていのうわさ話は悪意があるものだという印象がありますが、実際のところたちの悪いうわさ話は3〜4パーセントに過ぎないとダンバーは教えます。[10]

「うわさ話とは、庭の垣根によりかかったり、玄関ポーチに座っていたり、ロッキングチェアでゆらゆらしたりしながらするものです」とダンバーは言います。

「うわさの内容のほとんどは、あなたが直面している問題、あなたと他の誰かとの間にある問題に関するものです。加えて、コミュニティで何が起きているか、知り合いの輪にいる人たちがどうしているか——誰と誰がケンカしたかなど——もうわさ話の範疇(はんちゅう)に入ります」

集団の中で人間関係はどんどん変化しますし、非常に複雑です。

人間関係の中で判断し、行動することはすべて、無数の要素が特定の瞬間に特定の人たちのところで重なった結果、なされるものです。同じやりとりでも、さまざまな要因次第で、何気なく終わることもあれば、とんでもなく暴走することもあります。

この複雑さを理解するのはかなり難しい、とダンバーは言います。だからこそ、「このゲームをどうプレイすべきかを理解しようと、人はとにかくたくさんの事例に耳を傾け、調べるのです。もっとうまくこなせるように」。

確かに、親戚のおばあさんのカクテル・パーティにみんなが来ていたのは、まさにそうした情報を集めるためでした。ガルベストンはのんびりした海辺の町ですが、当時も今も、町で起きたおもしろくて興味深い事件をすべて知っておくのはなかなか難しいのです。

うわさは、集団が学習するための効率的なしくみ

ダンバーによると、うわさ話の起源を理解するには、類人猿の身づくろい行動を見ればよいそうです。[11]

初期の人類は（類人猿のように）、お互いの身づくろいをすることできずなを深め

ていました。お互いをなで、相手の体毛の中をあれこれ探す行為を通じて好感を育んだのです。そうしておけば、後になって、バナナを分けあったり、お互いに敵から守りあったりするかもしれないからです。

私たち人間は今も、近しい間柄なら互いの体をさすったりします。けれども人類がより知的になり、活動が複雑になってコミュニティが大きくなるにつれ、きずなをはぐくむ方法として、言語——もっと具体的に言えばうわさ話——が身づくろいにとって代わりました。

身づくろいよりうわさ話の方がいいのは「集団の結束や集団としての学習をもたらす、より効率的なしくみである」という点です。

身づくろいはほぼ1対1の活動であり、かなり時間がかかります（あなたのパートナーの体毛がどれほどからまっているかやシラミがどれだけいるかにもよりますが）。一方で、直接顔を合わせての会話はずっと速く、最大4人まで参加できます（話し手ひとりと聞き手3人）[12]。これよりも人数が多くなると、小さなグループに分かれる傾向があります。

大きなパーティで、ゲストが自然とふたりから4人のグループをつくって会話をしているのを目にしたことがあるのではないでしょうか。

SNSは、早く大量にうわさを見られる

このことは、「ソーシャルメディアがなぜこんなにも魅力的なのか」の説明になりそうです。ネットならすさまじい量のうわさ話に高スピードでアクセスできるからです。

顔をあわせた交流で集められるうわさの量なんて、比べ物になりません。そのため、自分がみんなの話題についていけているかチェックし続けなくては、という衝動が生まれます。当然ながら、すべてを追うことなどできません。そしてあまりにもたくさんの人の物語と解釈があふれた結果、実際に消化できる情報の質と価値は大幅に落ちてしまいます。

社会科学では、うわさ話を需要と供給の法則に照らし、経済的な視点から語ることがよくあります。[13]

たとえば、親戚のおばあさんが私とふたりだけのときにこっそり聞かせてくれた話

の方が、カクテル・パーティで彼女が軽く話題にした話よりも、私にとっての価値は高いわけです。パーティーでの話題は、基本的に誰にでも自由に伝えていい内容でしたから。同様に、ネット上のうわさ話に価値があるという経済学者が少ないことは、想像にかたくないのではないでしょうか。

情報の価値は、いかに入手しやすいか、いかに平凡かと反比例の関係にあります。

うわさを聞けるあなたには、すでに信頼がある

シカゴ大学の社会学者ピーター・マイケル・ブラウは1960年代、「社会的交換理論」を提唱しました。[14] 経済学を社会的な関わりに応用した理論です。私たちがお互いにやりとりする情報についても、この理論で説明しています。

ブラウは、フォーカス・グループの父であるロバート・マートンに学び、人の話を聞くことは、本来、努力して初めて手に入れられるごほうびであると主張しました。これはどういうことでしょうか。

人は最初は、さほど重要でも、デリケートでもない情報からやりとりを始めます。その話が他の人に広まったところで、問題にはならないような内容です。

そこからお互いに気配り、思いやり、分別などを身をもって示し、相手の信頼を得て関係を深めていきます。信頼関係を深めてはじめて、より重要なやりとり（すなわち、他の人にはしないような話）をするようになっていきます。

ということは、「聴くこと」は、徳のある社会の一員になる方法を学ぶ手段というだけではありません。「聴くこと」それ自体があなたの徳の表れなのです。話し手にとって、もっとも大切な情報をやりとりするにふさわしい者である、ということなのですから。

「他者」に耳を傾けることは私たちが同じ人間であると実感すること

フランスの哲学者エマニュエル・レヴィナスは、個人の倫理観の土台には、人間同士の交流があると考えました。そして私たちが耳を傾け、「聴くこと」を通じて理解と共感が生まれれば人生に意義と方向性をもたらすと考えていました。

ユダヤ人であり、第二次世界大戦で戦争捕虜にもなったレヴィナスは「他者」を経験することの重要性を強調しました。[15]

ここでいう「他者を経験する」とは、つまり他者と直接的に関わり合うことであり、私たちの物語はみな異なってはいても、そこに潜む感情は同じだと学ぶことです。「他者」に耳を傾けるという行為は、私たち人間が共通して持つ弱さやもろさを思い出させるものです。

そして、他者に害を与えないという倫理的な義務や責務を負わせます。

人格も誠実さも、生まれながらに身についているものではありません。日々、自分の選択を積み重ねてつくりあげていくのです。

そして日々の選択には当然、誰に、どれだけきちんと耳を傾けるかも含まれています。

倫理的にふるまうには、自分の言葉や行動が他者にどれだけ影響を与えるかを考える必要があり、「聴くこと」なくしてそれを実感することはできません。

生物進化の過程で、私たち人類は、食料を探し、巨大な野生動物をしとめる際に協力し合うことで、種として生きのびてきました。初期の人類は、人の話を聴いて協力しなければ死んでしまったのです。

原始時代の「聴く」を核とした共同作業は、行動規範と礼儀作法に発展し、道徳とは何か[16]を考えるときの糧となったと言えるでしょう。

個人主義は、安心感を失わせる

現代に活躍する作家・識者のパスカル・ブリュックネールは、著書『無垢の誘惑』(法政大学出版局)の中で、個人主義は私たちを退化させている可能性があると主張しています。

ブリュックネールによると、人が責務を負う対象が主に自分自身だという場合、社会的義務という感覚はありません。

「自分の知性だけを頼りにみずからの導き手となったときから、個人はひとつの場所や、秩序や、規定についての確信を失った。個人は自由を獲得したかもしれないが、安心感は喪失した」[17*]としています。

現代は、自立社会です。

私たちは幸せや発展、成功には自分の責任があると信じています。「誰もがまず人格としての自己を売り込む必要がある」とブリュックネールは記しています。

しかしこのような自分の売り込みやイメージづくりを常に続けるには、代償がともないます。他者とのつながりを失い、究極的には、そもそも本当に手に入れたかったはずの帰属意識や一体感さえも失ってしまうのです。

お互いの話を聞かないと、達成できることが減る

現代の私たちは、人の話を聞くよりもたくさん話します。マンモスの狩猟から月面着陸まで、人類のあらゆる功績は、互いの話や考え、心配事を理解し、反応することを通して成し遂げられたというのに。

お互いの話を聞かないと、達成できることは減ります。そしてそれ自体が、反道徳的だと言えるのではないでしょうか。個人として互いを失望させるのみならず、社会としての繁栄にも反するのですから。

さらに、常に自分を売りこみたいと必死になると、人は表現が大袈裟になりがちです。

そうすると、会話のレベルは下がり、皮肉な態度を助長します。

宇宙物理学者だったスティーヴン・ホーキングは、知能指数（ＩＱ）を聞かれたときにこう答えました。「まったく知らないな。ＩＱを自慢する人は負け犬だよ」[18]。これ

が世界でもっとも賢いと思われていた人物の言葉です。

私の親戚のおばあさんもまた、たいした実績がない人ほど自慢したがると言っていました。目の前にいる人のすばらしいところを見つけ出すよりも、自分を売り込みたいという衝動に駆られたら、この話を思い出してください。

人生の大切なときに「耳を傾けなかった」ことを後悔するかもしれない

人は、聞いたことよりも聞かなかったことを後悔するものですし、言わなかったことより言ったことを後悔するものです。

自分の気持ちを率直に人に伝えることは、世間で言われているほどよいことではないようです。感情を人に伝えたいという衝動にかられても、それを伝えるのがいつも有益とは限りません。相手の繊細さよりも、自分の自我（エゴ）を優先してしまっているのです。

正直でいるなという意味ではありませんし、控えめにしていろという意味でもありません。しかし、耳を傾けておかないと、相手があなたの正直な言葉を聞く心の準備ができたタイミングが判断できません。

あなたの感情をすべて伝える必要はありません。むしろ、強い感情が落ち着くまで待った方がいい場合もあります。

本書のためにいろいろな人をインタビューした中で、後悔という言葉は幾度となく出てきました。

自分の人生の大切なときに耳を傾けなかったことを、深く後悔していると話した人が何人もいました。他のことに気をとられて耳を傾けられなかった場合もあれば、「本心を話す」ことに夢中になり、それがどんな影響を与えるかを考えなかった場合もありました。

この人たちは、亡くなった人、終わってしまった人間関係、失った仕事、もしくは人としたケンカなどに思いをはせ、**当時に戻ってもっと質問を投げかけたかった、そしてもっとしっかりと答えを聞きたかったと願うのです。**

聞き逃したと気づいたときには、たいてい手遅れ

オハイオ州オックスフォードにあるマイアミ大学で「後悔研究室」の室長を務める

心理学者エイミー・サマービルによると、後悔には、「人間関係に関連した後悔である社会的後悔」と、「通った学校や行った投資などに関する非社会的後悔」とがあるそうです。

社会的後悔の方が、より強烈になりがちだと言います。[19]

さらに研究によると、人がもっとも後悔するのは、過去に戻ってやり直しがきかない行動です。[20]

機会を逃してしまったら、人の話を聞くことはできません。

その瞬間を再びつくり出すことは決してできないので、後悔するのは目に見えています。そして自分が聞き逃したことに気づいたときは、たいてい手遅れです。

もっとも多いネグレクトは、相手の話を聞かないこと

「人の話を聞かなかったという事実は、時間がたてばたつほど後悔の念が強まるものです」とサマービルは説明します。

「聞くことは人間関係に欠かせないものであること。そして、また自分でコントロールできるものだとすぐに気づけてしまうこと。後悔する条件が重なっています」

後悔は愛に次いで人が抱くことの多い感情だとサマービルは言います。[21]もっとも強烈な後悔の念が生まれるのは、愛する人をおろそかにしたときですよね。後悔と愛というふたつの感情は、密接に結びついているともサマービルは指摘します。人間関係の破綻でもっとも多い原因はネグレクトであり、中でももっとも多いネグレクトは、相手の話をきちんと聞かないことです。

「聴く」ことを生き抜くための生物進化上の戦略とみるにせよ、道徳の基本、もしくは愛する人への義務とみるにせよ、私たちを人類としてひとつにつなげるのが、人の話に耳を傾けるという行為であることは、間違いありません。

親戚のおばあさんのことを、最後にあとひとつだけ書こうと思います。おばあさんとふたりきりで朝食を食べたときのことです。マホガニーでできた広々としたダイニング・テーブルの一端に、ふたりで肩を寄せ合うように座っていました。季節は春で、開け放たれた窓からは藤の香りが漂ってきます。私たちは、過去の行動を後悔し続けているある男性について話していました。

私は、当時90代だったおばあさんに後悔したことはないかと聞くと、こう返ってきました。「後悔なんかして何になるの?」

＊本書で翻訳を一部調整

chapter

17

だれの話を「聴く」かは自分で決められる

心からの笑いとつくり笑いの違い

数年前、つくり笑いについて『ニューヨーク・タイムズ』向けの記事を書いていたときのことです。

人はなぜおもしろくもないのに笑うことがよくあるのか、興味を抱いた私は、笑いを研究している心理学の大学教授に電話をかけました。

そうしたら、教授はまず始めにジョークをいくつか言ったんですね。笑いを研究している先生ですから、ジョークから入るのもおかしくはないんです。ただ、それが全然おもしろくありませんでした。ひどいジョークだったんです。

私は社交辞令でよくある型通りの「あはは……」という声を無理やり出しました。要は、つくり笑いです。

教授はその後、類人猿の鳴き声がどうやって人の笑いへと進化したか、まるで講義のように話し始めました。

長々と話した後、やっと、

「これが君の質問への答えになっているのではないかな」

と締めくくりました。

「えぇっと……そうでもないです」

と私は答え、つくり笑いについて記事を書いていて、とりわけ人はなぜ居心地が悪いと笑うのかについて興味があるんです、と再度伝えました。

すると教授は、それは間違いだと言いました。人はつくり笑いなどできない、と。

「君はさっき笑ったじゃないか。本物の笑いを。それはいいことだよ。いいかな?」

教授は、私の「あはは……」を心からの笑いであると信じて疑っていなかったのです。教授は続けました。

「男性の方が効果的に笑いをとれる。エンターテインメント業界における性差別の問題ではないのだよ。単に、女性にとって人を笑わせるのは男性よりも難しいというだけの話だ。世界のどこであれ、クラスのお調子者は男の子だ。コメディアンにせよ、お酒の場にせよ、男性の方が笑わせるのがうまいんだ。いいかな?」

原稿の締め切りがあるのに質問への答えが得られないままでしたが、教授には時間をとってくれたお礼を丁寧に伝えました。

結果、この電話は、決してむだではありませんでした。

教授の言葉が逆に、私がつくり笑いについて論じたかったことを見事に証明してくれたのです。でも、彼の話に耳を傾けるのはもうおしまいにしました。

なぜならその後、心理学者4人、脳科学者3人、ユーモアの専門家ひとりに話を聞き、人はなぜ心から笑ったりうわべだけで笑ったりするのか、違いをどう見わけるのか、新たな洞察を得ることができたからです。（ヒント：つくり笑いには、言語に用いられる音――あはは、えへへ、てへへ、など――が入っています）。

また、ユーモアには性別による優位性はないであろうこと、とはいえ私が見事に実演したとおり、女性はつくり笑いをする傾向が強いこと、も学びました。

話は、お互いの協力で成り立つもの

ここでもっと大切なのは、耳を傾けるのをやめよう、と自分で決めなければならない場面があることです。

私たちは誰からでも何かしら学べるものですが、だからといって、あらゆる人のすべての話を聞き続けなくてはいけないわけではありません。そんなことは当然できません。

イギリスの作家ジョージ・エリオットは小説『ミドルマーチ』（光文社）に、こう書いています。

「私たちがふつうの人間の生活のすべてに対して鋭い洞察力や感性を持っていたら、それはまるで草の育つ音やリスの心臓の鼓動まで聞こえるようなもので、沈黙の彼方でどよめく音に耐えられず死んでしまうだろう」[2]*

さらに、1日の時間は限られています。ですから私たちは意識的・無意識的にかかわらず、時間をかける相手、注意を向ける相手を選んでいます。

イギリスの言語哲学者であり言語理論家でもあるハーバート・ポール・グライスによると、人間とは無意識のうちに、会話に「ある期待」を抱くものだそうです。[3]

そしてその期待が（おもしろくない笑いの専門家と話したときのように）裏切られると、聞きたい気持ちがそがれてしまいます。

これは、コミュニケーションは基本的に、お互いの協力で成り立つものだからです。

そのため話し相手が協力的でないと認識すると裏切られたように感じ、そこから手を引きたいと思ってしまいます。

話すときは、相手に「期待して」いる

グライスは、人が会話に抱く期待を次の4つのような格率（ルール）にまとめています。

1. 質――真実を望む。
2. 量――自分がその時点で初めて知る情報を、圧倒されない程度の量だけ知ることを望む。
3. 関係――こちらに関係がある内容と論理的な流れを望む。
4. 様式――適度に簡潔に、順序立てて明瞭に話すことを望む。

中には礼儀正しさや、公平に交代することも含めるよう主張する学者もいますが[4]、このグライスの4つのルールは、文明社会の一般常識として、半ば無自覚に受け入れられています。たとえば認知症や精神病を患っている人と話すのが難しい理由も、4つのルールから説明できます。

彼らは現実や社会規範に縛られることなく、空想的で、秩序なく、あいまいで、不明瞭で、何の脈略もない考えを唐突に話し始める可能性があるからです。

また、テクニカル・サポートに電話をすると、びっくりするほどイライラしてしまう理由もわかります。マニュアルどおりの対応はたいてい、今こちらが言ったこととは論理的な結びつきが何もなく、提供される情報は少なすぎるか多すぎるかで、「お客様の機材であって当社のものではありません」という不誠実な対応が多いからです。

いちばんイライラするのは、期待どおりの会話をしない人

グライスのルールは社会的な合意を表しており、どの文化にも当てはまります。また、対話が友好的でも、敵対的なものでも当てはまります。ものすごく怒っている人同士でも、生産的な議論をしている場合ではルールに沿っています。グライスのルールには普遍性があります。

一方で、このルールには、もうひとつの普遍性があります。程度の差はあれど、軽視もされていることです。その理由はおそらく、何をもって真実で、関連性があり、論理的で、簡潔で、順序立って、明瞭であるか、人によってかなり異なるからでしょ

う。

それでもやはり、心の中で私たちは会話に対してこのようなルールを期待していま す。だから会話で誰かが大嘘を言っていると気づいたり、相手が脈絡のない発言をし たり、どうでもいい話を微に入り細に入り話し続けたりすれば、私たちはイライラし てしまい、意識が会話から離れてしまいます。

逆説的ですが、グライスのルールに沿わない人は話し下手というよりむしろ、聞き 下手なのです。

誰もが、同じ関心や理解力を持っているわけではない

観客に向けて話す場合も一対一で話す場合も、コミュニケーションが最高にうまい 人は、これまでの人生で人の話をしっかりと「聴いて」きた人であり、今、コミュニ ケーションをしようとしている場所でもしっかりと耳を傾けているでしょう。

彼らは、相手を巻きこみ、楽しませ、奮い立たせることができます。まずは聞き手 がどういう人かを感じとり、それにあわせて話す内容やスタイルを選ぶからです。

コミュニケーション上手な人は、話している間も、聞き手にチューニングをあわせ続けます。聞き手が自分の話についてきているか、話のテーマに関心を持っているかを見極めるべく、聞き手の言語的・非言語的なヒントや室内のエネルギーに気を配ります。

たとえば祖母と話すときとガールフレンドと話すとき、同僚と話すときとお客さんと話すとき、そしてリベラルな友達と話すときと保守的な友達と話すときとでは、同じ話でも語り方を変えるのに似ています。

自分が話す内容と語り方は、どう聞き手を理解しているかで変わってきますし、少なくとも、変わるものだと知るべきです。

どれほど強い価値観や信念を抱いていても、それだけでは説得力や明確さ、信頼感のある話はできません。**目の前にいる人が何者であるかを考慮する必要があります。**

誰もが同じ関心、感受性、理解力を持っているわけではありません。こうした違いを見極め、尊重しようとしなければ、間違いなく聞き手を飽きさせ、イラつかせ、一切聞いてもらえなくなるでしょう。

「最高の会話」では、どちらが話していても、ふたりが互いに熱心に耳を傾けている

聞くべきときは、誰かが話しているときだけとは限りません。自分が話している間も聞くべきです。

あなたが子どものオーボエ独演会について話しているとき、相手は本当にもっと聞きたいと思っているでしょうか？

政治の話を始めたとたん、相手は表情を曇らせませんでしたか？

「かいつまんで話すと……」と言ったとき、相手の口から出たのは安堵のため息ではありませんでしたか？

話しながら人の反応を読むのが得意でないのなら、本人に聞いてしまいましょう。確認するのです。

「話、わからなくなっちゃった？」「言いすぎたかな？」「どう思う？」「話についてきている？」「もうこの話は聞きたくない？」「飽きちゃった？」「つじつまあっているかな？」「もういいって感じ？」

最高の会話とは、継続的な「聴くこと」のフィードバック・ループ（フィードバックを繰り返すことで結果が増幅されること）なのです。

フィードバック・ループを通じて、人が何を言うか、どう言うかが形成されていくものです。ラルフ・ウォルドー・エマーソンは、「良書は優れた読者によってつくられる」[6]と書いていました。同様に、優れた会話は優れた聞き手によってつくられます。

両者が会話に集中する様子は、まるですばらしいダンスのようです。どちらが話していても、ふたりが互いに熱心に耳を傾けます。

ウリ・ハッソンの研究チームが発見したように脳波が同調するだけではありません。身体的にも口調的にも、同調し始めることが別の研究で明らかになっています。お互いの話し方や姿勢、視線、ジェスチャーを真似るようになるのです。[7]

反対に、きちんと聞いてくれない人との会話（あなたの言葉を理解してくれない人や、あなたが話を聞いてどう感じるかなどを考慮してくれない人）は、まるで違うリズムに乗っている人かリズム感がない人と踊っているようです。

ぎこちない感じだし、つま先を踏まれてしまうかもしれません。

相手の人は何か大切なことを言ってくれるかもしれませんが、かなりのエネルギーと自制心がないと、話を理解することは難しいでしょう。

なぜあの人は、婚活でも自分の話だけしてしまうのか

相手が単に嫌な奴の場合もあります。

とはいえ、本当に嫌な奴であることはあまりないのではないでしょうか。**こういった人たちの会話は自己中心的ですが、それは嫌な奴だからというより、根深い自信のなさや、不安、弱みのあらわれであることが多いものです。**

その人たちの話を「聴く」ことで、彼らも話を聴くように——あなたの話だけでなく自分自身にも耳を傾けるように——なるかもしれません。

そして彼らが話を聴くようになると、会話に流れが生まれ、話題がかみ合うようになり、互いの反応もよくなります。

聞き手にも影響力があります。それは、その会話にどれだけ力を注ぐか、そしてそれをどのタイミングでやめるか、聞き手が決められるということです。

つまらないデートの経験がある人なら、どうしようもないくらい波長があわない人と一緒にいることが、どれほど大変か知っているでしょう。

その感覚は忘れてしまったという人も、ラジオ番組『セカンド・デート・アップデート』を数エピソード聞いてみれば、すぐ思い出せます。

番組を知らない人のために説明すると、ヒューストン、シアトル、シカゴ、ボストンといった大都市にあるポップス系やカントリー系のラジオ局で、朝の出勤時間に放送されている番組です。ある人との初デートを満喫し、2度目のデートをしようと相手に連絡しているのに、返事がこないのはなぜなのか理解できない男性や女性が、番組に電話をかけてきます。

そこで、この番組の司会者が相手に電話をかけ、何がまずかったのか聞き出します。このインタビューは、2度目のデートを願って番組に電話をかけてきた人と、通勤中の無数のリスナーが会話に耳をそばだてている中で行われます。

その様子は、おもしろくもあり恐怖でもあり、また滑稽でもあり悲劇でもあります。人は、つながりたいと強く願いつつ、心惹かれる相手に、なぜこれほど耳を貸さないのか、と。

たとえばジョナス。初デートでジョナスは、「小さな暴れん坊」をメアリーに紹介したのですが、彼女が居心地悪そうにしているのに気づけませんでした。

「小さな暴れん坊」と彼が呼んでいるのは野生のアライグマです。

ジョナスは手から直接エサを食べさせたり、自宅の庭につくった遊び場でアライグマが無邪気に遊ぶ様子を眺めたりするのが大好きでした。

また、ハンナの場合は、ネイトという男性に誘われて、子ども関連のチャリティ・イベントに参加しました。そこでネイトの不満げな視線に、ハンナは気づけませんでした。

ハンナは会場で、名刺を積極的に配って場を盛り上げて、人脈づくりに精を出していたのです。

狂犬病を媒介すると知られているアライグマを世話したり、ここぞとばかりに自分を売り込んだりするのが、恋愛においてそれほど問題なのか、さまざまな意見はあるかもしれません。しかしデート相手の言葉やリアクションに注意を払えないのは、間違いなく問題でしょう。

『セカンド・デート・アップデート』を聞きながら、ゾッとしてしまう理由はなんでしょうか。

それは、番組に電話をかけてくる人たちが、デート相手と一緒にいるときに相手の話にまったく耳を傾けていなかったからです。これでは、2度目のデートができないのも無理はありません。

それでも諦めきれず、ラジオ司会者に、自分に代わって聞いてほしいと頼み、デートの相手が自分の思いを説明しているとき、ここでもまた彼らは話を聞きません。

たいていは会話に割って入っていって、相手が誤解しているのだと主張するのです。

相手に「自分についてこう感じてほしい」と説得するのは意味がない

ポーランド生まれの社会心理学者ロバート・ザイアンスは、「自分が間違っているかもしれないと認めるのは簡単だ。しかし、自分が好きなものや嫌いなものを間違えるはずはない」[8]と書いています。

ということは、相手に、自分についてどう感じるかを変えてほしいと説得するよりも、自分をどう感じているのかに耳を傾けた方がいいですね。愛情を、議論と説得で勝ちとるなどできません。きずなを築くのにいちばん確実な方法は、相手の話に心から耳を傾けることです。

聞く時間が長いと疲れる

恋人であれ友達であれ、話しやすくてお互いに理解しあえる人を見つけるのはすばらしいことですが、いつも深いつながりを保てると期待するのは現実的ではありません。

どんな性格や気質、動機であれ聞くことはかなり労力を使います。ずっと聞き続けることはできません。

航空管制官は実際に、1時間半から2時間で休憩に入るシフト制になっています。新米の管制官はまだスタミナがついていないため、もっと短い時間しか担当できません。

管制官は、パイロットのリクエストや指示の復唱などの情報を聞かなければならないだけではありません。コックピットが危険な状況でないかを判断するために、パイロットの声に少しでも不安や混乱がないか、耳を澄ます必要もあるからです。

ダラス・フォートワース地域で働くある航空管制官は、「聞く時間が長すぎると、精神的に疲れ果ててボロボロになります」と教えてくれました。

「人によってはすぐ疲れてしまうので、気をつけないといけません」

この男性はシフトが終わるころにはたいてい、自分の聞くキャパシティーをすべて使い果たしてしまったように感じると言います。

「帰宅しても、とにかく家族と関わりたくないと思う日もあります。そうなると、家族のみんなは腫れ物に触るように接してきます。そういうときの私は一切誰の話も聞けないのです」

優れた聞き手は、自分の限界を知り、無理をしない

前述したフォーカス・グループ・モデレーターのナオミ・ヘンダーソンは、優れた聞き手でいるマイナス点は、常に誰かから相談の電話がかかってくることだと言います。

彼女には、電話を持ったまま玄関へ行き、自分で呼び鈴を鳴らして「あ、だれか来た。行かなきゃ」と切り抜けるという有名な話があります。さもないと、「まるで自分がチョコレート・ムースで、みんなスプーンを持って待ち構えているように感じる」

とナオミは言います。

誰かが自分の話に耳を傾けてくれるとき、愛されていると感じてしまうものなので、中には違いがわからない人もいるかもしれません。しかし、優れた聞き手は、自分の限界を知り、無理はしません。

相手の話に同意できないからとか、自分のことで頭がいっぱいだとか、相手の話はすでに知っているからという理由で話を聞かない人は、ダメな聞き手です。**しかし、知的、精神的な元気がないから今は聞けない、というのはダメなのではなく、人間らしいと言えるでしょう。**そうなったら、いったん会話から離れ、後で戻ってきた方がいいですね。

人の話をいい加減に聞いたり、本を流し読みするかのように聞いたりすれば、相手は気づくものです。小さな子どもでさえ、相手が話を聞いていないときはわかります。たとえば、私の友人の小さな息子は、両親の携帯電話をいつもトイレの便器に投げ込んでしまいます。他の物にはそんなことはしないのに、いつも携帯電話なんだそうです。この子は、ママとパパが自分の話を聞いてくれない原因を、きちんと知っています。

その人の話を聞くと苦しくなる人は有害な人

また、どんなにがんばっても、相手と波長があわないときもあります。

もしかしたら、自分の中の何かが相手の話を聞くのを拒んでいるのかもしれません。相手は聞いてほしいと思っていなくて、話すことを抑えているのかもしれません。もしくは単にその人が、有害というだけかもしれません。

有害な人とは、その人の話を聞くとあなたは必ず、気分が落ち込んだり、ないがしろにされた気持ちになったり、苦しくなったりする人です。誰かの話を聞いたからといって、その人の虐待的な面や冷酷な面がなくなるわけではありません。

複数の心理療法士をインタビューしたところ、みな同じ意見でした。

代表してワシントン州ポートランドにあるオレゴン健康科学大学で精神医学の教授を務めるキャスリン・ゼルベの言葉を紹介します。

「この業界には、治療できない患者もいます。同様に私たちの人生のなかには、どうしても聞けない物語があります。このことを、すべての人に知っておいてほしい。人間が経験できることには限界があり、それでいいのです」

「聴く」過程が、人を親密にさせる

しかし問題は、人はあまりにも早く諦めてしまいがちだということです。苦労せずに弁が立つようになる人はそんなにいません。多くの場合、心のうちを自由に話せるようになるためには時間をかけて、聞き手、そしてもしかしたら自分自身とも、信頼を築いていく必要があります。

話し手が上司であれ、同僚、友達、家族、見知らぬ人であれ、人が思いを打ち明けるまでにはしばらく時間が必要です。

彼らは、まわりくどい言い方をしたり、ユーモアを隠れみのにしたりするかもしれません。言葉をたくさん口にしたり、逆にあまりしなかったりするかもしれません。また、心にもないことを口にするかもしれません。

優れた聞き手は、相手が自分の内なる声を見つけるのを助けようと、時間をかけ手をつくします。**そしてその過程で、親密になり、理解を深められます。**

相手に注意を向け続ける才能がある人も、努力でそれを成し遂げる人もいます。

どちらのタイプであれ、聞き手が注意を向け続ければ、人は心の内を打ち明けてくれるでしょう。もしあなただったら、自分が言いたいこと、言うべきことを考えたりまとめたりする間、他の誰かも一緒にそこにいてほしいと思いませんか?

一度の会話だけでは人の話を理解できないこともあります。私は、よく理解できたと思ってインタビューを終えたものの、その後しばらく考え、もう一度連絡をとったことが何回もあります。もっと理解を深める必要を感じ、追加質問をしたり、あるいは前と同じ質問を違う聞き方で投げかけたりしました。

話し手が目の前にいなくても、聞くことは続きます。相手が言った言葉をじっくり考え、さらなる洞察を得るのです。

ただしこれは、執着していつまでも考えたり、会話の細かい部分を批判したりしようという提案ではありません——精神科医のゼルベに言わせると、それは不安から来るものであって、素直な熟考ではありません。

不安が原因で執着しているときは、誰かに言われた言葉について、言われたことで自分が抱いた感情ばかりをくよくよ考えて、時間がいたずらにすぎていきます。自分で振り返って確認できますね。素直に熟考できているときは、その人にその言葉を言わせた感情に思いを巡らせています。

聞いたことの記録をつけると、自分がどういう人間かもわかってくる

ピュリッツァー賞受賞作品『すべての見えない光』(新潮社)の著者アンソニー・ドーアにとって、自分の考えや感情を書く「ジャーナリング」は、自分の内面を「聴いて」振り返る方法です。

ドーアは現在47歳で、16歳から日記をつけています。日記をつけることは「実は、見ること、聞くことの訓練です」とドーアは説明しています。

「大きく混乱に満ちた世界をじっくり解釈するのです——まるで祈るように」

優れたジャーナリズムにも、これと同じ性質があります。

たとえば、『ニューヨーカー』誌の「プロフィール」コーナーは、ある人物について、

ライターがその人と交わした会話を振り返るものですが、相手が言った言葉のみならず、言わなかった言葉、くせ、態度にも言及します。

前述のジリエン・トッドはハーバード・ロー・スクールでの交渉術の授業で、交渉時には、まるで新聞か雑誌にその人の記事を書かなければならないかのように、相手の話をしっかり「聴く」よう学生に指導しています。当然と言えば当然かもしれません。

私自身も、人の言葉を常に集めています。1日の中で、何か興味深いもの、笑える話、示唆に富む言葉を聞いたり小耳に挟んだりしたら、素早く書きとめます。ノート数冊とパソコンにも複数のファイルがあり、そこには、友達、家族、同僚、見知らぬ人、そして当然ながらこれまでインタビューした相手が口にした、含蓄ある言葉や深遠な言葉があふれています。

注意を払い始めると、記録しておきたいものがいかに多いか、驚くほどです。

このように集めた人の言葉を読み返すと、その言葉を言った人のことだけではなく、自分自身をも明らかにする興味深いテーマに気づくようになります。

相手の言葉をじっくり考えることは自分の心にその人を招き入れること

人が言った言葉を振り返ってじっくり考えるということは、あなたの心の中に、その人の考えや感情の居場所ができるということです。

これは、聞くことが「おもてなし」のひとつの形であるという考えの延長線上にあるものですね。あなたは、その人を自分の意識の中へと招き入れているのです。

そして、記憶に残る会話は、あなたにとって大切な意味を持ちます。

プリンストン大学の哲学の教授であり、論説『On Friendship（友情について）』[9]の著者であるアレクサンダー・ネハマスは、かつてこんな話をしてくれました。

「最高の友情とは、前回会ったときと変わらず、すぐに会話の続きを再開できる関係です。相手の言葉があなたの中にずっと残っていたということです」

たしかに「あなたが言ったことをずっと考えていたんだ」と言われたら、とてもうれしいですよね。

そう考えると、友達とは、あなたが今話していることと過去の発言を関連づけて、問題を解決したり考えをはっきりさせたりするのを助けてくれる存在だと言えます。ときには、今と過去の発言をつなぎ合わせて笑わせてくれるということもあるでしょう。

現代人は、聞かれることに罪悪感を覚える

しかし、今は人の話を聞くのは負担だとされる時代です。

人はよく、自分の話に耳を傾けてもらうと、気が引けたり、恥ずかしいと感じたり、罪悪感を抱いたりします。

ましてや、自分の発言を振り返ってじっくり考えてくれるなどと相手が言ったら、なおさらです。

この人たちは、インターネットと呼ばれるデジタルのブラックホールになら心のうちをすべてさらけ出せるのに、同じ部屋で自分に全神経を注いでくれる人に、自分をさらけ出すなんてできないのです。

エイミー・ブルームは著書『Love Invents Us（愛は私たちをつくり出す）』の中で、こう書いています。

「慣れ親しんだ冷たさがこんなに長く続いた後に、自分を知ってもらい、聞いてもらい、見てもらうなんて、本当に難しすぎるし、遅すぎるし、むしろ避けたいことかもしれない」[10]

ニューヨーク市のヘア・スタイリスト、ジェリー・ジェイコブスは、髪を切っている最中に胸の内を話してしまったことを謝るお客さんが多い、と言います。

「何か悪いことをしているとでも思っているみたいです。気にしなくていいですよ、とお客さまには伝えます。話すと気が楽になりますから。私は人の悩みごとから逃げたりしませんから」

彼のサロンに行けば、押さえつけていた思いや感情をお客さんがなぜ話してしまうのか、よくわかります。

まず、至近距離に立っている人に頭を触られると、親密な間柄であるかのような感覚に陥ります。加えてジェイコブスは、「どんな雰囲気の髪型がいいですか？」とか「自分の外見をどう感じてますか？」など、こちらの内面に触れるような質問を投げかけてくるのです。

鏡に向かいながら返事をするジェイコブスのお客さんは、彼と話しつつも、まるで自分自身にも語りかけているようです。

「なんとなく感じるのは、お客さん達が、人に話を聞いてもらっていないんじゃないかということ。聞いてもらっていたとしても、ちゃんとではないと思う」とジェイコブスは言います。

たとえサロンに来た人が、試しにターコイズ色のメッシュを入れてみたいという若い女性であれ、はげた部分を隠したいという中年の男性であれ、ここでは椅子に座っているうちに、交際相手とうまくいっていない話、子どもとの確執、健康面での心配事、社会的な不安、お金の問題など、具体的な話題が、まるで床に落ちた髪のように重なっていきます。

打ち明け話をしてしまうと、人は動揺する

人の話をさえぎったり、上からかぶせて話したりしなければ、相手が言葉や考えを最後まで話すのを邪魔せずにすみます。

人はときに、言うつもりではなかったことや思ってもなかったことを口走ったりするものです。

戸惑いますし、言った本人も嫌な気持ちになるかもしれません。

私がインタビューした人の中には、自分が言ったことを後になって恥ずかしいと感じる人もいました。

もっと極端なケースでは、録音されていると知っているにもかかわらず、実際に言ったのに言っていないと主張する人もいました。

人づきあいの中でも同様に、言いすぎたと謝る人もいるかもしれません。もしくは、自分が話した内容をあなたが知ってしまっていることがいやになり、距離をとったり冷たく接してきたりする人もいるかもしれません。

複数の心理療法士から聞いた話では、患者がセッションでとりわけ難しい話を打ち明けた後、次のセッションを何度かキャンセルしたり、まったく来なくなってしまったりなどは珍しい話ではないそうです。

前述した精神科医のゼルベは、「弱みを握られたように感じてしまうのです。そのためかなり長い間、連絡がこないこともあります」と言います。

話を聞ける間柄でいたいなら勝手に人の話を暴露しない

こうした「弱さ」は、人からの打ち明け話を心の内にしまっておくことが、いかに大切であるかにつながります。

うわさ話（誰かの行動を理解しようと話題にする）と、誰かが内々で教えてくれた話を暴露して信頼を裏切ることは、まったく別の話です。

コミュニケーション・プライバシー・マネジメント理論[11]（CPM理論とも。人が個人的な情報を明らかにするかどうかを、どのように意思決定するのかの研究理論）によると、プライベートな情報は、お金のようなものです。

他人のプライベートな情報を話してしまうのは、その人のお金を勝手に使っているようなものです。

自分のお金は自分が好きに使えるのと同様に、自分の情報であれば好きなだけ明らかにしても構いません。しかし他人の口座からお金を引き出したら、口座の持ち主は怒るでしょう。

明確な許可がないなら、その情報を勝手に教える立場にあなたはありません。

たとえあなたがある情報について、公知だと思ったとか、恥ずかしいと思わなかった、または扱いに注意が必要なものだとは思わなかった場合でも同じです。

内密な話を相談できるような、信頼のおける人でいましょう。さもなければ、人は重要なことをあなたに打ち明けるのをためらい、下手をしたら一切連絡してこなくなってしまうかもしれません。

しかし、「聴く」ことは自分の狭い視野を広くする

こうした潜在的なリスクを考えると、人の話に耳を傾けるなんてとても無理だと思うかもしれません。

一部の人にとって、そして状況によっては、確かにそのとおりでしょう。

しかし多くの場合、聞く努力は報われます。

他の人がどう苦悩に対処しているかを聞けば、自分の問題に対処するヒントにもなるでしょう。その人の対処法を取り入れることもあれば、それがうまく行かないようなら逆のことをしてみるなど、できるかもしれません。

人の話を聞くことは、誰もが似たような悩み——愛されたい、目標がほしい、死ぬのが怖いなど——を抱えているという理解につながります。ひとりぼっちではない、と気づけるのです。

耳を傾けることで、自分の視野の外側で展開する世界に気づき、受け入れるようになります。そしてそれが、自分の狭い視野の内側で起きていることの整理に役立ちます。

人生で起きることは自分の思い通りにならないことばかりですが、聞くことは例外で、自分で完全にコントロールできます。

あなたの意識を向ける価値のある人は誰か、自分で決められるのです。聞くことをあなたに強いるなど、誰にもできません。人の話に耳を傾ける能力は贈り物であり、誰にどう授けるか、あなたが決めるのです。

「聞かない」なら、相手を傷つけると知った上で選択する

ここまで見たように、意識を向けるという贈り物を差しだすことは、意識的に、かつ意図をもってすべきです。

そして、「意識を向けないこと」も、意識的に、かつ意図をもって決めなくてはなりません。聞かないという選択肢が現実的で理にかなっている場合もあるでしょう。しかし、聞かないことは拒絶のひとつの形であることは変わりません。意識的にせよ無意識的にせよ、あなたは別のことに注意を向けるという選択をしており、少なくともそのときは、話し手は、おもしろくなく、重要でもなく、価値もないと暗にほのめかしていることになってしまいます。

人の話を聞かないと、あなたにそのつもりがなくても相手は傷つくものですし、それを武器として使ったなら残酷でさえあるでしょう。

だからこそ、予告も説明も一切なしに突然あらゆる連絡を断ち切ってしまう「ゴースト」(専門的にいうと、回避方略または退避方略)をされた人は、信じられないくらい傷ついてしまうのです。

学術誌『ジャーナル・オブ・リサーチ・イン・パーソナリティ』に掲載された研究によると、他の別れ方と比べ「ゴースト」は、された人がもっとも傷つき、怒りと恨みを生んだのでした。[12] 説明してもらい、自分の気持ちを伝える機会があった人は、そうでなかった人たちと比べると怒りと苦痛が軽くすみました。

あなたが話を聴けない人は、どんな人だろうか

人が離れてしまう理由はいろいろありますが、非難されたという理由がもっとも多いそうです。

しかし、いちばん聞きたくないことこそ、いちばん自分のためになる場合もあるということも知っておきたいですね。強い非難は、刺すように痛むものです。

でも、自我(エゴ)に邪魔されることなく耳を傾け、たとえ傷つくような言い方だったとしても、言われたことに向き合えば、自分のいたらないところに気づけるかもしれません。

もし、非難が不当だと感じたら、自分の行動がなぜそう受けとられたかを理解し、本当の意図は何であったかを説明することもできます。**さらに優れた聞き手は、さまざまな考えや意見に触れているため、非難に対して打たれ強くなります。**ひとりの言葉が必ずしも絶対的だったり、まったく正確だったりするわけではないとわかっているのです。

自分にとって耳を傾けるのが難しい相手を思い出し、なぜ難しいと感じるのか、自問してみると良いでしょう。

その人が決めつけてくるからでしょうか？　何度も同じ話を繰り返すから？　大袈裟だから？　細かすぎるから？　自慢話ばかりだから？　事実を間違えるから？　ネガティブだから？　歯が浮くような話ばかりだから？　うわべだけ？　侮辱してくるから？　あなたの考え方に異議を唱えるから？　意見に反するから？　こちらが羨ましくなってしまうから？　あなたが知らない話を引き合いに出したり、言葉を使ったりするから？　声がイライラさせる？　人づきあいや仕事で使えない人だから？　親密な関係になるかもしれないのが怖い？

自分なりの理由があるはずです。まず何が理由なのかを理解すればいいのです。そして、耳を傾けられない理由が、自分自身について何か物語っていないか考えてみましょう。

本気で耳を傾ければ人は変わるものであり、その人へのあなたの見方も変わるものだと理解しましょう。やめようと決める前にまずは努力してみると、報われるものです。

＊本書で翻訳を一部調整

chapter

18

「聴くこと」は学ぶこと

満員の教会の告解室

国境の町テキサス州サン・フアンで車を走らせ、州間高速道路（インターステート）2号線に沿って並ぶ、保釈金たてかえ業者や「テキサス名物ワタバーガー」の巨大看板の向こうに、キラキラしたモザイク画でキリスト様と聖母マリア様が外壁に描かれた建物が見えたら、サン・ファン・デル・バレ聖母大聖堂に到着です。

ここがサン・ファン・デル・バレ聖母大聖堂であることを表すもうひとつのヒントは、何千人と続く、教会への人の流れです。

キャンドルを灯し、おそなえ物をするためにやって来た人々もいますが、いちばん長い行列は告解室へと続くもので、まるで空港の保安検査場へ向かう行列のように、きれいなS字になっています。

司祭たちは6つある告解室を常にローテーションで担当し、3時間シフトを最長で1日12時間こなし、誰を追い返すこともせずに、時間を延長して人の話を聞き続けます。

丸い顔だちをしたホルヘ・ゴメス神父は、若くしてこの大聖堂の主任司祭を務めています。

近年、カトリック教会の聖職者による性的虐待のスキャンダルが続き、多くの信者がカトリック教会から離れていきました。それにもかかわらず、告解を待つための行列は、週を追うごとに長くなっているようだとゴメス神父は言います。告解を希望する人の急増を、どう受けとめていいかよくわからないとも口にしました。

より罪深い社会になったとか、人が自分のしたことに罪悪感をもっと抱くようになったというわけではないと、神父は考えています。実は、告解に来て罪の話をする人はほとんどいません。中にはカトリック教徒でない人さえいます。

「みんな、まるで野戦病院にでも行くかのような感じで、ここへ来ます」

と神父は言います。

「どうしようもないくらい誰かに話を聞いてもらいたい。その様子は、まるで傷を負っているようです。瀕死の重傷といってもいいくらいです」

私たちは話しながら、大聖堂の敷地をぶらぶらと歩いていました。ゴメス神父の黒のローブが、歩くたびにさざ波のように細かく揺れます。

メキシコの農村部出身で、12人兄弟のいちばん上のゴメス神父は、いまだに自分がこの大聖堂にたどり着いた奇跡を信じられない思いでいます。

大聖堂と広大な敷地は競技場に匹敵する大きさで、週末ごとに2万人以上が集まり、カトリックの聖地としてアメリカ屈指の訪問者数を誇ります。訪問者は世界中——北アメリカ、ラテン・アメリカ、アジア、アフリカ、ヨーロッパ、カリブ海諸国——からやって来ます。

たとえばワシントンD.C.にある「無原罪の御宿りの聖母教会」や、ニューヨーク州のセント・パトリック大聖堂も世界中から大勢訪れますが、ほとんどが観光客です。それとは異なり、サン・ファン・デル・バレ聖母大聖堂を目指す人たちは祈りに来ています。もっと端的に言うと、話を聞いてもらいに来ているのです。

一度弱みを見せることを経験した人は、相手を尊重できる

私が大聖堂を訪れた日、あらゆる年齢、民族、国籍の人たちが胸の重荷を下ろそうと列をつくっていました。司祭たちはマルチリンガルで、4カ国語で告解を聞いていました。

並んでいる人の中には、近所の柑橘園で働いているとおぼしき人もいれば、金のバックルがついた高価なイタリア製の靴と細身のスーツを身につけた、ヨーロッパのファッションリーダー風の人もいました。ほとんどの人は、自分の番を待つ間、携帯電話に釘づけになっていました。

「この世界では、聞くことが危機におちいっているのだと思うようになりました」とゴメス神父は言います。

「話したい人はたくさんいますが、聞きたい人はごくわずかです。そしてここで目にするのは、そのために苦しんでいる人々なのです。私は告解で、好きなように話してもらいます。彼らは最後に、私と話ができてうれしかった、と言います。でも私は話をしていません。おそらく、彼らの話を〝聴ける〟状態に私自身があること、それが彼らが求めてやまないことなのでしょう」

カトリック神学校では、告解を聴く訓練はほとんどしていないとゴメス神父は言います。

彼にとって告解を聴く準備としていちばんいいのは、自分も定期的に告解することです。「謙虚な心で他の司祭の前に座り、自分の罪を告白しなければいけません。そうすることで、告解を聴く立場にいるとき、深い思いやりを抱けるのです」

このような共感は、あらゆる聞き手に求められるものです。弱さを見せるとはどういうことかを自分自身で経験しないと、他の人が弱さを見せたときに感受性をもって尊重することがなかなかできません。

表面的な会話を続けたり常に冗談を言っているだけの人は、自分の労力や時間を使って他人を助けるとはどんなものか、理解できません。そういう人は、他人の助けをどう受けとるかもなかなか理解できないのです。

プライベートな話を人に打ち明けたのに、思いやりや理解のない反応をされた経験がある人なら、これがどれだけ、殻の中に魂ごと引っ込んでしまいたくなる経験かを知っています。

人が罪を告白したり、アイデアを提案したり、夢を語ったり、不安をさらけ出したり、重大な出来事の思い出を話したりしているとき、それが何であれその人は、自分の一部を差し出しているのです。

思いやりをもって受けとめないと、その人は今後あなたと話すとき「この人に本心は話せない」と考え、きれいごとしか話してくれなくなるでしょう。

努力すれば、「聴くこと」は上手になる

誰かと会話を交わしているときのあなたの態度は、ふたつのことを引き起こします。

① あなた自身の理解を助けるか邪魔をするか

② 相手との人間関係を強めるか弱めるか

このふたつのどちらにとっても、聴くことがいちばんおすすめです。

本書でずっと話してきたとおり、気づきと忍耐力があれば、聴く力を伸ばし、非常によい聴き手になることができます。

しかしそれでも、ときには集中力や忍耐力を失ってしまうときはあるでしょう。ゴメス神父でさえも、ぼーっとしてしまう瞬間はあると言っていました。

聴くことは、粘り強く練習するほど、どんどん上達する一方で、すべて学びとって完ぺきな領域に到達することは決してありません。

その意味では、スポーツや楽器の演奏に似ています。もともと才能に恵まれた人もいるでしょうし、努力が必要な人もいるでしょう。

しかし努力すれば誰もが恩恵を得られます。

話を聴かないことは、変わりゆく世界に踏み出さず、自分に閉じこもること

サン・ファン・デル・バレ聖母大聖堂での行列は、人間には「話を聴いてもらいたい」という根本的かつ切迫した欲求があることを物語っています。

もし何かすばらしいこと、もしくはひどいことが自分の身に起きたら、最初に抱く衝動は何ですか？

おそらく、誰かに話したい、でしょう。

もし近くに誰もいなければ、私たちは悩みごとや喜びを、見知らぬ人、ペット、下手をすると鉢植えの植物にさえも話すでしょう。

話を聴くという行為は、この「話したい」という衝動と対をなすもので、心身の健康に対する重要性はまったく変わりません。

人は、発信したいという思いと同じくらい、受け取りたいと切望しているものです。人の話を聞けないほど忙しいときや、携帯電話に見入っているとき、意見を言いたくて人の言葉をさえぎるとき、何かを決めつけるとき、私たちは、他の人が考えや感情

を純粋に表現するのを拒んでいることになります。

その結果、話をきちんと聴いたときより虚しく、空っぽに感じるでしょう。

聴くことは、気づきを高めてくれます。感覚を研ぎ澄ませてもくれます。

他の人の考えや感情に焦点を合わせられるようになると、世界はもっといきいきと感じられ、世界もあなたにもっといきいきと反応してくれるようになります。

そうではないすごし方では、何の疑いもなく抱く信念と、凝りかたまった考えの中に閉じこもり、無音の人生になりかねません。

それは、世界や人が常に変化を遂げる中、自分が知っていることや真実だと思い込んでいるものから、一歩も踏み出すことなく過ごす人生です。**安全に思えますが、実はただ息苦しいだけです。**

だれかの話を聴くのは尊敬の証

スイスの心理学者ジャン・ピアジェは、未就学児の「集団的独語」[1]を研究しました。

未就学児を何人か集めるとぺちゃくちゃ話し始めますが、それはお互いに向かってではありません。ひとりごとです。
近年「会話」とされるものは、砂場でよく見る子どもたちのこうしたおしゃべりにそっくりです。その結果として、政治的、経済的、社会的、心理的な問題が起きないほうがおかしいくらいでしょう。

これに対してピアジェは「集団的対話」を、「互いに聞きあい、反応し合うこと」と定義しています。**集団的対話を行えるということは、それに足る成熟した人格と、人間関係を構築できるあらゆる能力を備えているということです。**

ヘンリー・デイヴィッド・ソローは、次のように書きました。「これまで私がもっとも称賛されたと感じたのは、ある人が私の考えをたずね、その答えにその人がじっと耳を傾けたときでした」[*2]（『生き方の原則─魂は売らない』文遊社）

だれかに耳を傾けてもらえると、褒め言葉を言われるより嬉しいものです。だからこそ、本気で話を聞いてくれる人（ますます貴重な存在になりました）に私たちは心惹かれます。

だれかの話に耳を傾けるのは礼儀であり、もっと根本的な、尊敬の証です。
あなたが尊敬する人への思いは、言葉にするだけでは伝わりません。行動で示す必要があります。

そしてその人の話に耳を傾ける行為が、もっともシンプルに思いを伝える方法です。

しかし、聞くことは簡単ではありません。

私たちのすばらしき脳は、他の人が話すよりもすばやく回転するため、いとも簡単に気が散ります。

すでに知っていることを過大評価し、傲慢になり、自分の誤解に気づけないままになります。

また、もし丁寧に聞きすぎたら、自分の考えに間違いがあると気づいてしまうのではないかとか、相手の感情を受けとめきれなくなるのではないかと恐れてしまいます。

だから、自分の殻の中に引きこもったり、互いの言葉をさえぎって話したり、携帯電話に手が伸びたりしてしまうのです。

テクノロジーは聞くことなど不要なのではないかと思わせ、聞くことを邪魔しています。デバイスは、人と親密になることを恐れる私たちを、甘やかしています。

たとえせつないほどに孤独なときでさえも、社会とつながっていると勘違いさせるのです。

私たちは人の面倒くさいところや欠点を避け、比較的安全なデバイスの中へと引き込まれ、気ままにスワイプ、削除を繰り返します。**その結果、人間同士の交流から豊かさや細かな陰影が失われ、忍びよる不満感にさいなまれることになります。**

優れた聞き手は、愚かな人を見わける

相手の話を聞かないと、対話のレベルが落ちます。

真剣に聞いてくれる人に向かって声に出すときと、頭の中にあるとき、または140文字でつづるときとでは、同じ言葉でもまったく違う経験と価値になります。聞き手の反応は、話し手に影響します。丁寧に聞くと、会話がよりよいものになります。話し手が自分の言葉にもっと責任を持ち、発言に気をつけるようになるからです。

聞くことは思いやりの典型ではありますが、あらゆる人に向けるべき礼儀というわけではありません。

それは無理な話です。

好奇心が許す限りできるだけさまざまな人の話を聞くのは自分のためになりますが、いつ、どこを限界とするかは、最終的には自分で決めてよいのです。

優れた聞き手でいるとは、愚かな人にいつまでも我慢しなくてはいけないという意味ではありません。優れた聞き手でいるとむしろ、愚かな人を見わけやすくなり、愚かさに気づけるようになります。そしておそらくもっとも重要なのは、人の話に耳を傾ければ、あなた自身が愚かな人にならずにすむことです。

「話を聴く」とは、「話をする」の「控え目な相方」と思われがちです。

しかし本当は「聴くこと」は、コミュニケーションにおいて「話をする」よりもパワフルな立場にあります。

「聴くこと」は、学ぶことです。

話を聴くことで、真実を言いあて、欺瞞（ぎまん）を見つけ出せるようになれます。

聴くことは、他者が意見を言えるということですが、だからといって永遠に口をつぐんでいなければいけないわけではありません。話への反応のしかたによって、その人がどれだけ優れた聞き手か、さらにはどれだけ良い人であるか、実はわかるのです。

ペースが速く大忙しの風潮の中、聞くことは重荷だと思われています。

会話は展開がゆっくりで、前の話題に戻らなくてはいけないときもあるかもしれません。聞くことには努力が必要です。

その結果、理解し合う親しい関係が築けます。

よく「今は話せないの」と言う人がいますが、この意味するところは「今は聞いていられないの」ということです。そして多くの人は結局、聞くためにわざわざ時間をとるなどしないように思えます。

でも、私たちが皆、人生でもっとも求めているのは、人を理解し自分を理解してもらうことです。

これが唯一実現できるのは、急がず、じっくり「聴く」時間を意識的にとるときだけなのです。

＊本書で翻訳を一部調整

謝辞

ジャーナリズムにおいて、記事の価値は情報源で決まります。本書を書くにあたり、調査をするうえで、時間と知識を惜しみなく与えてくれた人たちに心から感謝しています。

私の電話に応えたり、メールに返事をしたり、私と直接会ったりする義務はなかった人たちです。にもかかわらず、応じてくれました。彼らが快く私の相手をしてくれたことに、言葉で言い尽くせないほどありがたく思っています。

すべてを書き出すにはあまりにも多すぎるうえ、名前を出されるのを望まない方々も実はたくさんいます。しかし彼らと交わした会話はどれも重要で、本書の内容を左右するものでした。さらに、インタビューの録音を再生したり、自分のメモを読み返して彼らの声を思い出したりして、ひとり孤独に原稿に向かっているときでさえ、私は常にすばらしい人たちに囲まれていました。本書はいろいろな意味で、私からのお返しと言えます。

また、ここで研究を引用した発達学、行動学、社会学、脳科学の研究者たちにも感謝します。自分の研究論文を快く全文送ってくれたり、忍耐強く私の質問に答えてくれたりした人たちに、お礼を申し上げます。さらに、研究論文をオンラインに公開し、簡単にアクセスできるようにしてくれた研究者たちにも感謝します。

同様に、プロジェクト・グーテンベルクとインターネット・アーカイブについても、タイトルがわからない本やテキストを探すときにかなり助けてもらいました。このふたつの非営利団体はボランティアに支えられたイニシアチブであり、相当数の電子化書籍やテキストを、研究者、学者、そして単に好奇心旺盛な人たちが無料でアクセスできるようにしてくれています。それから、私の地元であるヒューストン公共図書館、ライス大学フォンドレン図書館、テキサス大学オースティン校ペリー・カスタネダ図書館を挙げないわけにはいきません。これら図書館の蔵書と静かな環境を、かなり贅沢に使わせてもらいました。

代理人のブリジット・マッツィにはその絶妙なタイミングに、そしてアビータス・クリエイティブ・マネジメントの他のみなさんには、エージェントを務めてくれていることに、とりわけエズモンド・ハームズワースはその鑑識眼と賢明なアドバイスに、チェルシー・ヘラーはその国際的な専門知識とまとめる手腕に、それぞれ特別に感謝します。

ガダ・アスフールは、熱意とユーモアをもって、本書の一言一句を校閲してくれました。ベン・マーフィーは知的で直感的な索引を制作し、エリザベス・カタラノは長くて体裁の整っていないテキストファイルを本物の書籍に仕上げてくれました。尊敬と感謝の意を表します。

本書のアメリカでの出版社セラドン・ブックスには、私に賭けてくれたことに、編集者のライアン・ドハーティには、「話聞きたい？」と自分の体験を聞かせてくれ私を勇気づけ安心させてくれたことに、それぞれ心からのお礼を申し上げます。

当然ながら本書は、複数のすばらしい新聞や雑誌で仕事をさせてもらえた栄誉なしには、ありえませんでした。とりわけ、私が長年寄稿し続けてきた『ニューヨーク・タイムズ』については、現役・元編集者のみなさん――トリッシュ・ホール、スコット・ヴィール、オナー・ジョーンズ、マイケル・メイソン、パトリック・ファレル、ロベルタ・ゼフ、ジム・カーステッター、アレクサンドラ・ジェイコブスなど――に感謝します。

数えきれないほどの案件で自由に仕事をさせてくれ、まさに聴くことの免許を授けてくれました。

【chapter 18】

1　Jean Piaget, Language and Thought of the Child: Selected Works, trans. Marjorie and Ruth Gabain (New York: Routledge, 2002), 1-30.

2　『生き方の原則：魂は売らない』（著：ヘンリー・デイヴィッド・ソロー、訳：山口晃）文遊社 2007 年

掲載データは原著刊行時のものです。

Social Psychological and Personality Science 3, no. 6 (2012): 675-681, https://doi.org/10.1177/1948550611435137.
20 Amy Summerville, "The Rush of Regret: A Longitudinal Analysis of Naturalistic Regrets," Social Psychological and Personality Science 2, no. 6 (2011): 627-634, https://doi.org/10.1177/1948550611405072.
21 Susan Shimanoff, "Commonly Named Emotions in Everyday Conversations," Perceptual and Motor Skills 58, no. 2 (1984): 514, http://dx.doi.org/10.2466/pms.1984.58.2.514; Susan Shimanoff, "Expressing Emotions in Words: Verbal Patterns of Interaction," Journal of Communication 35, no. 3 (1985), http://dx.doi.org/10.1111/j.1460-2466.1985.tb02445.x.

【chapter 17】
1 Kate Murphy, "The Fake Laugh," New York Times, October 20, 2016. https://www.nytimes.com/2016/10/23/opinion/sunday/the-science-of-the-fake-laugh.html.
2 『ミドルマーチ 1』（著：ジョージ・エリオット、訳：廣野由美子）光文社 2019年
3 『論理と会話』（著：ポール・グライス、訳：清塚邦彦）勁草書房 1998年；H. Paul Grice, "Logic and Conversation," in Speech Acts, ed. P. Cole and J. L. Morgan (New York: Academic Press, 1975), 41-58.
4 『語用論』（著：ジェフリー・N. リーチ、訳：池上嘉彦、河上誓作）紀伊國屋書店 2000年；『ポライトネス：言語使用における、ある普遍現象』（著：ペネロピ・ブラウン、スティーヴン・C. レヴィンソン、監訳：田中典子、訳：斉藤早智子、津留崎毅、鶴田庸子、日野壽憲、山下早代子）研究社 2011年
5 Kate Murphy, "Why Tech Support Is (Purposely) Unbearable," New York Times, July 3, 2016, https://www.nytimes.com/2016/07/04/technology/why-tech-support-is-purposely-unbearable.html.
6 Ralph Waldo Emerson, The Collected Works of Ralph Waldo Emerson: Society and Solitude (Cambridge, MA: Belknap Press, 2007), 150.
7 Thomas Fuchs and Hanne De Jaegher, "Enactive Intersubjectivity: Participatory Sense-Making and Mutual Incorporation," Phenomenology and the Cognitive Sciences 8, no. 4 (2009): 465-486, https://doi.org/10.1007/s11097-009-9136-4; Alex Pentland, "Social Dynamics: Signals and Behavior," in Proceedings of the Third International Conference on Developmental Learning (ICDL' 04), Salk Institute, San Diego, UCSD Institute for Neural Computation (2004): 263-267.
8 Robert Zajonc, "Feeling and Thinking: Preferences Need No Inferences," American Psychologist 35, no. 2 (1980): 151, http://dx.doi.org/10.1037/0003-066X.35.2.151.
9 Alexander Nehamas, On Friendship (New York: Basic Books, 2016).
10 Amy Bloom, Love Invents Us (New York: Vintage, 1998), 205.
11 Sandra Petronio and Wesley T. Durham, "Communication Privacy Management Theory Significance for Interpersonal Communication," in Engaging Theories in Interpersonal Communication: Multiple Perspectives, ed. Dawn Braithwaite and Paul Schrodt (Thousand Oaks, CA: Sage, 2014), 335-347; Sandra Petronio and Jennifer Reierson, "Regulating the Privacy of Confidentiality: Grasping the Complexities Through Communication Privacy Management Theory," in Uncertainty, Information Management, and Disclosure Decisions: Theories and Applications, ed. T. A. Afifi and W. A. Afifi (New York: Routledge, 2009), 365-383; Lindsey Susan Aloia, "The Emotional, Behavioral, and Cognitive Experience of Boundary Turbulence," Communication Studies 69, no. 2 (2018): 180-195, https://doi.org/10.1080/10510974.2018.1426617.
12 Tara Collins and Omri Gillath, "Attachment, Breakup Strategies, and Associated Outcomes: The Effects of Security Enhancement on the Selection of Breakup Strategies," Journal of Research in Personality 46, no. 2 (2012): 210-222, https://doi.org/10.1016/j.jrp.2012.01.008.

3 Jan Engelmann, Esther Herrmann, and Michael Tomasello, "Preschoolers Affect Others' Reputations Through Prosocial Gossip," British Journal of Developmental Psychology 34, no. 3 (2016): 447-460, https://doi.org/10.1111/bjdp.12143.
4 Marianee Jaeger, Anne A. Skleder, Bruce Rind, and Ralph L. Rosnow, "Gossip, Gossipers, Gossipees," in Good Gossip, ed. R. F. Goodman and A. Ben- Ze' ev (Lawrence, KS: University Press of Kansas, 1994); Jordan Litman and Mark V. Pezzo, "Individual Differences in Attitudes Towards Gossip," Personality and Individual Differences 38, no. 4 (2005): 963-980, https://doi.org/10.1016/j.paid.2004.09.003; Francis McAndrew, Emily K. Bell, and Contitta Maria Garcia, "Who Do We Tell and Whom Do We Tell On? Gossip as a Strategy for Status Enhancement," Journal of Applied Social Psychology 37, no. 7 (2007): 1562-1577, https://doi.org/10.1111/j.1559-1816.2007.00227.x.
5 Elena Martinescu, Onne Janssen, and Bernard A. Nijstad, "Tell Me the Gossip: The Self-Evaluative Function of Receiving Gossip About Others," Personality and Social Psychology Bulletin 40, no. 12 (2014): 1668-1680, https://doi.org/10.1177/0146167214554916.
6 Roy Baumeister, Liqing Zhang, and Kathleen D. Vohs, "Gossip as Cultural Learning," Review of General Psychology 8, no. 2 (2004): 111-121, https://doi.org/10.1037/1089-2680.8.2.111.
7 Matthew Feinberg, Robb Willer, and Michael Schultz, "Gossip and Ostracism Promote Cooperation in Groups," Psychological Science 25, no. 3 (2014): 656-664, https://doi.org/10.1177/0956797613510184.
8 Miguel Fonseca and Kim Peters, "Will Any Gossip Do? Gossip Does Not Need to Be Perfectly Accurate to Promote Trust," Games and Economic Behavior 107 (2018): 253-281, https://doi.org/10.1016/j.geb.2017.09.015.
9 Baumeister et al., "Gossip as Cultural Learning."
10 Robin Dunbar, Anna Marriott, and Neil Duncan, "Human Conversational Behavior," Human Nature 8, no. 3 (1997): 231-246, https://doi.org/10.1007/BF02912493.
11 『ことばの起源：猿の毛づくろい、人のゴシップ　新装版 -』（著：ロビン・ダンバー、訳：松浦俊輔、服部清美）青土社 2016年
12 Robin Dunbar and Daniel Nettle, "Size and Structure of Freely Forming Conversational Groups," Human Nature 6, no. 1 (1995): 67-78, https://doi.org/10.1007/BF02734136.
13 Frederico Boffa and Stefano Castriota, "The Economics of Gossip and Collective Reputation," The Oxford Handbook of Gossip and Reputation (2019): 401, https://www.doi.org/10.1093/oxfordhb/9780190494087.013.21; Ronald Burt and Marc Knez, "Trust and Third-Party Gossip," in Trust in Organizations: Frontiers of Theory and Research, eds. Roderick Kramer and Tom Tyler (Thousand Oaks, CA: Sage,1996), 68-89; Ronald Burt, "Bandwidth and Echo: Trust, Information, and Gossip in Social Networks," in Networks and Markets: Contributions from Economics and Sociology, eds. A. Casella and J. E. Rauch (New York: Russell Sage Foundation, 2001), 30-74; Charlotte De Backer and Michael Gurven, "Whispering Down the Lane: The Economics of Vicarious Information Transfer," Adaptive Behavior 14, no. 3 (2006): 249-264, https://doi.org/10.1177/105971230601400303.
14 Peter Blau, Exchange and Power in Social Life (New York: Routledge, 2017).
15 Bettina Bergo, "Emmanuel Levinas," Stanford Encyclopedia of Philosophy, fall 2017, ed. Edward N. Zalta, https://plato.stanford.edu/archives/fall2017/entries/levinas/.
16 『道徳の自然誌』（著：マイケル・トマセロ、訳：中尾央）勁草書房 2020年
17 『無垢の誘惑』（著：パスカル・ブリュックネール、訳：小倉孝誠、下澤和義）法政大学出版局 1999年
18 Deborah Solomon, "The Science of Second-Guessing," New York Times, December 12, 2004, https://www.nytimes.com/2004/12/12/magazine/the-science-of-secondguessing.html.
19 Mike Morrison, Kai Epstude, and Neal J. Roese, "Life Regrets and the Need to Belong,"

5 Sachiko Ohtaki, Toshio Ohtaki, and Michael D. Fetters, "Doctor-Patient Communication: A Comparison of the USA and Japan," Family Practice 20, no. 3 (2003): 276-282, https://doi.org/10.1093/fampra/cmg308.
6 Diana Petkova, "Beyond Silence: A Cross-Cultural Comparison Between Finnish 'Quietude' and Japanese 'Tranquility,' " Eastern Academic Journal 4 (2015): 1-14; https://www.academia.edu/19764499/Beyond_Silence._A_Cross-ultural_Comparison_between_Finnish_Quietude_and_Japanese_Tranquility; Donal Carbaugh, Michael Berry, and Marjatta Nurmikari-Berry, "Coding Personhood Through Cultural Terms and Practices: Silence and Quietude as a Finnish 'Natural Way of Being,' " Journal of Language and Social Psychology 25, no. 3 (2006): 203-220, https://doi.org/10.1177/0261927X06289422.
7 Namkje Koudenburg, Tom Postmes, and Ernestine H. Gordijn, "Conversational Flow Promotes Solidarity," PLOS One 8, no. 11 (2013): e78363, https://doi.org/10.1371/journal.pone.0078363.
8 Namkje Koudenburg, Tom Postmes, and Ernestine H. Gordijn. "Beyond Content of Conversation: The Role of Conversational Form in the Emergence and Regulation of Social Structure," Personality and Social Psychology Review 21, no. 1 (2017): 50-71, https://doi.org/10.1177/1088868315626022.
9 Felcia Roberts, Alexander L. Francis, and Melanie Morgan, "The Interaction of Inter- Turn Silence with Prosodic Cues in Listener Perceptions of 'Trouble' in Conversation," Speech Communication 48, no. 9 (2006): 1079-1093, https://doi.org/10.1016/j.specom.2006.02.001.
10 Namkje Koudenburg, Tom Postmes, and Ernestine H. Gordijn, "Resounding Silences: Subtle Norm Regulation in Everyday Interactions," Social Psychology Quarterly 76, no. 3 (2013): 224-241, https://doi.org/10.1177/0190272513496794.
11 『GREAT BOSS：シリコンバレー式ずけずけ言う力』（著：キム・スコット、訳：関美和）東洋経済新報社 2019年
12 Namkje Koudenburg, Tom Postmes, and Ernestine H. Gordijn, "Disrupting the Flow: How Brief Silences in Group Conversations Affect Social Needs," Journal of Experimental Social Psychology 47, no. 2 (2011): 512-515, https://doi.org/10.1016/j.jesp.2010.12.006.
13 "Gustav Mahler himself in the Netherlands (1903, 1904, 1906, 1909 and 1910)," Mahler Foundation Archive, https://mahlerfoundation.org/mahler/locations/netherlands/amsterdam/gustav-mahler-himself-in-amsterdam.
14 Theodor Reik, Listening with the Third Ear (New York: Farrar, Straus and Giroux, 1948), 121-127.
15 R. Murray Schafer, Ear Cleaning: Notes for an Experimental Music Course (Toronto, Canada: Clark & Cruickshank, 1967).

【chapter 16】
1 Robin Dunbar, "Gossip in Evolutionary Perspective," Review of General Psychology 8, no. 2 (2004): 100-110, https://doi.org/10.1037/1089-2680.8.2.100; Nicholas Emler, "Gossip, Reputation, and Social Adaptation," in Good Gossip, ed. R. F. Goodman and A. Ben- Ze' ev (Lawrence, KS: University Press of Kansas, 1994), 117-138. Viatcheslav Wlassoff, "This Is Your Brain on Gossip," PsychCentral, July 11, 2018, https://psychcentral.com/blog/this-is-your-brain-on-gossip/; Freda-Marie Hartung, Constanze Krohn, and Marie Pirschtat. "Better Than Its Reputation? Gossip and the Reasons Why We and Individuals with 'Dark' Personalities Talk About Others." Frontiers in Psychology 10 (2019): 1162, https://doi.org/10.3389/fpsyg.2019.01162.
2 Eyal Eckhaus and Batia Ben- Hador, "Gossip and Gender Differences: A Content Analysis Approach," Journal of Gender Studies 28, no. 1 (2019): 97-108, https://doi.org/10.1080/09589236.2017.1411789.

outside-in-its-so-loud-i-cant-hear-my-budget; Charlotte Kemp, "Why are High Street shops so NOISY? As M&S Bans Muzak, Our Test Shows Other Stores Are Nearly as Deafening as Nightclubs," Daily Mail, June 2, 2016, https://www.dailymail.co.uk/femail/article-3620719/Why-High-Street-shops-NOISY-M-S-bans-Muzak-test-shows-stores-nearly-deafening-nightclubs.html; Richard F. Yalch and Eric Spangenberg, " Using Store Music for Retail Zoning: A Field Experiment," in NA—Advances in Consumer Research, vol. 20, ed. Leigh McAlister and Michael L. Rothschild (Provo, UT: Association for Consumer Research: 1993), 632–636.

21 Dominique Lamy, Liad Mudrik, and Leon Y. Deouell, "Unconscious Auditory Information Can Prime Visual Word Processing: A Process- Dissociation Procedure Study," Consciousness and Cognition 17, no. 3 (2008): 688–698, https://doi.org/10.1016/j.concog.2007.11.001; Christine Rosen, "The Myth of Multitasking," New Atlantis 20 (2008): 105–110; Loukia Loukopoulos, R. Key Dismukes, and Immanuel Barshi, The Multitasking Myth: Handling Complexity in Real-World Operations (New London: Routledge, 2016).

22 『ファスト＆スロー：あなたの意思はどのように決まるか?』（著：ダニエル・カーネマン、訳：村井章子）早川書房 2012年

23 Sharon Fruh, Jayne A. Fulkerson, Madhuri S. Mulekar, Lee Ann J. Kendrick, and Clista Clanton, "The Surprising Benefits of the Family Meal," Journal for Nurse Practitioners 7, no. 1 (2011): 18–22, https://doi.org/10.1016/j.nurpra.2010.04.017; Megan Harrison, Mark L. Norris, Nicole Obeid, Maeghan Fu, Hannah Weinstangel, and Margaret Sampson, "Systematic Review of the Effects of Family Meal Frequency on Psychosocial Outcomes in Youth," Canadian Family Physician 61, no. 2 (2015): e96–e106; https://www.cfp.ca/content/61/2/e96; Barbara Fiese and Marlene Schwartz, "Reclaiming the Family Table: Mealtimes and Child Health and Wellbeing," Social Policy Report 22, no. 4 (2008). https://doi.org/10.1002/j.2379-3988.2008.tb00057.x.

24 Eudora Welty and Ronald Sharp, eds., Norton Book of Friendship (New York: W. W. Norton, 1991).

25 "Dallas Police Chief Holds a News Conference," CNN, July 11, 2016, http://transcripts.cnn.com/TRANSCRIPTS/1607/11/ath.02.html; "David Brown Press Conference on July 11, 2016," YouTube video, 49:16, posted by "brimi925," July 13, 2016, https://www.youtube.com/watch?v=p_uYQIMpIn4.

26 " 'Called to Rise' : Dallas Police Chief on Overcoming Racial Division," All Things Considered, NPR, June 6, 2017, https://www.npr.org/2017/06/06/531787065/called-to-rise-dallas-police-chief-on-overcoming-racial-division.

【chapter 15】

1 Stephen Levinson and Francisco Torreira, "Timing in Turn- Taking and Its Implications for Processing Models of Language," Frontiers in Psychology 6 (2015): 731, https://doi.org/10.3389/fpsyg.2015.00731.

2 Jan Peter De Ruiter, Holger Mitterer, and Nick J. Enfield, "Projecting the End of a Speaker's Turn: A Cognitive Cornerstone of Conversation," Language 82, no. 3 (2006): 515–535, https://doi.org/10.1353/lan.2006.0130; Carina Riest, Annett B. Jorschick, and Jan P. de Ruiter, "Anticipation in Turn-Taking: Mechanisms and Information Sources," Frontiers in Psychology 6 (2015): 89, https://doi.org/10.3389/fpsyg.2015.00089.

3 Takie Sugiyama Lebra, "The Cultural Significance of Silence in Japanese Communication," Multilingua: Journal of Cross-Cultural and Interlanguage Communication 6, no. 4 (1987): 343–358, https://doi.org/10.1515/mult.1987.6.4.343.

4 Haru Yamada, "Yappari, as I Thought: Listener Talk in Japanese Communication," Global Advances in Business Communication 4, no. 1 (2015): 3, https://commons.emich.edu/gabc/vol4/iss1/3.

com/news/monkey-cage/wp/2018/08/06/its-no-accident-that-facebook-is-so-addictive/; "Why Can' t We Put Down Our Smartphones?," 60 Minutes, April 7, 2017, https://www.cbsnews.com/news/why-cant-we-put-down-our-smartphones-60-minutes/.

11 Kate Murphy, "The Ad Blocking Wars," The New York Times, February 20, 2016, https://www.nytimes.com/2016/02/21/opinion/sunday/the-ad-blocking-wars.html; George P. Slefo, "Six Leading Exchanges Sign Transparency Pact, But Fraud Concerns Remain," AdAge, October 18, 2018, https://adage.com/article/digital/exchanges-sign-letter-invite-fraudsters/315308.

12 Debra Worthington and Margaret Fitch- Hauser, Listening: Processes, Functions and Competency (New York: Routledge, 2016), 4-5.

13 Megan Garber, "The Rise of 'Speed- Listening,' " Atlantic, June 24, 2015, https://www.theatlantic.com/technology/archive/2015/06/the-rise-of-speed-listening/396740/.

14 Judi Brownell, Listening: Attitudes, Principles, and Skills (New York: Routledge, 2018), 90.

15 Andrew Przybylski and Netta Weinstein, "Can You Connect with Me Now? How the Presence of Mobile Communication Technology Influences Face-to-Face Conversation Quality," Journal of Social and Personal Relationships 30, no. 3 (2013): 237-246, https://doi.org/10.1177/0265407512453827.

16 Amy Novotney, "Smartphone = Not-So-Smart Parenting?," American Psychology Association 47, no. 2 (2016), https://www.apa.org/monitor/2016/02/smartphone.

17 "Noise Level in Restaurants," National Institute on Deafness and Other Communication Disorders, July 22, 2016, https://www.noisyplanet.nidcd.nih.gov/have-you-heard/noise-levels-restaurants; Tiffany Hsu, "Noisy Restaurants: Taking the Din Out of Dinner," Los Angeles Times, June 8, 2012, https://www.latimes.com/food/la-xpm-2012-jun-08-la-fi-restaurant-noise-20120504-story.html; Jill Lightner, "Yup, Seattle's Restaurants Have Gotten Noisier: How to Reverse This Trend? We're All Ears," Seattle Times, February 26, 2019, https://www.seattletimes.com/life/food-drink/your-suspicions-are-right-seattle-restaurants-are-getting-noisier-how-to-reverse-this-trend-were-all-ears/; Julia Beliuz, "Why Restaurants Became So Loud—And How to Fight Back," Vox, July 27, 2018, https://www.vox.com/2018/4/18/17168504/restaurants-noise-levels-loud-decibels; Kate Wagner, "How Restaurants Got So Loud," Atlantic, November 27, 2018, https://www.theatlantic.com/technology/archive/2018/11/how-restaurants-got-so-loud/576715/; Jonathan Kauffman, "Are San Francisco Restaurants Too Loud? A New App Helps Diners Navigate the Noise," San Francisco Chronicle, December 21, 2018, https://www.sfchronicle.com/restaurants/article/sf-restaurants-quietest-loud-app-soundprint-which-13475928.php.

18 "Zagat Releases 2018 Dining Trends Survey," Zagat (blog), January 8, 2018, https://zagat.googleblog.com/2018/01/zagat-releases-2018-dining-trends-survey.html.

19 Nanette Stroebele and John M. De Castro, "Effect of Ambience on Food Intake and Food Choice," Nutrition 20, no. 9 (2004): 821-838, https://doi.org/10.1016/j.nut.2004.05.012; Thomas Roballey, Colleen McGreevy, Richard R. Rongo, Michelle L. Schwantes, Peter J. Steger, Marie Wininger, and Elizabeth Gardner, "The Effect of Music on Eating Behavior," Bulletin of the Psychonomic Society 23, no. 3 (1985): 221-222, https://doi.org/10.3758/BF03329832; Dipayan Biswas, Kaisa Lund, and Courtney Szocs, "Sounds Like a Healthy Retail Atmospheric Strategy: Effects of Ambient Music and Background Noise on Food Sales," Journal of the Academy of Marketing Science 47, no. 1 (2019): 37-55, https://doi.org/10.1007/s11747-018-0583-8.

20 Richard Yalch and Eric Spangenberg, "Effects of Store Music on Shopping Behavior," Journal of Consumer Marketing 7, no. 2 (1990): 55-63, https://doi.org/10.1108/EUM0000000002577; Emily Anthes, "Outside In: It's So Loud, I Can't Hear My Budget!," Psychology Today, June 9, 2016, https://www.psychologytoday.com/us/articles/201009/

Zgourou, and Patricia M. Greenfield, "Five Days at Outdoor Education Camp Without Screens Improves Preteen Skills with Nonverbal Emotion Cues," Computers in Human Behavior 39 (2014): 387-392, https://doi.org/10.1016/j.chb.2014.05.036.
43 Carlos Benitez-Quiroz, Ramprakash Srinivasan, and Aleix M. Martinez, "Facial Color Is an Efficient Mechanism to Visually Transmit Emotion," Proceedings of the National Academy of Sciences 115, no. 14 (2018): 3581-3586, https://doi.org/10.1073/pnas.1716084115.
44 『非言語コミュニケーション』（著：A. マレービアン、訳：西田司他）聖文社 1986年
45 Sascha Segan, "How to Make Your Cell Phone Calls Sound Better," PC Magazine, April 13, 2018, https://www.pcmag.com/article/360357/how-to-make-your-cell-phone-calls-sound-better.

【chapter 14】

1 Jon E. Grant and Samuel R. Chamberlain, "Expanding the Definition of Addiction: DSM-5 vs. ICD-11," CNS Spectrums 21, no. 4 (2016): 300-303, https://doi.org/10.1017/S1092852916000183.
2 Rebecca McMillan, Scott Barry Kaufman, and Jerome L. Singer, "Ode to Positive Constructive Daydreaming," Frontiers in Psychology 4 (2013): 626, https://doi.org/10.3389/fpsyg.2013.00626; Claire Zedelius and Jonathan Schooler, "The Richness of Inner Experience: Relating Styles of Daydreaming to Creative Processes," Frontiers in Psychology 6 (2016): 2063, https://doi.org/10.3389/fpsyg.2015.02063; Christopher R. Long and James R. Averill, "Solitude: An Exploration of Benefits of Being Alone," Journal for the Theory of Social Behaviour 33, no. 1 (2003): 21-44, https://doi.org/10.1111/1468-5914.00204; Samantha Boardman, "Why Doing Nothing Is So Scary— And So Important," Wall Street Journal, June 20, 2016, https://blogs.wsj.com/experts/2016/06/20/why-doing-nothing-is-so-scary-and-so-important/.
3 Maria Popova, "The Art of Constructive Daydreaming," Brainpickings, October 9, 2013, https://www.brainpickings.org/2013/10/09/mind-wandering-and-creativity/.
4 Ingrid Wickelgren, "Delivered in a Daydream: 7 Great Achievements That Arose from a Wandering Mind," Scientific American, February 17, 2011, https://www.scientificamerican.com/article/achievements-of-wandering-minds/.
5 "Microsoft Attention Spans Research Report," Scribd, https://www.scribd.com/document/265348695/Microsoft-Attention-Spans-Research-Report.
6 Simon Maybin, "Busting the Attention Span Myth," BBC World Service, March 10, 2017, https://www.bbc.com/news/health-38896790.
7 Shawn Lim, " 'We Have to Focus on the Data' : Adobe on the Industry's Short Attention Span," The Drum, March 8, 2019, https://www.thedrum.com/news/2019/03/08/we-have-focus-the-data-adobe-the-industrys-short-attention-span; Milana Saric, "How Brands Can Still Win Over Customers as Attention Spans Decrease on Social," AdWeek, November 21, 2017, https://www.adweek.com/brand-marketing/how-brands-can-still-win-over-customers-as-attention-spans-decrease-on-social/; Michelle Castillo, "Millennials Only Have a 5- Second Attention Span for Ads, Says comScore CEO," CNBC, July 21, 2017, https://www.cnbc.com/2017/07/21/comscore-ceo-millennials-need-5-to-6-second-ads-to-hold-attention.html.
8 ウェブアクセス解析企業 Chartbeat 所有のデータ。
9 Louise Ridley, "People Swap Devices 21 Times an Hour, Says OMD," Campaign, January 3, 2014, https://www.campaignlive.co.uk/article/people-swap-devices-21-times-hour-says-omd/1225960?src_site=brandrepublic.
10 Tim Wu, The Attention Merchants: The Epic Scramble to Get Inside Our Heads (New York: Alfred A. Knopf, 2016); Nir Eyal, Hooked: How to Build Habit-Forming Products, ed. Ryan Hoover (New York: Portfolio/Penguin, 2014); Henry Farrell, "It' s No Accident Facebook Is So Addictive," Washington Post, August 6, 2018, https://www.washingtonpost.

Christmas Gifts (New York: Mc-Graw Hill, 1957).

29 Kaisa Tippana, "What Is the McGurk Effect?," Frontiers in Psychology 5, no. 725 (2014), https://doi.org/10.3389/fpsyg.2014.00725. See also: "Try The McGurk Effect!- Horizon: Is Seeing Believing?," YouTube video, 3:25, posted by BBC, November 10, 2010, https://www.youtube.com/watch?v=G-lN8vWm3m0.

30 Andrea Ciorba, Chiara Bianchini, Stefano Pelucchi, and Antonio Pastore, "The Impact of Hearing Loss on the Quality of Life of Elderly Adults," Clinical Interventions in Aging 7 (2017): 159-163, https://doi.org/10.2147/CIA.S26059; "Hearing Loss Impact," Cleveland Clinic, https://my.clevelandclinic.org/health/diseases/17052-hearing-loss-impact; Mary Kaland and Kate Salvatore, "The Psychology of Hearing Loss," ASHA Leader, March 1, 2002, https://doi.org/10.1044/leader.FTR1.07052002.4.

31 "Make Listening Safe," World Health Organization, https://www.who.int/pbd/deafness/activities/1706_PBD_leaftlet_A4_English_lowres_for_web170215.pdf.

32 Daniel F. McCarter, Angela Courtney, Susan M Pollart, "Cerumen Impaction," American Family Physician 75, no. 10 (2007): 1523-1528.

33 Ruth Campbell, "The Processing of Audio-Visual Speech: Empirical and Neural Bases," Philosophical Transactions of the Royal Society B 363, no. 1493 (2008): 1001-1010, https://doi.org/10.1098/rstb.2007.2155.

34 Horst M. Müller, "Neurobiological Aspects of Meaning Constitution During Language Processing," in Situated Communication, eds. Gert Rickheit and Ipke Wachsmuth (New York: Mouton de Gruyter, 2006), 243; David Owen, "High- Tech Hope for the Hard of Hearing," New Yorker, March 27, 2017, https://www.newyorker.com/magazine/2017/04/03/high-tech-hope-for-the-hard-of-hearing.

35 『非言語コミュニケーション』（著：A. マレービアン、訳：西田司他）聖文社 1986年；Dilip Sundaram and Cynthia Webster, "The Role of Nonverbal Communication in Service Encounters," Journal of Services Marketing 14, no. 5 (2000): 378-391, https://doi.org/10.1108/08876040010341008; Cynthia Barnum and Natasha Wolniansky, "Taking Cues from Body Language," Management Review 78, no. 6 (1989): 59-60; Jon E. Grahe and Frank J. Bernieri, "The Importance of Nonverbal Cues in Judging Rapport," Journal of Nonverbal Behavior 23, no. 4 (1999): 253-269, https://doi.org/10.1023/A:1021698725361.

36 Paul Johns, Clinical Neuroscience (London: Churchill Livingston, 2014), 27-47.

37 John O'Neill, The Domestic Economy of the Soul: Freud's Five Case Studies (Thousand Oaks, CA: Sage, 2011), 67.

38 Irenaus Eibl-Eibesfeldt, Love and Hate: A Natural History of Behavior Patterns (Foundations of Human Behavior), 1st ed. (New York: Routledge, 2017);『人及び動物の表情について』（著：ダーウィン、訳：浜中浜太郎）岩波書店 1991年

39 C. Fabian Benitez- Quiroz, Ronnie B. Wilbur, and Aleix M. Martinez, "The Not Face: A Grammaticalization of Facial Expressions of Emotion," Cognition 150 (2016): 77-84, https://doi.org/10.1016/j.cognition.2016.02.004.

40 Alice Schermerhorn, "Associations of Child Emotion Recognition with Interparental Conflict and Shy Child Temperament Traits," Journal of Social and Personal Relationships (2018), https://doi.org/10.1177/0265407518762606.

41 Kyung- Seu Cho and Jae- Moo Lee, "Influence of Smartphone Addiction Proneness of Young Children on Problematic Behaviors and Emotional Intelligence: Mediating Self-Assessment Effects of Parents Using Smartphones," Computers in Human Behavior 66 (2017): 303-311, https://doi.org/10.1016/j.chb.2016.09.063; Elisabeth Engelberg and Lennart Sjöberg, "Internet Use, Social Skills, and Adjustment," Cyberpsychology & Behavior 7, no. 1 (2004): 41-47, https://doi.org/10.1089/109493104322820101.

42 Yalda T. Uhls, Minas Michikyan, Jordan Morris, Debra Garcia, Gary W. Small, Eleni

13 Daniele Marzoli and Luca Tommasi, "Side Biases in Humans (Homo sapiens): Three Ecological Studies on Hemispheric Asymmetries," Naturwissenschaften 96, no. 9 (2009): 1099–1106, https://doi.org/10.1007/s00114-009-0571-4.
14 『「音」と身体(からだ)のふしぎな関係』(著：セス・S・ホロウィッツ、訳：安部恵子) 柏書房 2015年
15 John Carey and Nivee Arnin, "Evolutionary Changes in the Cochlea and Labyrinth: Solving the Problem of Sound Transmission to the Balance Organs of the Inner Ear," Anatomical Record Part A: Discoveries in Molecular, Cellular, and Evolutionary Biology 288A, no. 4 (2006), https://doi.org/10.1002/ar.a.20306.
16 『「音」と身体(からだ)のふしぎな関係』(著：セス・S・ホロウィッツ、訳：安部恵子) 柏書房 2015年
17 Cassie Shortsleeve, "Why It Feels So Damn Good to Stick a Q-tip in Your Ear," Men's Health, March 7, 2017, https://www.menshealth.com/health/a19542654/why-sticking-qtips-in-ear-feels-so-good/.
18 "Having an EARGASM by Cleaning Your Ears with a Q- tip," Facebook page, https://www.facebook.com/Having-an-EARGASM-by-cleaning-your-ears-with-a-Q-tip-270935093839/.
19 Chonnettia Jones and Ping Chen, "Chapter Eight Primary Cilia in Planar Cell Polarity Regulation of the Inner Ear," Current Topics in Developmental Biology 85 (2008): 197–224, https://doi.org/10.1016/S0070-2153(08)00808-9; William Yost, Fundamentals of Hearing, 5th ed. (Burlington, MA: Academic Press, 2013): 73–95.
20 Trevor Mcgill and Harold F. Schuknecht, "Human Cochlear Changes in Noise Induced Hearing Loss," Laryngoscope 86, no. 9 (1976), https://doi.org/10.1288/00005537-197609000-00001.
21 "Decibel Exposure Time Guidelines," Dangerous Decibels, http://dangerousdecibels.org/education/information-center/decibel-exposure-time-guidelines/; "Occupational Noise Exposure Revised Criteria 1998," Centers for Disease Control and Prevention, National Institute for Occupational Safety and Health, https://www.cdc.gov/niosh/docs/98-126/pdfs/98-126.pdf?id=10.26616/NIOSHPUB98126.
22 "1.1 Billion People at Risk of Hearing Loss," February 27, 2015, World Health Organization, https://www.who.int/mediacentre/news/releases/2015/ear-care/en/.
23 "Statistics and Facts About Hearing Loss," Center for Hearing and Communication, http://chchearing.org/facts-about-hearing-loss/.
24 "12 Myths About Hearing Loss," AARP, https://www.aarp.org/health/conditions-treatments/info-2016/hearing-loss-myths-information-kb.html.
25 "Worker Hearing Loss," Centers for Disease Control and Prevention, https://www.cdc.gov/features/worker-hearing-loss/index.html.
26 A. R. Powers, C. Mathys, and P. R. Corlett, "Pavlovian Conditioning–Induced Hallucinations Result from Overweighting of Perceptual Priors," Science 357, no. 6351 (2017): 596–600, https://doi.org/10.1126/science.aan3458; C.E.Seashore, "Measurements of Illusions and Hallucinations in Normal Life," Studies from the Yale Psychological Laboratory, 3 (1895); D. G. Ellson, "Hallucinations Produced by Sensory Conditioning," Journal of Experimental Psychology 28, no. 1 (1941): 1–20, http://dx.doi.org/10.1037/h0054167; H. V. Helmholz, Treatise on Physiological Optics, vol. 3 (New York: Dover, l962); "Researchers Explore What Happens When People Hear Voices That Others Don't," Yale News, August 10, 2017, https://news.yale.edu/2017/08/10/researchers-explore-what-happens-when-people-hear-voices-others-dont.
27 Oliver Sacks, "Mishearings," New York Times, June 5, 2015, https://www.nytimes.com/2015/06/07/opinion/oliver-sacks-mishearings.html.
28 Sylvia Wright, "The Death of Lady Mondegreen," in Get Away from Me with Those

http://www.bbc.com/earth/story/20151115-elephants-can-hear-the-sound-of-approaching-clouds.

2 Lizabeth M. Romanski and Joseph E. LeDoux, "Bilateral Destruction of Neocortical and Perirhinal Projection Targets of the Acoustic Thalamus Does Not Disrupt Auditory Fear Conditioning," Neuroscience Letters 142, no. 2 (1992): 228-232, https://doi.org/10.1016/0304-3940(92)90379-L; "Auditory Cortex," Wikipedia, last edited March 30, 2019 at 16:00 UTC, https://en.wikipedia.org/wiki/Auditory_cortex.

3 Judy Duchan, "Carl Wernicke 1848-1905," History of Speech- Language Pathology, University at Buffalo-SUNY, http://www.acsu.buffalo.edu/~duchan/new_history/hist19c/subpages/wernicke.html; Gertrude H. Eggert, Wernicke's Works on Aphasia: A Sourcebook and Review: Early Sources in Aphasia and Related Disorders, vol. 1 (The Hague: Mouton Publishers, 1977).

4 C. Tang, L. S. Hamilton, and E. F. Chang, "Intonational Speech Prosody Encoding in the Human Auditory Cortex," Science 357, no. 6353 (2017): 797-801, https://doi.org/10.1126/science.aam8577.

5 Dana Strait, Nina Kraus, Erika Skoe, and Richard Ashley, "Musical Experience and Neural Efficiency- Effects of Training on Subcortical Processing of Vocal Expressions of Emotion," European Journal of Neuroscience 29 (2009): 661-668, https://doi.org/10.1111/j.1460-9568.2009.06617.x.

6 Chao- Yang Lee and Tsun- Hui Hung, "Identification of Mandarin Tones by English-Speaking Musicians and Nonmusicians," The Journal of the Acoustical Society of America 124, no. 3235 (2008), https://doi.org/10.1121/1.2990713; Céline Marie, Franco Delogu, Giulia Lampis, Marta Olivetti Belardinelli, and Mireille Besson, "Influence of Musical Expertise on Segmental and Tonal Processing in Mandarin Chinese," Journal of Cognitive Neuroscience 23, no. 10 (2011): 2701-2715.

7 Yaara Yeshurun, Stephen Swanson, Erez Simony, Janice Chen, Christina Lazaridi, Christopher J. Honey, and Uri Hasson, "Same Story, Different Story: The Neural Representation of Interpretive Frameworks," Psychological Science 28, no. 3 (2017): 307-319, https://doi.org/10.1177/0956797616682029.

8 J. D. Salinger, "Pretty Mouth and Green My Eyes," New Yorker, July 6, 1951, https://www.newyorker.com/magazine/1951/07/14/pretty-mouth-and-green-my-eyes.

9 M. P. Bryden, "An Overview of the Dichotic Listening Procedure and Its Relation to Cerebral Organization," in Handbook of Dichotic Listening: Theory, Methods and Research, ed. K. Hugdahl (Oxford, UK: John Wiley & Sons, 1988), 1-43; Gina Geffen, "The Development of the Right Ear Advantage in Dichotic Listening with Focused Attention," Cortex 14, no. 2 (1978): 169-177, https://doi.org/10.1016/S0010-9452(78)80042-2.

10 Abdulrahman D. Alzahrani and Marwan A. Almuhammadi, "Left Ear Advantages in Detecting Emotional Tones Using Dichotic Listening Task in an Arabic Sample," Laterality: Asymmetries of Body, Brain and Cognition 18, no. 6 (2013): 730-747, https://doi.org/10.1080/1357650X.2012.762373; Teow-Chong Sim and Carolyn Martinez, "Emotion words are remembered better in the left ear." Laterality: Asymmetries of Body, Brain and Cognition 10, no. 2 (2005): 149—159, https://doi.org/10.1080/13576500342000365.

11 Lise Van der Haegen, René Westerhausen, Kenneth Hugdahl, and Marc Brysbaert "Speech Dominance Is a Better Predictor of Functional Brain Asymmetry Than Handedness: A Combined fMRI Word Generation and Behavioral Dichotic Listening Study," Neuropsychologia 51, no. 1 (2013): 91-97, https://doi.org/10.1016/j.neuropsychologia.2012.11.002.

12 James Jerger, "The Remarkable History of Right- Ear Advantage," Hearing Review 25, no. 1 (2018): 12-16, http://www.hearingreview.com/2017/12/remarkable-history-right-ear-advantage/.

Cambridge University Press, 2000).
9 Simon Baron-Cohen, Sarah Cassidy, Bonnie Auyeung, Carrie Allison, Maryam Achoukhi, Sarah Robertson, Alexa Pohl, et al., "Attenuation of Typical Sex Differences in 800 Adults with Autism vs. 3,900 Controls," PLOS One 9, no. 7 (2014), https://doi.org/10.1371/journal.pone.0102251.
10 Mélanie Aeschlimann, Jean- François Knebel, Micah M. Murray, and Stephanie Clarke, "Emotional Pre-Eminence of Human Vocalizations," Brain Topography 20, no. 4 (2008): 239–248, https://doi.org/10.1007/s10548-008-0051-8.
11 Andrew G. Miner, Theresa M. Glomb, and Charles Hulin, "Experience Sampling Mood and Its Correlates at Work," Journal of Occupational and Organizational Psychology 78 (2005): 171–193, https://doi.org/10.1348/096317905X40105.
12 Kyle Benson, "The Magic Relationship Ratio, According to Science," Gottman Institute, October 4, 2017, https://www.gottman.com/blog/the-magic-relationship-ratio-according-science/.
13 Kelsey Crowe and Emily McDowell, There Is No Good Card for This: What To Do and Say When Life is Scary, Awful and Unfair to People You Love (New York: HarperOne, 2017).
14 "Clearness Committees—What They Are and What They Do," Friends General Conference, https://www.fgcquaker.org/resources/clearness-committees-what-they-are-and-what-they-do.
15 Bethany Rittle-Johnson, Megan Saylor, and Kathryn E. Swygert, "Learning from Explaining: Does It Matter If Mom Is Listening?," Journal of Experimental Child Psychology 100, no. 3 (2008): 215–224, https://doi.org/10.1016/j.jecp.2007.10.002.
16 Robert M. Krauss, "The Role of the Listener: Addressee Influences on Message Formulation," Journal of Language and Social Psychology 6, no. 2 (1987): 81–98, https://doi.org/10.1177/0261927X8700600201; Kate Loewenthal, "The Development of Codes in Public and Private Language," Psychonomic Science 8, no. 10 (1967): 449–450, https://doi.org/10.3758/BF03332285.
17 "About Us, " Great Conversations, https://www.greatconversations.com/about-us/.
18 Arthur Aron, Edward Melinat, Elaine Aron, Robert Vallone, and Reness Bator, "The Experiental Generation of Interpersonal Closeness: A Procedure and Some Preliminary Findings," Personality and Social Psychology Bulletin 23, no. 4 (1997): 363–377, https://doi.org/10.1177/0146167297234003.
19 Mandy Len Catron, "To Fall in Love with Anyone, Do This," New York Times, January 9, 2015, https://www.nytimes.com/2015/01/11/fashion/modern-love-to-fall-in-love-with-anyone-do-this.html.
20 Michael Lewis, "How Tom Wolfe Became . . .Tom Wolfe," Vanity Fair, October 8, 2015, https://www.vanityfair.com/culture/2015/10/how-tom-wolfe-became-tom-wolfe; John McPhee, "Omission," New Yorker, September 7, 2015, https://www.newyorker.com/magazine/2015/09/14/omission; Neely Tucker, "How Richard Price Does It: New York Dialogue, Only Better," Washington Post, March 1, 2015, https://www.washingtonpost.com/lifestyle/style/how-richard-price-does-it-new-york-dialogue-only-better/2015/03/01/11ad2f04-bdec-11e4-bdfa-b8e8f594e6ee_story.html.
21 "Elizabeth Strout, 'Anything Is Possible,' " YouTube video, 55:04, posted by Politics and Prose, May 9, 2017, https://www.youtube.com/watch?v=Y_gDv12z4nQ&feature=youtu.be.
22 Adam Gopnik, "The Outside Game," New Yorker, January 5, 2015, https://www.newyorker.com/magazine/2015/01/12/outside-game.

【chapter 13】

1 "Elephants Can Hear the Sound of Approaching Clouds," BBC, December 11, 2015,

Development and Care 24, no. 1-2 (1986): 113-136, https://doi.org/10.1080/0300443860240107.
8 Xing Tian, Nai Ding, Xiangbin Teng, Fan Bai, and David Poeppel, "Imagined Speech Influences Perceived Loudness of Sound," Nature Human Behavior 2, no. 3 (2018): 225-234, https://doi.org/10.1038/s41562-018-0305-8.
9 Marianne Abramson and Stephen D. Goldinger, "What the Reader's Eye Tells the Mind' s Ear: Silent Reading Activates Inner Speech," Perception & Psychophysics 59, no. 7 (1997): 1059-1068, https://doi.org/10.3758/BF03205520.
10 Jessica Alexander and Lynne Nygaard, "Reading Voices and Hearing Text: Talker-Specific Auditory Imagery in Reading," Journal of Experimental Psychology: Human Perception and Performance 34, no. 2 (2008): 446-459, http://dx.doi.org/10.1037/0096-1523.34.2.446.
11 Bo Yao, Pascal Belin, and Christophe Scheepers, "Silent Reading of Direct versus Indirect Speech Activates Voiceselective Areas in the Auditory Cortex," Journal of Cognitive Neuroscience 23, no. 10 (October 2011): 3146-3152, https://doi.org/10.1162/jocn_a_00022.
12 Ben Alderson- Day, Marco Bernini, and Charles Fernyhough, "Uncharted Features and Dynamics of Reading: Voices, Characters, and Crossing of Experiences," Consciousness and Cognition 49 (2017): 98-109, https://doi.org/10.1016/j.concog.2017.01.003.
13 Rob Couteau, "The Romance of Places: An Interview with Ray Bradbury," in Conversations with Ray Bradbury, ed. Steven L. Aggelis (Jackson: University Press of Mississippi, 2004), 122.
14 Timothy Wilson, David Reinhard, Erin C. Westgate, Daniel T. Gilbert, Nicole Ellerbeck, Cheryl Hahn, and Casey L. Brown, "Just Think: The Challenges of the Disengaged Mind," Science 345, no. 6 (2014): 75-77, https://doi.org/10.1126/science.1250830.
15 『ファインマンさんの愉快な人生 1、2』(著：ジェームズ・グリック、訳：大貫昌子) 岩波書店 1995年
16 『聞かせてよ、ファインマンさん』(著：R.P. ファインマン、訳：大貫昌子、江沢洋) 岩波書店 2009年

【chapter 12】
1 Dick Leonard, The Great Rivalry: Gladstone and Disraeli (London: I. B. Tauris, 2013), 202-203; "Stanley Weintraub: Disraeli: A Biography," C-SPAN video, 58:56, February 6, 1994, https://www.c-span.org/video/?54339-1/disraeli-biography.
2 "Angels in the Marble?," Economist, September 6, 2001, https://www.economist.com/united-states/2001/09/06/angels-in-the-marble.
3 Charles Derber, The Pursuit of Attention (New York: Oxford University Press, 2000).
4 『完訳アウトサイダーズ：ラベリング理論再考』(著：ハワード・S. ベッカー、訳：村上直之) 現代人文社 2011年
5 Leonardo Christov-Moore, Elizabeth Simpson, Gino Coudé, Kristina Grigaityte, Marco Iacobonia, and Pier Ferrari, "Empathy: Gender Effects in Brain and Behavior," Neuroscience & Biobehavioral Reviews 46, no. 4 (2014): 604-627, https://doi.org/10.1016/j.neubiorev.2014.09.001.
6 David Geary, "Sexual Selection and Human Vulnerability," in Evolution of Vulnerability (San Diego: Academic Press, 2015), 11-39, https://doi.org/10.1016/B978-0-12-801562-9.09996-8; Debra Worthington and Margaret Fitch-Hauser, Listening: Processes, Functions and Competency (New York: Routledge, 2016), 32-34;『わかりあえる理由わかりあえない理由：男と女が傷つけあわないための口のきき方 8 章』(著：デボラ・タネン、訳：田丸美寿々) 講談社 2003年
7 Tara Chaplin and Amelia Aldao, "Gender Differences in Emotion Expression in Children: A Meta-Analytic Review," Psychological Bulletin 139, no. 4 (2013): 735-765, https://doi.org/10.1037/a0030737.
8 Agneta Fischer, Gender and Emotion: Social Psychological Perspectives (Cambridge:

New York Times, June 6, 2018, https://www.nytimes.com/2018/06/06/obituaries/mel-weinberg-dead-abscam-informant.html.
17 "ABSCAM," FBI, https://www.fbi.gov/history/famous-cases/abscam.
18 Leslie Maitland, "At the Heart of the Abscam Debate," New York Times Magazine, July 25, 1982, https://www.nytimes.com/1982/07/25/magazine/at-the-heart-of-the-abscam-debate.html.
19 Sasan Baleghizadeh and Amir Hossein Rahimi, "The Relationship Among Listening Performance, Metacognitive Strategy Use and Motivation from a Self-determination Theory Perspective," Theory and Practice in Language Studies 1, no. 1 (2011): 61-67, https://doi.org/10.4304/tpls.1.1.61-67; Jeremy Biesanz and Lauren Human, "The Cost of Forming More Accurate Impressions: Accuracy-Motivated Perceivers See the Personality of Others More Distinctively but Less Normatively Than Perceivers Without an Explicit Goal," Psychological Science 21, no. 4 (2009): 589-594, https://doi.org/10.1177/0956797610364121; James Hilton and John Darley, "The Effects of Interaction Goals on Person Perception," ed. Mark P. Zanna, Advances in Experimental Social Psychology 24 (1991), 235-268; Daly et al., "The Nature and Correlates of Conversational Sensitivity."
20 "Study Suggests Medical Errors Now Third Leading Cause of Death in the U.S.," Johns Hopkins Medicine, May 3, 2016, https://www.hopkinsmedicine.org/news/media/releases/study_suggests_medical_errors_now_third_leading_cause_of_death_in_the_us.
21 Laura Silvestri, "The Heuristic Value of Misunderstanding," Civilisations, 65, no. 1 (2016), 107-126, https://www.cairn.info/revue-civilisations-2016-1-page-107.htm; Amy Lee, Rhiannon D. Williams, Marta A. Shaw, and Yiyun Jie, "First-Year Students' Perspectives on Intercultural Learning," Teaching in Higher Education 19, no. 5 (2014): 543-554; Lipari, Listening, Thinking, Being, 8.
22 『マイルス・オン・マイルス：マイルス・デイヴィス インタヴュー選集』（著：ポール・メイハー、マイケル・ドーア、監修：中山康樹、訳：中山啓子）宝島社 2011 年

【chapter 11】
1 Jane Lidstone, Elizabeth Meins, and Charles Fernyhough, "Individual Differences in Children' s Private Speech: Consistency Across Tasks, Timepoints, and Contexts," Cognitive Development 26, no. 3 (2011): 203-213, https://doi.org/10.1016/j.cogdev.2011.02.002.
2 Alain Morin and Breanne Hamper, "Self-Reflection and the Inner Voice: Activation of the Left Inferior Frontal Gyrus During Perceptual and Conceptual Self- Referential Thinking," Open Neuroimaging Journal 6 (2012): 78-89, https://doi.org/10.2174/1874440001206010078.
3 Charles Fernyhough, The Voices Within (New York: Basic Books, 2016), 74.
4 Tuija Aro, Anna- Maija Poikkeus, Marja- Leena Laakso, Asko Tolvanen, and Timo Ahonen, "Associations Between Private Speech, Behavioral Self- Regulation, and Cognitive Abilities," International Journal of Behavioral Development 39, no. 6 (2014): 508-518, https://doi.org/10.1177/0165025414556094; Ben Alderson- Day and Charles Fernyhough, "Inner Speech: Development, Cognitive Functions, Phenomenology, and Neurobiology," Psychological Bulletin 141, no. 5 (2015): 931-965, http://dx.doi.org/10.1037/bul0000021.
5 Douglas Behrend, Karl Rosengren, and Marion Perl mutter, "The Relation Between Private Speech and Parental Interactive Style," in Private Speech: From Social Interaction to Self-Regulation, ed. Rafael Diaz and Laura Berk (Hillsdale, NJ: Lawrence Erlbaum Associates, 1992), 85-100.
6 Laura Berk and Ruth Garvin, "Development of Private Speech Among Low- Income Appalachian Children," Developmental Psychology 20, no. 2 (1984): 271-286, http://dx.doi.org/10.1037/0012-1649.20.2.271.
7 Laura Berk, "Development of Private Speech Among Preschool Children," Early Child

Humor Increases and Decreases Status," Journal of Personality and Social Psychology 112, no. 3 (2017): 431-455, https://doi.org/10.1037/pspi0000079.
8 E. De Koning and R. L. Weiss, "The Relational Humor Inventory: Functions of Humor in Close Relationships," American Journal of Family Therapy 30, no. 1 (2002): 1-18, https://doi.org/10.1080/019261802753455615.
9 John C. Meyer, Understanding Humor Through Communication: Why Be Funny, Anyway (Lanham, MD: Lexington Books, 2015), 81-87.
10 Nathan Miczo, Joshua Averbeck, and Theresa Mariani, "Affiliative and Aggressive Humor, Attachment Dimensions, and Interaction Goals," Communication Studies 60, no. 5 (2009): 443-459, https://doi.org/10.1080/10510970903260301; Meyer, Understanding Humor Through Communication, 88-89.

【chapter 10】
1 Katherine Hampsten, "How Miscommunication Happens (and How to Avoid It)," TED-Ed animation, https://ed.ted.com/lessons/how-to-avoid-miscommunication-katherine-hampsten#review.
2 John A. Daly, Anita L. Vangelisti, and Suzanne M. Daughton, "The Nature and Correlates of Conversational Sensitivity," Human Communication Research 14, no. 2 (1987): 167-202, https://doi.org/10.1111/j.1468-2958.1987.tb00126.x.
3 Don W. Stacks and Mary Ann Murphy, "Conversational Sensitivity: Further Validation and Extension," Communication Reports 6, no. 1 (1993): 18-24, https://doi.org/10.1080/08934219309367557.
4 Herbert Simon, "What Is An Explanation of Behavior?," Psychological Science 3, no. 3 (1992): 150-161, https://doi.org/10.1111/j.1467-9280.1992.tb00017.x.
5 Stacks and Murphy, "Conversational Sensitivity."
6 Bert Vaux, Harvard Dialect Survey, 2003, http://dialect.redlog.net/.
7 Sara McClelland, "Intimate Justice: Sexual Satisfaction in Young Adults," (Ph.D. dissertation, City University of New York, 2009), https://doi.org/10.1111/j.1751-9004.2010.00293.x.
8 "The Only Surviving Recording of Virginia Woolf," BBC, March 28, 2016, http://www.bbc.com/culture/story/20160324-the-only-surviving-recording-of-virginia-woolf.
9 Konrad Koerner, "The Sapir- Whorf Hypothesis: A Preliminary History and a Bibliographical Essay," AnthroSource, December 1992, https://doi.org/10.1525/jlin.1992.2.2.173.
10 Emanuel Bylund and Panos Athanasopoulos, "The Whorfian Time Warp: Representing Duration Through the Language Hourglass," Journal of Experimental Psychology 146, no. 7 (2017): 911-916, https://doi.org/10.1037/xge0000314.
11 Jennifer R. Salisbury and Guo-Ming Chen. "An examination of the relationship between conversation sensitivity and listening styles," Intercultural Communication Studies, 16, no. 1 (2007): 251-262.; Daly et al., "The Nature and Correlates of Conversational Sensitivity" ; Stacks and Murphy, "Conversational Sensitivity."
12 Daly et al., "The Nature and Correlates of Conversational Sensitivity."
13 Theodor Reik, Listening with the Third Ear (New York: Farrar, Straus and Giroux, 1948).
14 "Robert Caro on the Fall of New York, and Glenn Close on Complicated Characters," New Yorker Radio Hour, WNYC, May 4, 2018, https://www.newyorker.com/podcast/the-new-yorker-radio-hour/robert-caro-on-the-fall-of-new-york-and-glenn-close-on-complicated-characters.
15 『The Confidence Game：信頼と説得の心理学』（著：マリア・コニコヴァ、訳：片桐恵理子）ダイレクト出版 2019年
16 Robert D. McFadden, "Mel Weinberg, 93, the F.B.I.'s Lure in the Abscam Sting, Dies,"

25 『GREAT BOSS：シリコンバレー式ずけずけ言う力』（著：キム・スコット、訳：関美和）東洋経済新報社 2019年

【chapter 8】
1 Peter Simonson, "Merton' s Sociology of Rhetoric," in Robert K. Merton: Sociology of Science and Sociology as Science, ed. Craig Calhoun (New York: Columbia University Press, 2017), 214-252.
2 Robert K. Merton, "The Focused Interview and Focus Groups: Continuities and Discontinuities," Public Opinion Quarterly 51 (1987): 550-566, http://citeseerx.ist.psu.edu/viewdoc/download?doi=10.1.1.890.112&rep=rep1&type=pdf.
3 Liza Featherstone, Divining Desire: Focus Groups and the Culture of Consultation (New York: OR Books, 2017), 15-16.
4 Ernest Dichter, The Strategy of Desire (New York: Routledge, 2017); Dinitia Smith, "When Flour Power Invaded the Kitchen," New York Times, April 14, 2004, https://www.nytimes.com/2004/04/14/dining/when-flour-power-invaded-the-kitchen.html.
5 Will Leitch, "Group Thinker," New York Magazine, June 21, 2004, https://nymag.com/nymetro/shopping/features/9299/.
6 Jon Berry, "Marketers Reach Out to Blacks," Chicago Tribune, May 12, 1991, https://www.chicagotribune.com/news/ct-xpm-1991-05-12-9102110986-story.html.
7 "Army's First Black Helicopter Pilot Honored at George Washington University," GW Today, November 4, 2014, https://gwtoday.gwu.edu/army%E2%80%99s-first-black-helicopter-pilot-honored-george-washington-university; "Joining a Segregated Army," Joseph Henry Hairston interview, Digital Collections of the National WWII Museum, 2015, https://www.ww2online.org/view/joseph-hairston.
8 "P&G's Billion-Dollar Brands: Trusted, Valued, Recognized," Procter & Gamble, https://www.pg.com/en_US/downloads/media/Fact_Sheets_BB_FA.pdf; John Colapinto, "Famous Names: Does It Matter What a Product Is Called?," New Yorker, October 3, 2011, https://www.newyorker.com/magazine/2011/10/03/famous-names.
9 『ビット・バイ・ビット デジタル社会調査入門』（著：マシュー・J. サルガニック、訳：瀧川裕貴、常松淳、阪本拓人、大林真也）有斐閣 2019年
10 "Darwin Correspondence Project," University of Cambridge, https://www.darwinproject.ac.uk/people/about-darwin/what-darwin-read/darwin-s-reading-notebooks.
11 Greg Linden, Brent Smith, and Jeremy York, "Amazon.com Recommendations Item-to-Item Collaborative Filtering," IEEE Internet Computing, January-February 2003, https://www.cs.umd.edu/~samir/498/Amazon-Recommendations.pdf.

【chapter 9】
1 Charles Duhigg, "What Google Learned from Its Quest to Build the Perfect Team," New York Times, February 25, 2016, https://www.nytimes.com/2016/02/28/magazine/what-google-learned-from-its-quest-to-build-the-perfect-team.html.
2 "Guide: Understand Team Effectiveness," re: Work, https://rework.withgoogle.com/guides/understanding-team-effectiveness/steps/introduction/.
3 David Deming, "The Growing Importance of Social Skills in the Labor Market," Quarterly Journal of Economics 132, no. 4 (2017): 1593-1640, https://doi.org/10.1093/qje/qjx022.
4 Rob Cross, Reb Rebele, and Adam Grant, "Collaborative Overload," Harvard Business Review, January-February 2016, 74-79, https://hbr.org/2016/01/collaborative-overload.
5 "Current and Former Clients," Business Improv, http://businessimprov.com/clientspartners/.
6 Nelle Morton, The Journey Is Home (Boston, MA: Beacon Press, 1985), 209.
7 T. Bradford Bitterly, Alison Brooks, and Maurice Schweitzer, "Risky Business: When

9 Avery Anapol, "Senator Using 'Talking Stick' Breaks Collins' Glass Elephant During Shutdown Talks," The Hill, January 22, 2018, https://thehill.com/homenews/senate/370163-unnamed-senator-throws-talking-stick-breaks-collins-glass-elephant-during.
10 "Conway: Press Secretary Gave 'Alternative Facts,' " Meet the Press, NBC video, 3:39, January 22, 2017, https://www.nbcnews.com/meet-the-press/video/conway-press-secretary-gave-alternative-facts-860142147643.
11 "Donald Trump: 'My Primary Consultant Is Myself,' " YouTube video, 3:11, posted by MSNBC, March 16, 2016, https://www.youtube.com/watch?v=W7CBp8lQ6ro.
12 "Partisanship and Political Animosity in 2016," Pew Research Center, June 22, 2016, http://assets.pewresearch.org/wp-content/uploads/sites/5/2016/06/06-22-16-Partisanship-and-animosity-release.pdf.
13 Jeremy Peters, "In a Divided Era, One Thing Seems to Unite: Political Anger," New York Times, August 17, 2018, https://www.nytimes.com/2018/08/17/us/politics/political-fights.html.
14 Oshin Vartanian and David R. Mandel, eds., Neuroscience of Decision Making (New York: Psychology Press, 2011), 89–93.
15 『エモーショナル・ブレイン：情動の脳科学』（著：ジョセフ・ルドゥー、訳：松本元他）東京大学出版会 2003 年。『EQ ～こころの知能指数』（著：ダニエル・ゴールマン、訳：土屋京子）講談社 1998年
16 Matthew Scult, Annchen Knodt, Spenser Radtke, Bartholomew Brigidi, and Ahmad R Hariri, "Prefrontal Executive Control Rescues Risk for Anxiety Associated with High Threat and Low Reward Brain Function," Cerebral Cortex 29, no. 1 (2017): 70–76, https://doi.org/10.1093/cercor/bhx304.
17 M. Justin Kim, Matthew Scult, Annchen Knodt, Spenser Radtke, Tracy d'Arbeloff, Bartholomew Brigidi, and Ahmad R. Hariri, "A Link Between Childhood Adversity and Trait Anger Reflects Relative Activity of the Amygdala and Dorsolateral Prefrontal Cortex," Biological Psychiatry: Cognitive Neuroscience and Neuroimaging 3, no. 7 (2018): 644–649, https://doi.org/10.1016/j.bpsc.2018.03.006.
18 Thomas A. Avino, Nicole Barger, Martha V. Vargas, Erin L. Carlson, David G. Amaral, Melissa D. Bauman, and Cynthia M. Schumann, "Neuron Numbers Increase in the Human Amygdala from Birth to Adulthood, but Not in Autism," Proceedings of the National Academy of Sciences 115, no. 14 (2018): 3710–3715, https://doi.org/10.1073/pnas.1801912115.
19 Austin Prickett, "Police: Fight Over Star Wars and Star Trek Led to Assault," KOKH Fox25, July 6, 2017, https://okcfox.com/news/local/police-fight-over-star-wars-and-star-trek-led-to-assault.
20 『ロジャーズが語る自己実現の道』（著：C.R. ロジャーズ、共訳：諸富祥彦、末武康弘、保坂亨）岩崎学術出版社 2005年
21 John Keats, Selected Letters of John Keats, ed. Grant F. Scott (Cambridge, MA: Harvard University Press, 2002), 60.
22 Jesse G. Delia, Ruth Anne Clark, and David E. Switzer, "Cognitive Complexity and Impression Formation in Informal Social Interaction," Speech Monographs, 41, no. 4 (1974): 299–308, https://doi.org/10.1080/03637757409375854; Claudia L. Hale and Jesse G. Delia, "Cognitive Complexity and Social Perspective-taking," Communication Monographs, 43, no. 3 (1976): 195–203, https://doi.org/10.1080/03637757609375932; Michael J. Beatty and Steven K. Payne, "Listening Comprehension as a Function of Cognitive Complexity: A Research Note," Communication Monographs, 51, no. 1 (1984): 85–89, https://doi.org/10.1080/03637758409390186.
23 B. R. Burleson and J. J. Rack, "Constructivism: Explaining Individual Differences in Communication Skill," in Engaging Theories in Interpersonal Communication, ed. L. A. Baxter and D. O. Braithwaite (Thousand Oaks, CA: Sage, 2008), 51–63.
24 『スティーブ・ジョブズ』（著：ウォルター・アイザックソン、訳：井口耕二）講談社 2011 年

Concepts and Skills for a Diverse Society (Boston: Wadsworth Publishing, 2012), 58; Teri Kwal Gamble and Michael W. Gamble, Interpersonal Communication: Building Connections Together (Thousand Oaks, CA: Sage, 2014), 106.
2 Frederico Azevedo, Ludmila Carvalho, Lea T. Grinberg, José Marcelo Farfel, Renata Ferretti, Renata Leite, Wilson Jacob Filho, et al., "Equal Numbers of Neuronal and Nonneuronal Cells Make the Human Brain an Isometrically Scaled- Up Primate Brain," Journal of Comparative Neurology 513, no. 5 (2009): 532–541, https://doi.org/10.1002/cne.21974.
3 Alexander Penney, Victoria Miedema, and Dwight Mazmanian, "Intelligence and Emotional Disorders: Is the Worrying and Ruminating Mind a More Intelligent Mind?," Personality and Individual Differences 74 (2015): 90–93, https://doi.org/10.1016/j.paid.2014.10.005.
4 Adam S. McHugh, "For Introverts, Listening Is an Act of Inward Hospitality," Introvert, Dear: For Introverts and Highly Sensitive People (blog), October 13, 2017, https://introvertdear.com/news/listen-introverts-inner-world/.
5 Nichols and Stevens, "Listening to People."
6 "Listening Legend Interview, Dr. Ralph Nichols," Listening Post, summer 2003, https://www.listen.org/Legend-Interview.
7 Nichols and Stevens, "Listening to People."
8 『自己心理学とヒューマニティ：新しい精神分析的アプローチに関する考察』（著：ハインツ・コフート、訳：林直樹）金剛出版 1996 年
9 映画『アニー・ホール』（監督：ウッディ・アレン）1977年

【chapter 7】
1 Jonas T. Kaplan, Sarah I. Gimbel, and Sam Harris, "Neural Correlates of Maintaining One's Political Beliefs in the Face of Counterevidence," Scientific Reports 6, no. 39589 (2016), https://doi.org/10.1038/srep39589.
2 "Free Speech Advocate on the State of College Campuses," Steve Inskeep interview with Greg Lukianoff, Morning Edition, NPR, May 29, 2017, https://www.npr.org/2017/05/29/530555442/free-speech-advocate-on-the-state-of-college-campuses; Conor Friedersdorf, "Middlebury Reckons with a Protest Gone Wrong," Atlantic, March 6, 2017, https://www.theatlantic.com/politics/archive/2017/03/middleburys-liberals-respond-to-an-protest-gone-wrong/518652/.
3 John Villasenor, "Views Among College Students Regarding the First Amendment: Results from a New Survey," Fixgov (blog) Brookings Institution, September 18, 2017, https://www.brookings.edu/blog/fixgov/2017/09/18/views-among-college-students-regarding-the-first-amendment-results-from-a-new-survey/.
4 Richard Felton, "Ted Cruz: Democratic Candidates Are a 'Dangerous Socialist . . . and Bernie Sanders,' " Guardian, September 19, 2015, https://www.theguardian.com/us-news/2015/sep/19/ted-cruz-hillary-clinton-mackinac-republican-leadership-conference.
5 Charles Gibson, "Restoring Comity to Congress," Harvard University Shorenstein Center Discussion Paper Series, January 2011, https://shorensteincenter.org/wp-content/uploads/2012/03/d60_gibson.pdf.
6 Olivia Newman, Liberalism in Practice: The Psychology and Pedagogy of Public Reason (Cambridge, MA: MIT Press, 2015), 98.
7 Martin Tolchin, "Social Security: Compromise at Long Last," New York Times, January 20, 1983, https://www.nytimes.com/1983/01/20/us/social-security-compromise-at-long-last.html.
8 John McCain, "It's Time Congress Returns to Regular Order," Washington Post, August 31, 2017, https://www.washingtonpost.com/opinions/john-mccain-its-time-congress-returns-to-regular-order/2017/08/31/f62a3e0c-8cfb-11e7-8df5-c2e5cf46c1e2_story.html.

org/10.1177/0149206310388419; Lee Cronk, "The Application of Animal Signaling Theory to Human Phenomena: Some Thoughts and Clarifications," Social Science Information 44, no. 4 (December 1, 2005): 603-620, https://doi.org/10.1177/0539018405058203.
13 Jonah Berger and Chip Heath, "Who Drives Divergence? Identity Signaling, Outgroup Dissimilarity, and the Abandonment of Cultural Tastes," Journal of Personality and Social Psychology 95, no. 3 (2008): 593-607, http://dx.doi.org/10.1037/0022-3514.95.3.593; Naomi Ellemers and S. Alexander Haslam, "Social Identity Theory," in Handbook of Theories of Social Psychology, vol. 2, ed. Paul Van Lange, Arie Kruglanski, and Tory Higgins (Thousand Oaks, CA: Sage, 2012), 379-398; Henri Tajfel, "Social Identity and Intergroup Behaviour," Social Science Information 13, no. 2 (1974): 65-93, https://doi.org/10.1177/053901847401300204.
14 Rob Nelissen and Marijn Meijers, "Social Benefits of Luxury Brands as Costly Signals of Wealth and Status," Evolution and Human Behavior 32, no. 5 (2011): 343-355.
15 Allen Downey, "The U.S. Is Retreating from Religion," Observations (blog), Scientific American, October 20, 2017, https://blogs.scientificamerican.com/observations/the-u-s-is-retreating-from-religion/.
16 Danah Boyd and Nicole Ellison, "Social Network Sites: Definition, History, and Scholarship," Journal of Computer- Mediated Communication 13, no. 1 (2007): 210-230, https://doi.org/10.1111/j.1083-6101.2007.00393.x.
17 Cliff Lampe, Nicole Ellison, and Charles Steinfield, "A Familiar Face(book): Profile Elements as Signals in an Online Social Network," Proceedings of the SIGCHI Conference on Human Factors in Computing Systems, San Jose, CA (2007): 435-444, https://doi.org/10.1145/1240624.1240695.
18 Nicole Hong, "The New Dating No- No: Asking for a Last Name," Wall Street Journal, January 24, 2018, https://www.wsj.com/articles/the-new-dating-no-no-asking-for-a-last-name-1516810482.

【chapter 5】
1 Graham Bodie, Kaitlin Cannava, and Andrea Vickery, "Supportive Communication and the Adequate Paraphrase," Communication Research Reports 33, no. 2 (2016): 166-172, http://dx.doi.org/10.1080/08824096.2016.1154839.
2 『人間尊重の心理学ーわが人生と思想を語る』（著：カール・R・ロジャーズ、訳：畠瀬直子）創元社 1984年
3 Fred Shapiro, The Yale Book of Quotations (New Haven, CT: Yale University Press, 2006), 537.
4 映画『ボウリング・フォー・コロンバイン』（監督：マイケル・ムーア）2002年
5 James Fox and Monica DeLateur, "Mass Shootings in America: Moving Beyond Newtown," Homicide Studies 18, no. 1 (2014): 125-145, https://doi.org/10.1177/1088767913510297.
6 Alex Yablon, "What Do Most Mass Shooters Have in Common? It's Not Politics, Violent Video Games or Occult Beliefs," Chicago Tribune, September 18, 2017, https://www.chicagotribune.com/news/opinion/commentary/ct-perspec-mass-shootings-video-games-politics-0917-story.html.
7 Steve Chawkins, "Dick Bass Dies at 85; Texas Oilman Was First to Scale 'Seven Summits,' " Los Angeles Times, July 29, 2015, https://www.latimes.com/local/obituaries/la-me-0730-richard-bass-20150730-story.html; Roger Horchow and Sally Horchow, The Art of Friendship (New York: St. Martin' s Press, 2005), 33.

【chapter 6】
1 Ralph Nichols and Leonard Stevens, "Listening to People," Harvard Business Review, September 1957, https://hbr.org/1957/09/listening-to-people; Clella Jaffe, Public Speaking:

8 Robert D. McFadden, "Ingvar Kamprad, Founder of IKEA and Creator of a Global Empire, Dies at 91," New York Times, January 28, 2018, https://www.nytimes.com/2018/01/28/obituaries/ingvar-kamprad-dies.html.
9 Richard Heller, "The Billionaire Next Door," Forbes, August 7, 2000, https://www.forbes.com/global/2000/0807/0315036a.html#c9f65ef4b69d.
10 Todd B. Kashdan, Ryne A. Sherman, Jessica Yarbro, and David C. Funder, "How Are Curious People Viewed and How Do They Behave in Social Situations? From the Perspectives of Self, Friends, Parents, and Unacquainted Observers," Journal of Personality 81, no. 2 (2012), https://doi.org/10.1111/j.1467-6494.2012.00796.x.
11 Nicholas Epley and Juliana Schroeder, "Mistakenly Seeking Solitude," Journal of Experimental Psychology 143, no. 5 (2014): 1980-1999, http://dx.doi.org/10.1037/a0037323.
12 Colin G. DeYoung, "The Neuromodulator of Exploration: A Unifying Theory of the Role of Dopamine in Personality," Frontiers in Human Neuroscience 7, no. 762 (2013), https://doi.org/10.3389/fnhum.2013.00762.
13 Robert L. Grenier, 88 Days to Kandahar: A CIA Diary (New York: Simon & Schuster, 2015), 175.

【chapter 4】
1 Laurie Abraham, The Husbands and Wives Club: A Year in the Life of a Couples Therapy Group (New York: Touchstone, 2010).
2 Kenneth Savitsky, Boaz Keysar, Nicholas Epley, Travis Carter, and Ashley Swanson, "The Closeness-Communication Bias: Increased Egocentrism Among Friends Versus Strangers," Journal of Experimental Social Psychology 47, no. 1 (2011): 269-273, https://doi.org/10.1016/j.jesp.2010.09.005.
3 André Maurois, Memoirs 1885-1967 (London: Bodley Head, 1970), 218.
4 R. I. M. Dunbar, "Neocortex Size as a Constraint on Group Size in Primates," Journal of Human Evolution 22, no. 6 (1992): 469-493, https://doi.org/10.1016/0047-2484(92)90081-J.
5 Kate Murphy, "Do Your Friends Actually Like You?," New York Times, August 6, 2016, https://www.nytimes.com/2016/08/07/opinion/sunday/do-your-friends-actually-like-you.html.
6 Mario Luis Small, Someone to Talk To (New York: Oxford University Press, 2017).
7 『地下室の手記』（著：ヒョードル・ドストエフスキー、訳：安岡治子）光文社 2007年
8 Raymond Nickerson, "Confirmation Bias: A Ubiquitous Phenomenon in Many Guises," Review of General Psychology 2, no. 2 (1998): 175-220, https://doi.org/10.1037/1089-2680.2.2.175.
9 María Ruz, Anna Moser, and Kristin Webster, "Social Expectations Bias Decision-Making in Uncertain Inter-Personal Situations," PLOS One 6, no. 2 (2011): e15762, https://doi.org/10.1371/journal.pone.0015762; Elisha Y. Babad, "Expectancy Bias in Scoring as a Function of Ability and Ethnic Labels," Psychological Reports 46, no. 2 (1980): 625-626, https://doi.org/10.2466/pr0.1980.46.2.625.
10 Perry Hinton, "Implicit Stereotypes and the Predictive Brain: Cognition and Culture in 'Biased' Person Perception," Palgrave Communications 3, no. 17086 (2017), https://doi.org/10.1057/palcomms.2017.86.
11 David Hamilton and Tina Trolier, "Stereotypes and Stereotyping: An Overview of the Cognitive Approach," in Prejudice, Discrimination, and Racism, ed. J. F. Dovidio and S. L. Gaertner (San Diego: Academic Press, 1986), 127-163.
12 Brian L. Connelly, S. Trevis Certo, and R. Duane Ireland, "Signaling Theory: A Review and Assessment," Journal of Management 37, no. 1 (2010): 39-67, https://doi.

Handbook of Attachment: Theory, Research, and Clinical Applications, 3rd ed. (New York: Guilford Press, 2016);『異性の心を上手に透視する方法』（アミール・レバイン、レイチェル・ヘラー、訳：塚越悦子）プレジデント社 2016 年

16 Teresa Lind, Kristin Bernard, Emily Ross, and Mary Dozier, "Intervention Effects on Negative Affect of CPSReferred Children: Results of a Randomized Clinical Trial," Child Abuse & Neglect 38, no. 9 (2014): 1459-1467, https://doi.org/10.1016/j.chiabu.2014.04.004; Anne P. Murphy, Howard Steele, Jordan Bate, Adella Nikitiades, Brooke Allman, Karen A. Bonuck, Paul Meissner, and Miriam Steele, "Group Attachment-Based Intervention: Trauma- Informed Care for Families with Adverse Childhood Experiences," Family and Community Health 38, no. 3 (2015): 268-279, https://doi.org/10.1097/FCH.0000000000000074; Kristin Bernard, Mary Dozier, Johanna Bick, Erin Lewis-Morrarty, Oliver Lindhiem, and Elizabeth Carlson, "Enhancing Attachment Organization Among Maltreated Children: Results of a Randomized Clinical Trial," Child Development 83, no. 2 (2012): 623- 636, https://doi.org/10.1111/j.1467-8624.2011.01712.x.

17 Lesley Caldwell and Helen Taylor Robinson, eds., The Collected Works of D. W. Winnicott, vol. 6 (New York: Oxford University Press, 2017), 529.

18 Amir Amedi, Gilad Jacobson, Talma Hendler, Rafael Malach, and Ehud Zohary, "Convergence of Visual and Tactile Shape Processing in the Human Lateral Occipital Complex," Cerebral Cortex 12, no. 11 (2002): 1202-1212, https://doi.org/10.1093/cercor/12.11.1202;『愛を伝える５つの方法』（ゲーリー・チャップマン、訳：ディフォーレスト千恵）いのちのことば社 2007 年 ; Lisbeth Lipari, Listening, Thinking, Being: Toward an Ethics of Attunement (University Park, PA: Pennsylvania State University Press, 2014), 9.

【chapter 3】

1 Charles R. Berger and Michael E. Roloff, eds., The International Encyclopedia of Interpersonal Communication (Malden, MA: Wiley Blackwell, 2016), https://onlinelibrary.wiley.com/browse/book/10.1002/9781118540190/title?pageSize=20&startPage=&alphabetRange=l.

2 Mark Knapp and John Daly, eds., The SAGE Handbook of Interpersonal Communication, 4th ed. (Thousand Oaks, CA: Sage, 2011), https://us.sagepub.com/en-us/nam/the-sage-handbook-of-interpersonal-communication/book234032.

3 Debra Worthington and Graham Bodie, "Defining Listening: A Historical, Theoretical, and Pragmatic Assessment," in The Sourcebook of Listening Research: Methodology and Measures, ed. Debra Worthington and Graham Bodie (New York: Wiley-Blackwell, 2017), 4.

4 Mario Mikulincer, "Adult Attachment Style and Information Processing: Individual Differences in Curiosity and Cognitive Closure," Journal of Personality and Social Psychology 72, no. 5 (1997): 1217-1230, http://dx.doi.org/10.1037/0022-3514.72.5.1217.

5 『仕事 (ワーキング)!』（著：スタッズ・ターケル、訳：中山容他）晶文社 1983 年

6 Studs Terkel: Listening to America, directed by Eric Simonson (New York: HBO Documentary Films, 2009).

7 Monisha Pasupathi and Jacob Billitteri, "Being and Becoming Through Being Heard: Listener Effects on Stories and Selves," International Journal of Listening 29, no. 2 (2015): 67-84, https://doi.org/10.1080/10904018.2015.1029363; Monisha Pasupathi, Lisa M. Stallworth, and Kyle Murdoch, "How What We Tell Becomes What We Know: Listener Effects on Speakers' Long- Term Memory for Events," Discourse Processes 26, no. 1 (1998): 1-25, https://doi.org/10.1080/01638539809545035; Monisha Pasupathi and B. Rich, "Inattentive Listening Undermines Self-Verification in Personal Storytelling," Journal of Personality 73, no. 4 (2005): 1051-1086, https://doi.org/10.1111/j.1467-6494.2005.00338.x.

Regular Folks—With a Few Conditions," Wall Street Journal, July 12, 2017, https://www.wsj.com/articles/mark-zuckerberg-hits-the-road-to-meet-regular-folkswith-a-few-conditions-1499873098.

3 Lynn Cooper and Trey Buchanan, "Taking Aim at Good Targets: Inter- Rater Agreement of Listening Competency," International Journal of Listening 17, no. 1 (2003): 88-114, https://doi.org/10.1108/IntR-05-2017-0215.

4 Pascal Belin, Shirley Fecteau, and Catherine Bédard, "Thinking the Voice: Neural Correlates of Voice Perception," Trends in Cognitive Sciences 8, no. 3 (2004): 129-135, https://doi.org/10.1016/j.tics.2004.01.008; Maya Gratier and Gisèle Apter-Danon, "The Improvised Musicality of Belonging: Repetition and Variation in Mother-Infant Vocal Interaction," in Communicative Musicality: Exploring the Basis of Human Companionship, ed. Stephen Malloch and Colwyn Trevarthen (New York: Oxford University Press, 2009), 301-327; Ana Fló, Perrine Brusini, Francesco Macagno, Marina Nespor, Jacques Mehler, and Alissa L. Ferry, "Newborns Are Sensitive to Multiple Cues for Word Segmentation in Continuous Speech," Developmental Science (2019): e12802, https://doi.org/10.1111/desc.12802.

5 Viola Marx and Emese Nagy, "Fetal Behavioural Responses to Maternal Voice and Touch," PLOS One 10, no. 6 (2015): e0129118, https://doi.org/10.1371/journal.pone.0129118; "Fetal Development: The 2nd Trimester," Mayo Clinic, https://www.mayoclinic.org/healthy-lifestyle/pregnancy-week-by-week/in-depth/fetal-development/art-20046151.

6 Eino Partanen, Teija Kujala, Risto Näätänen, Auli Liitola, Anke Sambeth, and Minna Huotilainen, "Learning- Induced Neural Plasticity of Speech Processing Before Birth," PNAS 110, no. 37 (2013), https://doi.org/10.1073/pnas.1302159110.

7 James Hallenbeck, Palliative Care Perspectives (New York: Oxford University Press, 2003), 220.

8 Anouk P. Netten, Carolien Rieffe, Stephanie C. P. M. Theunissen, Wim Soede, Evelien Dirks, Jeroen J. Briaire, and Johan H. M. Frijns, "Low Empathy in Deaf and Hard of Hearing (Pre) Adolescents Compared to Normal Hearing Controls," PLOS One 10, no. 4 (2015): e0124102, https://doi.org/10.1371/journal.pone.0124102.

9 『「感覚」の博物誌』（ダイアン・アッカーマン、訳：岩崎徹・原田大介）河出書房新社 1996 年

10 A. Zadbood, J. Chen, Y. C. Leong, K. A. Norman, and U. Hasson, "How We Transmit Memories to Other Brains: Constructing Shared Neural Representations Via Communication," Cerebral Cortex 27, no. 10 (2017): 4988-5000, https://doi.org/10.1093/cercor/bhx202.

11 Carolyn Parkinson, Adam M. Kleinbaum, and Thalia Wheatley, "Similar Neural Responses Predict Friendship," Nature Communications 9, no. 332 (2018), https://doi.org/10.1038/s41467-017-02722-7.

12 『かくて行動経済学は生まれり』（マイケル・ルイス、訳：渡会圭子）文藝春秋 2017 年

13 同上

14 同上

15 Inge Bretheron, "The Origins of Attachment Theory: John Bowlby and Mary Ainsworth," Developmental Psychology 28, no. 5 (1992): 759-775, http://dx.doi.org/10.1037/0012-1649.28.5.759; Mary D. Salter Ainsworth, Mary C. Blehar, Everett Waters, and Sally N. Wall, Patterns of Attachment: A Psychological Study of the Strange Situation (New York: Psychology Press, 2015);『母と子のアタッチメント 心の安全基地』（ジョン・ボウルビィ、監訳：二木武、訳：庄司順一）医歯薬出版 1993 年；Kent Hoffman, Glen Cooper, Bert Powell, and Christine M. Benton, Raising a Secure Child: How Circle of Security Parenting Can Help You Nurture Your Child's Attachment, Emotional Resilience, and Freedom to Explore (New York: Guilford Press, 2017); Howard Steele and Miriam Steele, Handbook of Attachment-Based Interventions (New York: Guilford Press, 2017); Jude Cassidy and Phillip. R. Shaver,

bbc.com/news/uk-politics-27062577.
23 Dan Cassino, "How Today's Political Polling Works," Harvard Business Review, August 1, 2016, https://hbr.org/2016/08/how-todays-political-polling-works.
24 Nicholas Confessore, Gabriel J. X. Dance, Richard Harris, and Mark Hansen, "The Follower Factory," New York Times, January 27, 2018, https://www.nytimes.com/interactive/2018/01/27/technology/social-media-bots.html; "A 'Dirty and Open Secret' : Can Social Media Curb Fake Followers?," Knowledge@Wharton podcast, Wharton School of the University of Pennsylvania, February 2, 2018, http://knowledge.wharton.upenn.edu/article/twitter-and-the-bots/.
25 Janet Burns, "How Many Social Media Users Are Real People?," Gizmodo, June 4, 2018, https://gizmodo.com/how-many-social-media-users-are-real-people-1826447042; Onur Varol, Emilio Ferrara, Clayton A. Davis, Filippo Menczer, and Alessandro Flammini, "Online Human-Bot Interactions: Detection, Estimation, and Characterization," International AAAI Conference on Web and Social Media (ICWSM), March 27, 2017, https://arxiv.org/abs/1703.03107; Chengcheng Shao, Pik- Mai Hui, Lei Wang, Xinwen Jiang, Alessandro Flammini, Filippo Menczer, and Giovanni Luca Ciampaglia, "Anatomy of an Online Misinformation Net-work," PLOS ONE 13, no. 4 (2018): e0196087, https://doi.org/10.1371/journal.pone.0196087.
26 Alessandro Bessi and Emilio Ferrara, "Social Bots Distort the 2016 U.S. Presidential Election Online Discussion," First Monday 21, no. 11 (2016), http://dx.doi.org/10.5210/fm.v21i11.7090.
27 Shea Bennet, "67% of Taylor Swift's Twitter Followers are Bots, Says Study: An Audit of the Most Popular Musical Artists on Twitter Suggests They're Mostly Followed by Non-Human Profiles," Adweek, February 4, 2015, https://www.adweek.com/digital/twitter-bots-problem/; "The World's Biggest Music Stars: Who's Faking It on Twitter?," Music Business Worldwide, January 31, 2015, https://www.musicbusinessworldwide.com/katy-perry-justin-bieber-and-lady-gaga-whos-faking-it-on-twitter/.
28 Trevor van Mierlo, "The 1% Rule in Four Digital Health Social Networks: An Observational Study," Journal of Medical Internet Research 16, no. 2 (2014), https://doi.org/10.2196/jmir.2966; Bradley Carron-Arthura, John A. Cunningham, and Kathleen M. Griffith, "Describing the Distribution of Engagement in an Internet Support Group by Post Frequency: A Comparison of the 90-9-1 Principle and Zipf's Law," Internet Interventions 1, no. 4 (2014): 165–168, https://doi.org/10.1016/j.invent.2014.09.003; Ling Jiang, Kristijan Mirkovski, Jeffrey D. Wall, Christian Wagner, and Paul Benjamin Lowry, "Proposing the Core Contributor Withdrawal Theory (CCWT) to Understand Core Contributor Withdrawal from Online Peer-Production Communities," Internet Research 28, no. 4 (2018): 988–1028, https://doi.org/10.1108/IntR-05-2017-0215.
29 Bora Zivkovic, "Commenting Threads: Good, Bad, or Not At All," A Blog Around the Clock (blog), Scientific American, January 28, 2013, https://blogs.scientificamerican.com/a-blog-around-the-clock/commenting-threads-good-bad-or-not-at-all/; Nate Cohn and Kevin Quealy, "The Democratic Electorate on Twitter Is Not the Actual Democratic Electorate," New York Times, April 9, 2019, https://www.nytimes.com/interactive/2019/04/08/upshot/democratic-electorate-twitter-real-life.html.
30 Tom Toro, "Behold, as I Guide Our Conversation to My Narrow Area of Expertise," New Yorker, March 2, 2017, https://www.newyorker.com/cartoon/a20667.

【chapter 2】

1 Mark Zuckerberg's Facebook page, posted January 3, 2017, https://www.facebook.com/zuck/posts/10103385178272401.
2 Reid J. Epstein and Deepa Seetharaman, "Mark Zuckerberg Hits the Road to Meet

9 "Deaths: Final Data for 2016," National Vital Statistics Reports, 67, no. 5 July 26, 2018, https://www.cdc.gov/nchs/data/nvsr/nvsr67/nvsr67_05.pdf; Anne Case and Angus Deaton, "Mortality and Morbidity in the 21st Century," Brookings Papers on Economic Activity, spring 2017, https://www.brookings.edu/wp-content/uploads/2017/08/casetextsp17bpea.pdf.
10 "Suicide: Key Facts," World Health Organization, June 17, 2021, https://www.who.int/news-room/fact-sheets/detail/suicide; "Prevention of Suicidal Behaviours: A Task for All," World Health Organization, https://www.who.int/mental_health/prevention/suicide/background/en/.
11 "Jo Cox Commission on Loneliness," Age UK, https://www.ageuk.org.uk/globalassets/age-uk/documents/reports-and-publications/reports-and-briefings/active-communities/rb_dec17_jocox_commission_finalreport.pdf.
12 Ceylan Yeginsu, "U.K. Appoints a Minster for Loneliness," New York Times, January 17, 2018, https://www.nytimes.com/2018/01/17/world/europe/uk-britain-loneliness.html.
13 "New Cigna Study Reveals Loneliness at Epidemic Levels in America," Newsroom, Cigna Corporation, May 1, 2018, https://www.cigna.com/newsroom/news-releases/2018/new-cigna-study-reveals-loneliness-at-epidemic-levels-in-america; 2018 CIGNA U.S. Loneliness Index, https://www.multivu.com/players/English/8294451-cigna-us-loneliness-survey/docs/IndexReport_1524069371598-173525450.pdf.
14 Gregory Plemmons, Matthew Hall, Stephanie Doupnik, James Gay, Charlotte Brown, Whitney Browning, Robert Casey et al. "Hospitalization for Suicide Ideation or Attempt: 2008-2015," Pediatrics 141, no. 6 (2018): e20172426, https://doi.org/10.1542/peds.2017-2426.
15 Jean M. Twenge, "Have Smartphones Destroyed a Generation?," Atlantic, September 2017, https://www.theatlantic.com/magazine/archive/2017/09/has-the-smartphone-destroyed-a-generation/534198/; Jean Twenge and Heejung Park, "The Decline in Adult Activities Among US Adolescents, 1976- 2016," Child Development 90, no. 2 (2019): 638-654, https://doi.org/10.1111/cdev.12930; Jess Williams, "Are My Generation Really as Boring as Everyone Says?," New Statesman America, September 19, 2014, https://www.newstatesman.com/comment/2014/09/kids-are-alright-0; Stephanie Hanes, "Becoming an Adult: Why More Adolescents Now Say 'Don't Rush Me,' " Christian Science Monitor, January 14, 2019, https://www.csmonitor.com/USA/Society/2019/0114/Becoming-an-adult-Why-more-adolescents-now-say-Don-t-rush-me; Tara Bahrampour, "Why Are Today's Teens Putting Off Sex, Driving, Dating and Drinking?," Chicago Tribune, September 19, 2017, https://www.chicagotribune.com/lifestyles/parenting/ct-teens-not-drinking-20170919-story.html.
16 Niko Männikkö, Heidi Ruotsalainen, Jouko Miettunen, Halley M. Pontes, and Maria Kääriäinen, "Problematic Gaming Behaviour and Health-Related Outcomes: A Systematic Review and Meta-Analysis," Journal of Health Psychology, December 1, 2017, https://doi.org/10.1177/1359105317740414.
17 "Sorkinisms—A Supercut," YouTube video, 7:21, posted by Kevin T. Porter, June 26, 2012, https://www.youtube.com/watch?v=S78RzZr3lwl.
18 "The Ten-Year Lunch: The Wit and Legend of the Algonquin Round Table," Vimeo video, 55:48, directed by Aviva Slesin, written by Peter Foges and Mary Jo Kaplan, aired September 28, 1987, on PBS, https://vimeo.com/100320182.
19 Carol Kort, A to Z of American Women Writers (New York: Facts on File, 2007), 245.
20 Richard Meryman, Mank: The Wit, World, and Life of Herman Mankiewicz (New York: Morrow, 1978), 97.
21 Aubrey Malone, Writing Under the Influence: Alcohol and the Works of 13 American Authors (Jefferson, NC: McFarland, 2017), 46- 47.
22 "Female MPs Shunning PMQs, Says John Bercow," BBC, April 17, 2014, https://www.

notes

【はじめに】

1 "Meeting President and Mrs. Coolidge," America's Story from America's Library, "Meeting President and Mrs. Coolidge," http://www.americaslibrary.gov/aa/keller/aa_keller_coolidge_1.html.

2 Crossley Hastings Crossley and Crossley Hastings, The Golden Sayings of Epictetus, with the Hymns of Cleanthes (Urbana, IL: Project Gutenberg, 2006), 256, http://www.gutenberg.org/ebooks/871.

【chapter 1】

1 Kate Murphy, "Oliver Sacks," New York Times, July 16, 2011, https://www.nytimes.com/2011/07/17/opinion/sunday/17download.html.

2 Oliver Sacks, "Face-Blind," New Yorker, August 30, 2010, http://www.newyorker.com/magazine/2010/08/30/face-blind.

3 Juliane Holt-Lunstad, Timothy B. Smith, and J. Bradley Laytong, "Social Relationships and Mortality Risk: A Meta- Analytic Review," PLOS Medicine 7, no. 7 (2010), https://doi.org/10.1371/journal.pmed.1000316; Julianne Holt-Lunstad, Timothy B. Smith, Mark Baker, Tyler Harris, and David Stephenson, "Loneliness and Social Isolation as Risk Factors for Mortality: A Meta-Analytic Review," Perspectives on Psychological Science 10, no. 2 (2015): 227-237, https://doi.org/10.1177/1745691614568352; Amy Novotney, "The Risks of Social Isolation: Psychologists Are Studying How to Combat Loneliness in Those Most at Risk, Such as Older Adults," Monitor on Psychology, 50, no. 5, (May 2019), https://www.apa.org/monitor/2019/05/ce-corner-isolation.

4 "I am Lonely Will Anyone Speak to Me," Lounge, July 14, 2004, https://www.loungeforums.com/on-topic/i-am-lonely-will-anyone-speak-to-me-2420/; Oliver Burkeman, "Anybody There?," Guardian, August 30, 2005, https://www.theguardian.com/technology/2005/aug/30/g2.onlinesupplement; Robert Andrews, "Misery Loves (Cyber) Company," Wired, June, 30, 2005, https://www.wired.com/2005/06/misery-loves-cyber-company; Tori Tefler, " 'I Am Lonely, Will Anyone Speak to Me' : Inside the Saddest Thread on the Internet, Ten Years Later," Salon, November 20, 2014, https://www.salon.com/2014/11/19/i_am_lonely_will_anyone_speak_to_me_inside_the_saddest_thread_on_the_internet_ten_years_later/.

5 "New Cigna Study Reveals Loneliness at Epidemic Levels in America," Newsroom, Cigna Corporation, May 1, 2018, https://www.cigna.com/newsroom/news-releases/2018/new-cigna-study-reveals-loneliness-at-epidemic-levels-in-america.

6 Vivek Murthy, "The Loneliness Epidemic," Harvard Business Review, October 12, 2017, https://hbr.org/cover-story/2017/09/work-and-the-loneliness-epidemic.

7 "Vital Signs: Trends in State Suicide Rates—United States, 1999-2016 and Circumstances Contributing to Suicide—27 States, 2015," Centers for Disease Control and Prevention, June 8, 2018, https://www.cdc.gov/mmwr/volumes/67/wr/mm6722a1.htm?scid=mm6722a1w; Sabrina Tavernise, " U.S. Suicide Rate Surges to a 30-Year High," New York Times, April 22, 2016, https://www.nytimes.com/2016/04/22/health/us-suicide-rate-surges-to-a-30-year-high.html.

8 Ariel Stravynski and Richard Boyer, "Loneliness in Relation to Suicide Ideation and Parasuicide: A Population-Wide Study," Suicide and Life-Threatening Behavior 31, no. 1 (2001): 32-40; Rachel Wurzman, "How isolation fuels opioid addiction," TEDxMidAtlantic, October 29, 2018, https://www.ted.com/talks/rachel_wurzman_how_isolation_fuels_opioid_addiction/transcript?language=en; Andrew Solomon, "Suicide, A Crime of Loneliness," New Yorker, August 14, 2014, https://www.newyorker.com/culture/cultural-comment/suicide-crime-loneliness.

監訳者プロフィール　**篠田 真貴子**

エール株式会社取締役。社外人材によるオンライン 1on 1 を通じて、組織改革を進める企業を支援。「聴き合う組織」が増えること、「聴くこと」によって一人ひとりがより自分らしくあれる社会に近づくことを目指して経営にあたる。2020 年 3 月のエール参画以前は、日本長期信用銀行、マッキンゼー、ノバルティス、ネスレを経て、2008 ～ 2018 年ほぼ日取締役 CFO。退任後「ジョブレス」期間を約 1 年設けた。慶應義塾大学経済学部卒、米ペンシルバニア大ウォートン校ＭＢＡ、ジョンズ・ホプキンス大国際関係論修士。人と組織の関係や女性活躍に関心を寄せ続けている。『ALLIANCE　アライアンス――人と企業が信頼で結ばれる新しい雇用』（ダイヤモンド社）監訳。

訳者プロフィール　**松丸 さとみ**

フリーランス翻訳者・ライター。学生や日系企業駐在員としてイギリスで 6 年強を過ごす。現在は、フリーランスにて翻訳・ライティングを行っている。訳書に『限界を乗り超える最強の心身』（CCC メディアハウス）、『FULL POWER 科学が証明した自分を変える最強戦略』（サンマーク出版）などがある。

LISTEN 知性豊かで創造力がある人になれる

2021 年 8 月 9 日　第 1 版第 1 刷発行
2024 年 6 月 18 日　第 1 版第 14 刷発行

著者　ケイト・マーフィ
監訳者　篠田 真貴子
訳者　松丸 さとみ
発行者　中川 ヒロミ
発行　日経 BP
発売　日経 BP マーケティング
〒 105-8308　東京都港区虎ノ門 4-3-12
https://www.nikkeibp.co.jp/books/
ブックデザイン　加藤京子（sidekick）
校正　加藤義廣（小柳商店）
編集　中野亜海
本文 DTP　フォレスト
印刷・製本　中央精版印刷

本書籍に関するお問い合わせ、ご連絡は下記にて承ります。
https://nkbp.jp/booksQA

ISBN 978-4-8222-8900-3　Printed in Japan